»Vielleicht wirst du die einzige sein, die es überlebt«, sagte meine Mutter. »Aber wenn du es überlebst, mußt du aufschreiben, wie es war, was du erlebtest, alles genauso, wie es sich ereignete. Dann ist es bezeugt.«

So beginnt die Geschichte der Eva Korngold, von Meyer Levin nach den Erinnerungen von Ida Löw aufgeschrieben. Eva überlebt, weil sie 1941 nach der deutschen Besetzung ihres Heimatortes als ukrainisches Bauernmädchen Katarina im »angeschlossenen« Österreich arbeitet.

Andrzej Szczypiorski schreibt in seinem Nachwort: »Ich glaube, die Hauptrolle in diesem Buch spielt Evas Umgebung, diese ruhige nationalsozialistische Provinz des Dritten Reiches, diese gewöhnlichen Leute, vor allem aber ihre lieben, guten, herzlichen Arbeitgeber und Betreuer. Denn diese Betreuer illustrieren mit ihrem Verhältnis zur Welt beweiskräftig die These: Die am stärksten zerstörerische Kraft in der Geschichte, das am stärksten antimenschliche Element unter der Sonne sind die enge, kleinbürgerliche, provinzielle Dummheit, die sich aus dieser Dummheit ergebende Gewissensblindheit, das schematische Reagieren auf die Welt, die Kälte des Herzens, die geistige Wirrnis, die den Menschen erfaßt, wenn er das Gebot der Nächstenliebe vergißt.«

*Meyer Levin* (1905–1981) war in den 50er Jahren ein bekannter Bestsellerautor, lebte in Europa und Israel und befaßte sich mit dem Holocaust und der Geschichte der überlebenden Juden.

Ida Löw, 1924–1991, lebte seit 1948 in Tel Aviv, wo sie während eines irakischen Raketenangriffs an Herzversagen starb.

# Meyer Levin
# Die Geschichte der Eva Korngold

Nach Aufzeichnungen
von Ida Löw

Übersetzt von G. E. Salther
und H. Schlicht

Mit einem Nachwort von
Andrzej Szczypiorski

Fischer Taschenbuch Verlag

›Die Geschichte der Eva Korngold‹ erschien auf Deutsch,
um etwa 50 Seiten gekürzt, erstmals 1959.
Die Übertragung besorgte damals G. E. Salther.
Für diese Ausgabe
wurden die damals fehlenden Teile ergänzt
und von Hans Schlicht übersetzt.

Ungekürzte Ausgabe
Veröffentlicht im Fischer Taschenbuch Verlag GmbH,
Frankfurt am Main, Februar 1995

Lizenzausgabe mit freundlicher Genehmigung
des Verlags Antje Kunstmann GmbH, München

Druck und Bindung: Clausen & Bosse, Leck
Printed in Germany
ISBN 3-596-11028-9

*Gedruckt auf chlor- und säurefreiem Papier*

Vielleicht wirst du die einzige sein, die es überlebt«, sagte meine Mutter. »Aber wenn du es überlebst, mußt du aufschreiben, wie es war, was du erlebtest, was mit uns geschah, alles genauso, wie es sich ereignete. Dann ist es bezeugt.«

Ich sehe noch das Gesicht meiner Mutter vor mir, als sie das sagte, stehe wieder – schon nicht mehr ich selbst – an der Tür unserer Wohnung in Hrebenko. Ich bin jetzt irgendein tolpatschiges ukrainisches Bauernmädchen namens Katarina. Katarina darf das Haus verlassen. Eva dürfte es nicht. Katarina hat dieselben roten Wangen, die Eva immer hatte, diese aufreizend lebenslustigen, ländlichen Wangen, in die, als sie noch ein kleines Mädchen war, am liebsten jeder, der ihr begegnete, hineingekniffen hätte. Eva ist also jetzt Katarina, ein Mädchen im weiten ukrainischen Frauenrock, die Haare nach Bäuerinnenart ums Gesicht gekämmt. In der Hand trägt sie eine Handtasche, die ihre falschen Ausweispapiere enthält. Nur mit ihnen kann sie in die Welt hineinschlüpfen, in der Leben noch erlaubt ist.

Wenige Tage vorher war meine Schwester Tauba von der SS aufgegriffen worden. Sie hatten sie mitgenommen...

Die ersten Tage danach war meine Mutter wie versteinert. Sie sprach kein Wort, und das erste, was sie sagte, war: »Du mußt gehen. Du mußt weg. Wir können nicht alle hiersitzen und auf den Tod warten.«

Und sie hatte recht. Wir saßen in Hrebenko in dem alten jüdischen Viertel hinter der St.-Stephans-Kirche und warteten auf den Tod.

1939 waren die Russen gekommen. Sie besetzten unseren Teil von Polen und übernahmen Papas Geschäft. Es war keine schöne Zeit.

Zwei Sommer später kamen die Deutschen, vertrieben die Russen und beschlagnahmten Papas Haus. Seitdem wohnten wir wieder in dem alten Viertel, in dem ich als Kind aufgewachsen war.

Die Blumenfelds nahmen uns bei sich auf. Ihr Haus war für mich immer schon eine zweite Heimat gewesen, weil Alla Blumenfeld sozusagen mein Zwilling ist: Wir sind beide am Neujahrstag geboren. Und ihre ältere Schwester Frieda ist genauso alt wie Tauba ... Arme Tauba.

Und in diesem Haus, im Haus der Blumenfelds, sagte mir meine Mutter, daß ich fliehen müsse. Sie hatte sich auch schon einen Weg ausgedacht. Ich sollte als ukrainische Arbeiterin verkleidet mit falschen Papieren nach Deutschland geschickt werden.

Ukrainer hatten mehr Chancen zu überleben als Juden.

Die Verkleidung war nicht schwierig. Ich war mit meinen roten Backen und meinem runden Gesicht von einem ukrainischen Mädchen nicht zu unterscheiden.

Aber ich wollte nicht weg. Ich konnte sie doch nicht gerade jetzt verlassen, nachdem das mit Tauba passiert war. Meine Mutter blieb fest: »Du hast zu gehorchen! Jemand muß überleben.«

Darauf sagte ich, daß ich nur ginge, wenn ich meinen kleinen Bruder Yaacov mitnehmen dürfe.

»Das wäre für euch beide der Tod«, sagte sie. »Ein Mädchen kann sie täuschen. Aber ein Junge? – Beim leisesten Zweifel würden sie feststellen, daß er ein Jude ist. Du mußt allein gehen.« Es blieb mir nichts anderes übrig. Ich mußte gehen. Allein gehen. Allein nach Deutschland ...

Ich brauchte Papiere, einen Geburtsschein, einen Personalausweis. Meine Schulfreundin Rachel Schwartz half mir dabei. Früher hatten wir Rachel immer für ein hübsches, aber ziemlich dummes Mädchen gehalten. Wie sich jetzt herausstellte, hatten wir uns in ihr getäuscht. Während der russischen Besatzung hatte sie in einem der Verwaltungsämter gearbeitet und dabei einige Ausweisformulare und einen Amtsstempel mitgenommen. Aus alten Akten suchten wir uns den Namen eines verstorbenen ukrainischen Mädchens heraus, Katarina Leszczyszyn, aus der Ortschaft Werchrata. Sie war vier Jahre älter als ich gewesen, aber ich war schon ziemlich entwickelt und konnte mich als Zweiundzwanzigjährige ausgeben. Wir stellten also einen russischen Ausweis mit ihrem Namen her, mit dem Namen ihrer Eltern, deren Geburtsdaten usw. Außerdem gelang es mir, das Formular eines deutschen Arbeitsausweises zu bekommen, und wir füllten es auf ihren Namen aus.

Aber außerdem mußte ich ja irgendeine Vergangenheit haben, irgendeinen Lebenslauf, den ich fremden Leuten erzählen konnte. Da erinnerte ich mich an eine andere Schulfreundin, Rita Mayer. Ehe die Russen kamen, hatte Rita mit ihrer Familie in einem kleinen Badeort gelebt und war in Lemberg ins Pensionat gegangen. Während der russischen Besatzung hatte der NKWD ihre Eltern verhaftet, die führende Zionisten waren, und sie nach Sibirien verschleppt. Seitdem lebte Rita bei ihrer Großmutter, nicht weit von uns, in Hrebenko. Vielen jungen Leuten war ein ähnliches Schicksal widerfahren, als die Russen ihre Eltern verhafteten. Die Deutschen würden eine solche Geschichte ohne weiteres glauben. Ich würde also die Tochter vermögender Bauern sein, die von den Russen abgeholt wurden, während ich mich in der Schule befand. Auf eigene Füße gestellt, fand ich das Leben in Hrebenko schwierig, da es dort kaum eine vernünftige Arbeit gab. Deswegen wollte ich lieber nach Deutschland zum Arbeiten. Auch äußerlich mußte ich mich in Katarina verwandeln. Die Ukrainerinnen hatten ihre eigene Art, sich anzuziehen. Ich brauchte einen weiten, bunten Rock, aber keinen richtigen Bauernrock, denn Katarina war ja ein Mädchen aus besserem Hause. Katarina würde aber ein Kopftuch umbinden und ihr Haar ins Gesicht kämmen. Außerdem würde sie natürlich ein Kruzifix tragen.

Mama besorgte sich von polnischen Freunden ein Kruzifix und ein Gebetbuch. Außerdem brauchte ich ein Paßbild für meine Papiere. Ich sagte mir, daß es sich um eine richtige Verwandlung und nicht nur um eine Verkleidung handeln müsse. Denn wenn ich nur so tun wollte, als sei ich Katarina, würde ich mich sicherlich irgendwann einmal verraten.

Auch Mama bestand darauf: »Du mußt ganz und gar aufhören, Eva zu sein. Du mußt dich und uns vergessen. Wer weiß, wann der Krieg enden und wie die Welt dann aussehen wird!« Denn zu jener Zeit, im Herbst 1941, war die deutsche Siegesreihe ungebrochen. Es schien sicher, daß sie ganz Europa, wenn nicht die ganze Welt beherrschen würden.

Mama legte mir das Kruzifix um den Hals. Es war ein ziemlich großes Kreuz, gelb, aus hartem Stoff. Ich war niemals besonders religiös gewesen. Am Sabbat pflegte Papa seinen langen, schwarzen Mantel und seine Pelzmütze anzuziehen und zur Synagoge zu gehen. Mir schien das alles mehr ein alter Brauch zu sein, und Papa hatte nie die Einhaltung religiöser Gebräuche verlangt. Bei uns zu Hause wurde koscher gekocht, aber, wie mir schien, auch mehr aus Gewohnheit, und an den hohen Feiertagen gab es große Festmähler wie bei allen anderen jüdischen Familien. Während der russischen Besatzung wurde uns natürlich in der Schule beigebracht, daß jede Art von Religion Aberglaube sei. Dennoch empfand ich in diesem Augenblick ein unheimliches Gefühl.

Ich war mit dem Kreuz, mit Christus in unmittelbare Berührung gekommen. Eine seltsame Scheu befiel mich, und es schien mir, als wenn es nur noch schrecklicher sein würde, wenn sie mich fingen, mit dem Kreuz an meinem Hals. Aber, so sagte ich mir dann, war nicht auch Jesus ein Jude gewesen?

Es klopfte an der Tür. Es war der Fotograf, und im ersten Moment erkannte er mich nicht. Wir lachten, denn das war ein gutes Zeichen. Er knipste mich, eilte nach Hause und brachte das Bild schon eine Stunde später. Rachel und ich klebten es auf den russischen Ausweis und drückten den Stempel darauf.

Ich mußte auch noch einen kleinen Holzkasten mitnehmen, wie ihn die Bauern bei sich führten. Mama packte meine Sachen hinein, darunter eines meiner guten Kleider. »Aber nicht doch, Mama«, protestierte ich.

»Du warst in Lemberg auf der Schule«, sagte sie. »Darum hast du auch eine bessere Stadtgarderobe. Nimm auch ein Paar Schuhe mit hohen Absätzen mit. Du mußt auftreten wie jedes lebenslustige junge Mädchen.«

Ich ging fort, um noch etwas einzukaufen. Denn an diesem Abend würden meine Freunde zu mir kommen, um sich zu verabschieden, und ich wollte noch etwas suchen, das ich ihnen anbieten konnte. Vielleicht etwas Obst. Auf der Straße traf ich eine Freundin meiner Schwester. Esther Warshawsky. Wir plauderten nur kurz miteinander, aber es kam doch heraus, daß ich »weggehen« wollte. Und plötzlich sagte Esther: »Das wollte ich auch, aber allein habe ich viel zu große Angst. Und meine Eltern würden es niemals erlauben.«

»Esther, komm mit mir«, sagte ich. »Wir reden mit deinen Eltern.«

Auf der Stelle verlor ich viel von meiner fürchterlichen Angst. Vielleicht mußte ich nicht allein gehen! Sofort liefen wir zu ihrer Wohnung. Und während wir nebeneinanderher gingen, sah ich Esther an und versuchte, sie so zu sehen, als ob ich sie nie gekannt hätte. Sie war ziemlich klein, schlank und hübsch, mit zwei langen Zöpfen, die ihr bis zur Hüfte reichten. Wenn man ihr diese Zöpfe um den Kopf wand, würde sie ganz ukrainisch aussehen. Aber in diesem Moment wandte sie sich mit einer Frage an mich und blickte mich mit ihren dunklen Augen voll an. Sie waren warm und feucht und hatten einen leicht melancholischen Blick. Mit diesen Augen konnte sie niemanden täuschen, und auch nicht mit ihrer Eigenart, den Kopf leicht schief zu halten, wenn sie eine Frage stellte.

Ich wußte, woher sie diese Eigenart hatte. Es war eine Angewohnheit ihres Vaters. Esthers Familie war strenggläubig. Reb Warshawsky liebte es, Sprüche aus dem Talmud zu zitieren, das heißt, meistens waren es Fragen. Wenn dann sein Gesprächspartner keine Antwort wußte, legte Reb Warshawsky seinen Kopf auf die Seite und sagte selbst die Antwort.

Und nun geschah genau das gleiche mit Esther, nur daß ihre Frage nicht aus dem Talmud stammte. »Wie willst du aus Hrebenko herauskommen?« fragte sie. »Du kannst doch nicht einfach zum Bahnhof gehen und in einen Zug steigen. Es kennt dich ja jeder.«

»Ich werde in Huta Zielona in den Zug steigen«, sagte ich. Der Ort war ungefähr zehn Kilometer entfernt. »Ich werde hier aus der Stadt herausschlüpfen, meine Armbinde mit dem Davidstern abnehmen und bis Huta Zielona zu Fuß gehen.« Das schien möglich. Zu dieser Zeit war der jüdische Bezirk noch nicht mit Stacheldraht umzäunt.

»Du willst durch die Stadt gehen und einen Koffer tragen?«

Daran hatte ich nicht gedacht.

Sie legte den Kopf auf die Seite und sagte in einer Art von Singsang, genau wie ihr Vater, wenn er aus dem Talmud zitierte: »Erst müssen wir einen Polen finden, der unsere Sachen nach Huta Zielona bringt...«

»Esther«, sagte ich, »wenn wir zusammen fliehen wollen, dann mußt du darauf achten, nicht in dem Singsang zu reden wie ein Rabbi.«

Sie nickte, ohne im geringsten Anstoß zu nehmen, und sagte: »Ich werde Antek bitten, unsere Koffer zu tragen.« Antek, der Vater von zwölf Kindern, war Hauswart in dem Postamt gewesen, in dem Esther während des russischen Regimes nach der Schule gearbeitet hatte. Er würde alles für sie tun.

In Esthers Wohnung beriet die ganze Familie, die Eltern, zwei jüngere Schwestern und ein Bruder, wie wir es anstellen sollten. – Ob ich nicht ein paar Tage warten wolle?

Ich fürchtete, daß eine Änderung der Pläne uns Unglück bringen könne, aber ich sah ein, daß Esther noch viel zu erledigen hatte. Vor allem die Besorgung falscher Papiere. »Wir werden uns eilen«, versprach ihr Bruder.

Als meine Kindheitsfreunde sich abends einfanden, schien es mir, als ob mein ganzes Leben hier im Wohnzimmer der Blumenfelds Revue passierte. Da war Milla Stein mit ihrer schon ausgeprägten fraulichen Figur, die erste unseres Kreises, die einen Büstenhalter getragen hatte. Wie neidisch waren wir damals alle gewesen. Sie war ein nettes Mädel, und das sagten auch unsere Mütter. Sie hatten nie etwas dagegen, daß wir mit ihr verkehrten. Und das war ein großer Triumph für die Mutter Millas, denn ihr Mann war Barbier, der nie etwas tat, sondern zu Hause herumlungerte, während seine Frau als Hebamme arbeitete. Aber die arme Frau Stein brachte es doch fertig, Milla Klavierstunden geben zu lassen und sie adrett anzuziehen.

Mit ihr zusammen kam Rachel Schwartz, die immer recht farblos schien, obgleich sie so ebenmäßige Gesichtszüge hatte. Als wir etwas größer wurden, hatte ich immer Rachel wegen ihrer vornehmen Art und ihrer Schönheit beneidet.

Als ich Rachel begrüßte, entsann ich mich jener Zeit, als ich zwölf Jahre alt war und mit Munya Frankel, dem Primus unseres hebräischen Unterrichts, ausging, Munya, der zusammen mit Tauba während der Razzia aufgegriffen und verschleppt wurde.

Rita Mayer, deren Eltern schon nach Sibirien verschleppt worden waren, sagte immerzu: »Eigentlich sollte ich gehen.« Aber sie weigerte sich, ihre Großmutter zu verlassen. Und ich konnte es verstehen. Ich dachte daran, wie sie zusammen mit ihrer Großmutter vor einem Monat während der zweiten großen Razzia geschnappt wurde. In ihrem Versteck unter dem Dach hatte ein Säugling zu schreien angefangen, und Oma Mayer hatte das Kind zu sich genommen, um die anderen nicht zu gefährden. Gerade in diesem Augenblick war die SS ins Haus eingedrungen und nahm sie gefangen. Und Rita, die den Lärm gehört hatte und zu ihrer Großmutter hinuntergelaufen war, hatten sie ebenfalls mitgenommen.

Ich sah nachher Rita und ihre Großmutter zusammen mit den anderen auf dem Marktplatz stehen und auf den Abtransport warten. Ich selbst konnte mich damals ziemlich gefahrlos in der Stadt bewegen, weil ich im Polizeipräsidium arbeitete, die Korridore wischte, Stiefel putzte und Botengänge für die Deutschen erledigte. Alle Polizeibeamten kannten mich.

Als ich Ritas roten Haarschopf unter den Zusammengetriebenen sah, vergaß ich jede Gefahr. Ich winkte ihr zu, sie solle sich bis zum äußersten Rand der Gruppe drängen. Dann lenkte ich den nächststehenden Posten durch irgendwelche Fragen ab. Und in diesen Sekunden entkamen Rita und ihre Großmutter in eine kleine Seitengasse.

Das war vor zwei Monaten.

Rita erzählte immer wieder, wie ich sie gerettet hatte und daß ich mit meiner Geistesgegenwart mich auch selber retten würde. Aber warum hatte ich nicht meine eigene Schwester retten können, warum fiel mir nichts ein, als sie Tauba verhafteten?

Immer, wenn ich daran dachte, fühlte ich das Bedürfnis, mich dicht an meine Freunde anzuschließen, hier bei ihnen zu bleiben, bei Alla und Frieda, meinen ältesten Freundinnen, mit Rosa Gelb, die immer so gut romantische Geschichten erfinden konnte, mit Lucia, der Tochter unseres Zahnarztes. Ich wollte bei ihnen bleiben, auch im Augenblick des Todes. Wie konnte ich mich allein retten und sie verlassen?

Ich war ganz in Gedanken versunken und erschrak fast, als die Mädchen bettelten, ich sollte ihnen doch zeigen, wie ich mich verkleiden würde, und so änderte ich meine Frisur, nahm das Kopftuch und hing das Kruzifix um meinen Hals. Das nahm ihnen fast den Atem, denn als Kinder hatten wir oft neugierig und ängstlich von weitem in das Innere einer Kirche geblickt und die religiösen Symbole betrachtet.

Mutter hatte Tee für uns gekocht, und es war ihr sogar gelungen, etwas Mehl zu organisieren und ein paar Kekse zu backen. Aber ich fühlte mich plötzlich unbehaglich, denn ich war die einzige, die verkleidet, die »anders« war. Darum nahm ich das Kopftuch ab, bürstete mein Haar zurück und zog wieder meine eigenen Kleider und Schuhe an. So, als Eva, wollte ich von ihnen und von mir selbst Abschied nehmen.

Von allen meinen Freundinnen, die sich an diesem Abend bei mir versammelt hatten, blieben nur drei am Leben.

Am nächsten Nachmittag kam die Trennung von meiner Familie. Ich stand da in meiner Verkleidung als Katarina. In den zwei Wochen seit der Verhaftung meiner Schwester Tauba hatte sich mein Vater kaum gerührt. Er ging nicht mehr aus, sondern lag apathisch auf dem Sofa. Er aß fast nichts mehr. Als ihm die Russen seinen Laden weggenommen hatten und ihn zum Nachtwächter machten, begann er zu schrumpfen, buchstäblich an Körpergröße zu verlieren. Und seitdem die Deutschen da waren, hatte er den letzten Rest von Lebensmut verloren.

Aber kurz vor meinem Abschied wurde er für Minuten noch einmal der alte. Er holte die Kassette heraus, in der er in guten Zeiten die Einnahmen des Tages zu verwahren pflegte. Jetzt legte er in den metallenen Kasten Grundstückspapiere und die wenigen Wertgegenstände, die wir noch hatten: seine goldene Uhr, Mutters Ohrringe und ein paar amerikanische Dollars. Er versiegelte den Kasten mit Wachs, dann gingen wir alle in Blumenfelds Keller. Vater grub ein Loch in den Boden, legte den Kasten hinein und rückte ein altes Weinfaß auf die Stelle. »Falls du einmal wiederkommst«, sagte er, »dann weißt du, wo die Sachen sind.«

Meine Mutter gab mir bis zum letzten Moment praktische Ratschläge, insbesondere weil jetzt ein anderes Mädchen mit mir zusammen flüchtete. »Vielleicht ist es zu zweit leichter, herauszukommen. Aber wenn ihr einmal draußen seid, dann müßt ihr euch trennen und euch möglichst wenig sehen. Es wird dir schwerfallen, denn du wirst nach einer Freundin Sehnsucht haben. Aber jede Zusammenkunft ist für euch beide gefährlich. Bleibt in Kontakt miteinander, aber möglichst nur von weitem.« Woher wußte sie das, wie kam sie zu diesem Rat? Sie hatte doch niemals selbst solche Abenteuer bestanden. Und trotzdem: Wäre ich ihr nur in allem gefolgt, hätte ich mir viel Leid ersparen können.

Es war vier Uhr. Ich war verkleidet und hieß jetzt Katarina. Ich hatte mir genau ausgerechnet, wann ich in Huta

Zielona ankommen mußte, um nicht lang auf den Zug warten zu müssen. Antek wartete an der Hintertür mit seinem Fahrrad. Yaacov brachte ihm meinen hölzernen Koffer heraus, und er fuhr los.

Vater legte seine Hand auf meinen Kopf. Ich küßte ihn und umarmte Yaacov. »Gute Reise, Eva«, murmelte er mühsam. Dann kam Mutter. Es war, als ob zwei Frauen voneinander Abschied nähmen: »Geh hinaus und lebe«, sagte sie. »Und falls du es überlebst, und auch wenn keiner von uns anderen mehr am Leben ist, dann folge den Gesetzen der Natur, dann heirate und habe Kinder und sei nicht traurig. Du bist eine gute Tochter, auch wenn du manchmal ein Wildfang warst.« Sie wischte sich eine Träne aus dem Auge, schnuffelte und wiederholte den »Fluch«, den sie immer auf mich herabgewünscht hatte, wenn ich es besonders toll trieb. »Mögen deine Kinder so wild wie du sein und es dir eines Tages heimzahlen!« Und dann flüsterte sie: »Lebe, Eva, lebe.«

Ich ging zur Tür hinaus und nahm mir vor, mich nicht mehr umzudrehen.

Ich hielt den Kopf gesenkt, und doch kannte und spürte ich jedes Haus, jeden Stein, an dem ich vorüberging. Hier in diesen Straßen hatte ich meine Kindheit verbracht. Noch gestern hätte ich hier nicht vorbeigehen können, ohne daß fast jeder mich begrüßt oder angesprochen hätte, denn ich arbeitete ja bei der Polizei und wußte viele Neuigkeiten. Eva, hätten sie gefragt, stimmt es, daß eine neue Razzia bevorsteht? Stimmt es, daß siebentausend Juden im Sportstadion von Lemberg erschossen worden sind? Stimmt es, was man sich von dem Zug nach Belzec erzählt?

Aber selbst bei der Polizei hatte man es vermieden, von diesem Zug zu sprechen. Belzec, mehrere Stunden von unserer Stadt entfernt, hatte ein uraltes Gefängnis. Es war nicht möglich, daß das Gefängnis so viele Menschen beherbergen konnte, wie dort hingeschafft worden waren. Was war mit ihnen geschehen? Von einem polnischen Lokomotivführer hatten wir gehört, daß die Züge in einen umzäunten Hof einfuhren, aber niemand hatte die Häftlinge wieder gesehen. Und nur leere Züge fuhren wieder hinaus.

Nein, nein, sagte ich mir, das kann nicht stimmen, das ist nicht das Schicksal meiner Schwester Tauba gewesen. Und ich beschleunigte meine Schritte.

Nur wenige Menschen waren auf der Straße zu sehen. Aber einer von ihnen war Herr Tischler vom Judenrat. Er sah mich jeden Tag, wenn ich meine Besorgungen und Einkäufe verrichtete. Erkannte er mich nicht? Oder tat er nur so? Die meisten Leute in dieser Gegend mußten über meinen Plan Bescheid wissen. Wahrscheinlich beobachteten mich die Juden hinter Türen und Fenstern, beobachteten, ob Eva schon bei den ersten Schritten ihrer langen Reise straucheln würde. Sie wünschten mir Glück, wo immer sie auch hockten und mich beobachteten. Und was sahen sie? Nur ein ukrainisches Mädchen, das durch die Straßen schritt. Aber was tat sie hier im jüdischen Viertel von Hrebenko? Und plötzlich kam mir zum Bewußtsein, daß ich ein wandelndes Paradox war: ein ukrainisches Mädchen mit einer jüdischen Armbinde. Ich mußte schnell aus der Stadt hinauskommen, jedoch nicht so eilig, daß man auf mich aufmerksam wurde. Es war nicht mehr weit, höchstens noch fünf Minuten.

Ich ging an dem Haus vorbei, in dem ich geboren wurde, in dem mein Vater einst Salz, Tuch und Kerzen an die Bauern der Umgebung verkauft hatte. Nur einen Augenblick verlangsamte ich meine Schritte, dann lag das Haus hinter mir, und schließlich war ich außerhalb der Stadtmauer auf einem Feld. Es muß dasselbe Feld gewesen sein, auf dem Tauba mit den vier kleinen Mädchen spazierenging, kurz ehe sie alle mitgenommen und verschleppt wurden. Hier sollte ich Taubas Freundin Esther treffen, nein nicht mehr Esther, sondern Anya. Anya Ozymok. Ich sah sie zwischen den Bäumen – Zöpfe um den Kopf, Schminke auf den Wangen, ein ganz anderes Mädchen, zu dem ich niemals mehr Esther sagen würde.

Ohne ein Wort der Begrüßung machten wir uns auf den Weg. In einiger Entfernung sahen wir Antek sein Rad schieben, auf das er unser Gepäck gebunden hatte.

Plötzlich blieb Anya stehen und nahm ihre Armbinde ab. Ich tat das gleiche. »Was sollen wir damit tun?« fragte ich. Sie wegwerfen? Und was dann, wenn wir aus irgendeinem Grunde schon gleich nach Hrebenko zurückkehren mußten?

Ich ließ meine zu Boden fallen, trat darauf und häufte Blätter darüber. Anya folgte meinem Beispiel.

Dann gingen wir weiter. Die kleine Bahnstation kam in Sicht. Von weitem sahen wir, wie Antek unser Gepäck absetzte und davonfuhr. Wir hatten Glück: niemand sonst wartete auf dem Bahnsteig.

Jetzt mußten wir an den Schalter herantreten und Fahrkarten kaufen. Zum erstenmal mußten wir unsere neue Rolle spielen, mit anderen Menschen sprechen. Und wenn es auch die simpelste Sache der Welt ist, eine Fahrkarte für eine kurze Bahnreise zu kaufen, so ist doch der Mann hinter dem Schalter ein Beamter, der einen mustert, und selbst in einem so kleinen Ort wie Huta Zielona würde er auf Juden achten, denn den Juden war das Reisen verboten.

Wie zwei aufgeregte Bauernmädchen standen wir am Schalter, und ich verlangte zwei Fahrkarten nach Przemysl, der nächstgelegenen Stadt. Dort würden wir ein Arbeitsamt finden, wo sich Arbeitskräfte für Stellungen außerhalb Polens registrieren lassen konnten.

Der Fahrkartenverkäufer sah uns kaum an. Wir hatten

richtig gerechnet: der Zug lief gerade ein. Und dann kam uns beiden zur gleichen Zeit ein schrecklicher Gedanke. Ich sah die plötzliche Angst in Anyas Augen. Der Zug kam nämlich aus derselben Richtung, aus der wir gekommen waren. Er hatte zuletzt in Hrebenko gehalten. Vielleicht waren Leute, die uns kannten, dort eingestiegen. Jeder Pole, jeder Ukrainer von dort kannte uns. Anya hatte dort im Postamt gearbeitet, und mich kannte jeder in der Stadt, der einmal im Geschäft meines Vaters einen Schnaps oder ein Glas Selterswasser getrunken hatte. Jeder würde unsere Verkleidung durchschauen. Zwei dumme, kleine jüdische Mädchen, die die Nazis übers Ohr hauen wollten...

Hinter Anya kletterte ich in den Zug und versuchte, mit einem Blick sozusagen, jeden Mitreisenden zu erfassen. Wir sahen keinen aus Hrebenko, setzten uns hin, und der Zug fuhr an.

Wir sprachen nicht miteinander, sondern saßen still da. Der Wagen war halb leer, die Züge waren längst nicht so überfüllt wie früher bei den Russen. Seit Monaten hatte ich mich danach gesehnt, Hrebenko zu verlassen, aber jetzt befiel mich plötzlich eine Art von Panik, und ich wäre am liebsten von dem Zug heruntergesprungen und zu den Meinen zurückgekehrt. Ich sah Anya an. Gern hätte ich sie gefragt, ob sie ähnliches dächte, aber ich wagte es nicht mehr, von Dingen zu reden, die hinter uns lagen. Wir schwiegen und drückten uns nur heimlich die Hände. Das letzte Mal hatte ich Hrebenko in einem Gestapowagen verlassen und zwar im Wagen von Meister Klein, dem Ortsgruppenleiter, höchstpersönlich. Ich war mit seinem Chauffeur Freitag bis nach Lemberg gefahren und hatte auf dem Rückweg Tauba mit nach Hause gebracht. Damals sagten alle: »Die Eva hat's faustdick hinter den Ohren. Die nimmt's mit jedem auf, selbst mit den Nazis!« Vielleicht war ich seither von mir so eingenommen, daß ich jetzt eine große Dummheit beging.

Als die Deutschen in Hrebenko einmarschierten, hatte Tauba in Lemberg gewohnt, wo sie studierte und mehreren Kindern ihrer Vermieter Nachhilfestunden gab. Doch bereits in den ersten Tagen hatten wir von Pogromen und Massakern in Lemberg gehört, so daß wir große Angst um Tauba hatten. Obwohl auch in Hrebenko die ersten Razzien und Deportationen anfingen, sprachen wir nur davon, Tauba zurückzuholen. In solchen Zeiten ist der erste Gedanke, die Familie zusammenzuhalten.

Fast vom ersten Tag des Einmarsches an war ich zum Putzen aufs Polizeirevier geschickt worden, und zu meiner Verwunderung gab es selbst dort Deutsche, die uns bedauerten und freundlich behandelten. Einer von ihnen war Meister Kleins Chauffeur Freitag. Gelegentlich verschenkte er sogar Zigaretten an einige Juden, die auf dem Hof arbeiteten. Wenn er herumsaß und auf seine Befehle wartete, unterhielt er sich mit uns. So kam es, daß ich ihm eines Tages, als ich wieder von einer Großrazzia in Lemberg gehört hatte, meine Angst um Taubas Leben gestand. »Wir holen sie zurück«, flüsterte er.

Ein paar Tage später hatte er es tatsächlich geschafft. Er mußte eine Dienstfahrt nach Lemberg machen und schmuggelte mich ins Auto. Der große Dienstwagen wurde durch die Kontrollpunkte einfach durchgewunken. Tauba war völlig entgeistert, als ich an ihre Tür klopfte. »Das konntest nur du schaffen! Eva, Evaleh, unsere Kosakin!« Wir herzten und umarmten uns, packten rasch ihre Sachen und eilten hinunter. Innerhalb weniger Stunden hatte uns Freitag zurück nach Hrebenko geschmuggelt.

Und jetzt, im Zug, kam mir der Gedanke – hätte ich Tauba nicht aus Lemberg geholt, wäre sie vielleicht nie gefaßt worden. Ich zwang mich, solche Gedanken zu verdrängen. Es war besser, sich abzulenken und im Zug umzusehen. Als ich aufblickte, sah ich die Augen einer kräftigen, älteren Frau auf mich gerichtet, die uns gegenüber saß. Sie starrte uns unverwandt an. Ich sagte mir, daß Fremde während einer Bahnfahrt oft die Augen auf einen richten und sich die Zeit damit vertreiben, zu überlegen, was für ein Mensch ihr Gegenüber wohl sei. Ich versuchte mir auszudenken, wie sie uns einschätzen würde. Zwei junge Mädchen. Wahrscheinlich im Begriff, Männer zu treffen oder Verwandte zu besuchen. Und doch war ich mir sicher, daß sie die Katarina-Maske durchschaute und dort das verängstigte jüdische Mädchen sitzen sah, ja, daß es das ganze Abteil wußte, wo es doch ein Blinder sehen konnte, und daß sie sich alle einen Spaß daraus machten und allesamt aufstehen und uns auslachen würden, wenn man uns schließlich verhaftete.

Der Schaffner kam und knipste unsere Fahrkarten, ohne uns weiter zu beachten. Dann wandte er sich an die Frau gegenüber. Würde sie etwas sagen, auf uns hinweisen? Aber sie ließ sich ihre Karte lochen, ohne ein Wort zu sagen. Ich war verrückt. Wenn ich immer so in Panik verfallen würde, sagte ich mir, käme ich niemals über die polnische Grenze. Nein, das war einfach zu viel verlangt, ein Mädchen schaffte das nicht. Und auf einmal kam es mir vor, als müsse ich eigentlich in die entgegengesetzte Richtung fahren. Man würde mich aus diesem Zug holen und in einen Zug nach Belzec verfrachten, wo man auch Tauba hingebracht hatte.

Und da überkam mich der ganze Jammer und rief die Erinnerung an jenen Tag wach, vor dem ich auf der Flucht war. Als ich zur Arbeit ins Polizeirevier gekommen war, hatte mich Freitag auf die Seite gezogen. »Eva, sei vorsichtig heute. Die Gestapo kommt aus Tomaszhow hierher.«

Eine Großrazzia! Seit fast einem Monat war alles ruhig

gewesen. Ich versuchte hinauszulaufen, um den Judenrat zu warnen, so daß sich die Juden verstecken konnten. Dafür hatte man mich schließlich ins Revier eingeschleust. Schon in den ersten Tagen nach dem deutschen Einmarsch waren die Juden aufgefordert worden, einen Judenrat zu wählen, und obwohl wir wußten, daß die besten Leute in den anderen Gemeinden einer Zusammenarbeit mit den Deutschen aus dem Weg gegangen waren, hatten sich die angesehensten Juden von Hrebenko in der Hoffnung, damit irgend etwas erreichen zu können, bereit erklärt, dem Komitee beizutreten. Unser Apotheker, Dr. Wattenberg, übernahm den Vorsitz und unser Zahnarzt, Dr. Lippet, stellte sein gesamtes Erdgeschoß als Büro zur Verfügung. Dorthin ließ man mich eines Tages zusammen mit fünf anderen Mädchen kommen, unter ihnen auch die beiden Töchter unseres Hebräischlehrers, die gescheitesten Mädchen von Hrebenko. Dr. Wattenberg empfing uns persönlich. Die Deutschen, sagte er, hätten sechs Mädchen für Arbeiten auf dem Polizeirevier verlangt, und er habe uns dafür ausgewählt. Wenn wir es schlau anstellten, hart für sie arbeiteten und dennoch unsere Augen und Ohren offenhielten, könnten wir unserem Volk eine große Hilfe sein. Und während der ersten und zweiten Großrazzia hatten wir unsere Leute tatsächlich noch früh genug warnen können, so daß sie wenigstens nicht auf die Straße gingen, doch jetzt, beim dritten Mal, stellte sich mir Meister Klein selbst in den Weg, als ich nach draußen wollte. »Eva, du bleibst hier! Treib dich nicht auf der Straße herum!«

Die ersten Fahrzeuge fuhren vor, alle bemannt mit Gestapo in voller Uniform. Türen knallten. Sie formierten sich, die Ortspolizei hinter der Gestapo aus Tomaszhow. Kurz darauf hatten alle bis auf den Telegraphisten, einem Österreicher aus Linz, das Gebäude verlassen. Er saß immer allein in seinem kleinen Zimmer, an dessen Wänden Bilder von nackten Mädchen hingen, und wenn wir zum Putzen hereinkamen, gab er uns manchmal etwas Brot mit nach Hause und sagte: »Ich bin froh, daß ich nicht mit raus und die Schmutzarbeit machen muß.« An diesem Tag kam er heraus in den Flur. »Rauf aufs Dach mit euch, Mädchen. Heute seit ihr nicht einmal hier sicher. Los, sofort alle rauf!«

Wir kletterten auf den Dachboden und beobachteten, wie die Autos hinausfuhren. Stunden später kam ein polnisches Mädchen aus der Küche herauf und sagte: »Es ist vorbei.«

Auf der Treppe begegnete mir Klein. Mit einer seltsam leisen Stimme sagte er: »Eva, deine Schwester ist mit dabei.« Er stand da und sah mich an, und er wirkte dabei fast wie ein Freund.

»Können Sie mir helfen, Meister Klein?«, fragte ich.

»Nein, ich kann nichts für dich tun.«

Ich rannte zur Tür.

»Eva, wenn du am Leben bleiben willst, dann bleib hier!«, brüllte er.

Ich lief hinaus. Ich würde Tauba retten. Ich würde sie ihnen einfach aus den Händen reißen, so wie ich es mit Rita und ihrer Großmutter getan hatte. Ich rannte auf den Hof. Er war leer. Einige Polen hatten sich bereits wieder auf die Straße gewagt, und einer von ihnen sagte: »Sie sind schon im Zug.«

Ich rannte zum Bahnhof. Doch der Zug war fort. So ging ich nach Hause. Mutter saß auf dem Sofa, Vater am Tisch, und beide schwiegen. Auch Jaacov schwieg.

»Aber wie konnte sie denn geschnappt werden?«, schrie ich.

»Es war ihre eigene Schuld!«, kreischte mein kleiner Bruder. Dann fing Mama an zu reden. Wie schon oft zuvor hatte Tauba an diesem Morgen vier kleine Mädchen, Nachbarskinder, auf einen Spaziergang durch die Felder mitgenommen. Als sie den Lärm während der Razzia vernahm, war sie mit den Mädchen bis zur Stephanskirche zurückgelaufen und hatte dort um Unterschlupf gebeten, den man ihr jedoch verweigerte. Es war ihr darauf gelungen, unser Haus zu erreichen und die vier Kinder in unser Kellerversteck zu zerren.

Die kleinen Mädchen waren in Angst und Panik ausgebrochen. »Mama! Mama!« plärrten sie. »Ich will heim zu Mama!«

Tauba konnte ihre panische Angst nicht mitansehen. Da sie alle in der Nähe wohnten, wollte sie die Mädchen nach Hause bringen. Yaacov packte Tauba am Arm und versuchte sie mit aller Kraft zurückzuhalten. Doch die kleinen Mädchen hatten schon die Tür geöffnet. Tauba riß sich los und rannte mit ihnen auf die Straße. Nach ein paar Schritten hatte man sie festgenommen.

Zwei Tage darauf kam ein Pole zu uns, es war der Lokführer des Zugs nach Belzec. »Ihre Tochter gab mir im Zug diese Nachricht für sie«, sagte er.

Es war Taubas Abschiedsbrief. »Meine Lieben, man hat mich Euch für immer entrissen. Es besteht keine Hoffnung, daß ich überlebe. Tragt mein Schicksal mit Fassung. Ich hoffe nur noch, daß ich das einzige Opfer in unserer Familie und das letzte des jüdischen Volkes sein möge. Friede sei mit Euch. Eure Tauba.«

Ich aber mußte Tag für Tag zu den Deutschen zurück, ihre Betten machen, ihre Stiefel putzen und mich bemühen, daß mich meine Augen nicht verrieten, wenn ich sie anblickte.

Ob man es meinen Augen jetzt ansah, was ich fühlte? Ich war stets zu allen offen und ehrlich gewesen; jetzt fiel es mir schwer, meine Gefühle zu verbergen. Ich mußte auf andere Gedanken kommen. Ich durfte nicht mehr an Hrebenko denken.

Ich versuchte, mit Anya zu sprechen. Aber wovon sollten

wir reden? Wenn wir uns unsere Sorgen und Ängste zuflüstern würden, dann könnte man uns leicht die Furcht vom Gesicht ablesen. Wir sollten versuchen, wie zwei junge ukrainische Bauernmädels zu reden, aufgeregt und albern, von unseren Dörfern und Familien. Und so fing ich an, zu plappern und Dinge zu erfinden, wie sie mir so einfielen: »Weißt du, Anya, meiner Schwester ist was Komisches passiert, weißt du, die, deren Mann vom Pferd fiel, als sie ihr zweites Kind bekam.«

Eine Sekunde lang starrte sie mich an, dann begriff sie und erzählte mir auch eine Geschichte. Und so erfanden wir Brüder und Schwestern und Heiraten und einen Streit wegen eines Grundstückes, wir erfanden ein ganzes Dorf, fabulierten von unseren Freundinnen, die mit russischen Soldaten angebändelt hatten, und von unserer Dorfhexe und ihren Liebestränken, die wir alle schon heimlich ausprobiert hatten. So unterhielten wir uns, stritten und lachten und fingen an, uns wirklich als Katarina und Anya vorzukommen. Und plötzlich waren wir in Przemysl. Als wir ausstiegen, dämmerte es noch über der Stadt. Wir hatten vor, sofort zum Arbeitsamt zu gehen, aber wir wußten nicht, wo es war, und hatten Angst, jemand anzusprechen.

Wir gingen im Kreis herum und dann zurück zum Bahnhof. Wie meistens, wenn ein Zug abgefahren ist, war die Vorhalle leer. Wir kamen uns sehr auffällig vor.

Ein Mann näherte sich uns und fragte auf polnisch: »Sucht ihr was?« Ich umklammerte Anyas Hand. Vielleicht war es einer von der Gestapo, hier am Bahnhof.

»Wir warten auf einen Bekannten, der uns abholen wollte.«

»Ach, ein Bekannter?« Er grinste. »Und wenn er nicht kommt, wie wär's mit mir?«

»Nein, nein, vielen Dank«, hauchte ich, als mir klar

wurde, daß es sich nur um einen Mann handelte, der ein Mädchen vom Lande anquatschen wollte. Aber das war ja wohl ganz natürlich. Leute machten Reisen, bewegten sich von Stadt zu Stadt, und Mädchen vom Lande suchten Arbeit. Daraufhin faßte ich mir ein Herz, ging zum Schalter und fragte:

»Bitte, wo ist das Arbeitsamt?«

Es war draußen auf dem Bahnhofsplatz, direkt gegenüber. Man konnte es gar nicht verfehlen.

Und nun standen wir vor dem Arbeitsamt. Das war der große Trennungspunkt zwischen Leben und Tod. Sollten wir zusammen hineingehen? Oder getrennt? Wenn es der einen mißlang, dann konnte die andere vielleicht noch nach Hause flüchten.

Wer sollte zuerst hineingehen? Anya war die ältere. Aber meine Papiere sahen echter aus. Sie hatte bloß einen alten Arbeitsschein, zwar mit ihrem Bild und dem Namen eines ukrainischen Mädchens, aber bei einer Kontrolle würde man feststellen, daß dieses Mädchen nach wie vor in Hrebenko arbeitete.

Ich ging also hinein. Ein Beamter fragte mich: »Was suchst du?« »Ich möchte mich zum Arbeitseinsatz außerhalb Polens melden«, sagte ich kühn und mit jener Art von halbem Kichern, das so typisch für die ukrainischen Mädchen ist. »Bin ich hier richtig?« »Ja, hier bist du richtig.« Er wies auf einen Stuhl, und ich setzte mich. Ich war plötzlich ganz ruhig.

Ich erzählte recht flüssig meinen eingelernten Lebenslauf. Name, Wohnort, Beruf. Ich erzählte, wie ich in der Schule gewesen war, als die Russen meine Eltern verhafteten und nach Sibirien schickten, wie ich dann auf eigenen Füßen stand, und daß es keine vernünftige Arbeit in Polen gäbe. Außerdem wollte ich die Welt sehen. Und ich kicherte wieder.

Er holte einige Formulare heraus. Was für Sprachen ich

könne? Ukrainisch, Polnisch, Russisch – gut. Auch ein bißchen Deutsch, sagte ich, und als er mich prüfte, antwortete ich stockend. Denn wie sollte ein ukrainisches Mädchen fließend Deutsch beherrschen? Er füllte die Formulare aus. Geburtsdatum? Ich hatte alle diese Daten auswendig gelernt und sie mir immer wieder eingebläut. Ich hatte sie mir sogar mit winzigen Strichen auf die Handgelenke aufgemalt – genau wie früher die Geschichtsdaten für die Schulprüfungen. Aber ich brauchte nicht hinzublinzeln. Ich rasselte alle Personalangaben über Katarina Leszczyszyn herunter. Und gleich danach – die ganze Prozedur hatte nur ein paar Minuten gedauert – überreichte er mir einen Schein. Meinen Arbeitsamtsantrag, genehmigt und gestempelt. Es war wie ein Freibrief fürs Leben.

Ich könne die folgende Nacht im Durchgangslager bleiben, sagte er, und am darauffolgenden Tage würde ich in das große Sammellager in Krakau kommen. Von dort würde man mich dann zu meiner neuen Arbeitsstätte schicken.

Er sah mich wohlgefällig an. »Du möchtest also reisen, Katarina?« schmunzelte er. »Wohin, nach Deutschland, Frankreich oder Belgien?«

»Überallhin«, lachte ich frech, »ich will die ganze Welt sehen.«

Er rief nach einem Boten, der mich zum Durchgangslager bringen sollte. Aber da fiel mir ein, daß es merkwürdig wirken müßte, wenn Anya jetzt gleich hinter mir hereinkommen und fast die gleiche Geschichte erzählen würde. »Ich habe eine Freundin bei mir«, sagte ich. »Ihr ist genau das gleiche passiert wie mir, aber sie ist so schüchtern, deshalb hat sie mich zuerst hereingeschickt.«

Und ich kicherte wieder.

»Na schön«, lachte er, »schick sie herein, Katarina.«

Bald hatte auch sie ihren Schein in der Tasche, und dann

wurden wir zu einem großen Platz mit Baracken gebracht. Wieviele solcher Baracken sollte ich später noch zu sehen bekommen! Immer die gleichen langen, grauen Schuppen und innen immer die gleichen endlosen Reihen von Bettstellen.

Als die Tür geöffnet wurde, brach ein Tohuwabohu aus. Gesang, Lachen, Harmonikaklänge, das Grölen Betrunkener. Die Baracke war überfüllt von Männern und Frauen, Bauernburschen und Mädchen, meist Polen, ein paar Ukrainer darunter. Sie hockten in dichten Trauben auf den Bettstellen. Eine Sekunde lang hielten sie inne und musterten uns, und dann ging der Lärm von neuem los.

Der Barackenälteste sagte, wir sollten uns Betten suchen. Falls wir hungrig seien, gäbe es auch noch etwas zu essen. Der Zug nach Krakau fahre morgen um sieben ab. Frühstück Punkt sechs. Alles müsse dann zum Aufbruch bereit sein. Damit empfahl er sich.

Wir waren in einer anderen Welt, in einer Welt ohne Juden.

Bald fingen die jungen Männer an, sich an uns heranzumachen. Wir kannten sehr wohl die rauhe Art dieser Bauernburschen. Ein Betätscheln, das brauchte man nicht weiter übelzunehmen. Man brauchte bloß zu lachen und etwas Grobes zu erwidern. Sie boten uns Wodka an und versuchten handgreiflich zu werden.

»Immer langsam«, sagten wir und quälten uns ein Lachen ab. »So schnell geht das alles nicht. Zuerst müssen wir uns hier häuslich einrichten.«

Wir bezogen zwei Bettstellen in der äußersten Ecke. Sie konnten das nicht verstehen. Offensichtlich merkten sie, daß wir anders waren. Es war mir unangenehm. Einerseits wußte ich, daß wir uns auf keinen Fall von ihnen absondern durften, und andererseits war es mir unmöglich mitzumachen.

Gott sei Dank, daß wir nur eine einzige Nacht hierbleiben mußten. In Krakau, im großen Lager, würde es leichter sein. Es wurde eine gräßliche Nacht. Der Krawall nahm kein Ende. Ein paar von den Burschen zerrten uns zu sich hinüber. Wir sangen und tranken mit ihnen, kreischten vor Lachen über ihre derben Witze und gaben ihnen kräftig kontra. Es fiel uns gar nicht so schwer. Zu Hause hatten wir immer ein Bauernmädel zur Aushilfe gehabt, denn selbst die ärmsten jüdischen Familien leisteten sich eine *schikse*, und so benahm ich mich ganz einfach, wie es eine unserer *schiksen* getan hätte. Meine Angst aber wuchs von Stunde zu Stunde. Ein paar von den Rabauken lagen bereits mit einem Mädel im Arm auf den Betten und am Boden, und die meisten Bauernmädel ließen sie einfach gewähren. Wenn Anya und ich uns sträubten, wenn wir die zudringlichen Hände abzuwehren versuchten, spürten wir, daß die Männer stutzig wurden – diese Mädels waren anders als die anderen. Was war mit ihnen los? Wer waren sie?

Wir bemühten uns, innerhalb einer Gruppe zu bleiben. Wenn einer von ihnen zu aufdringlich wurde und sich zu nah heranmachte, versuchten wir, ihn gegen einen anderen auszuspielen. Und wenn einer besonders hartnäckig war, konnte ich ihm immer noch zuflüstern, ich müsse auf der Hut sein und mich anständig benehmen, weil ich eine sehr strenge Familie hätte, und Anya, die sie mir als Aufpasserin mitgeschickt hätten, daheim alles über mich ausplaudern würde.

Schließlich kam der Barackenälteste und befahl Nachtruhe. Die Lichter wurden gelöscht.

Wir kuschelten uns in unsere Ecke, doch sie ließen uns in Ruhe. Die meisten hatten zu viel getrunken, um noch etwas zu wollen, und die anderen hatten ihre Partner schon gefunden. Wir versuchten, die Geräusche, das Gefummel und Gekichere, aus dem gelegentlich ein gekeuchter Lustschrei heraustönte, zu ignorieren, als wüßten wir nicht, was sie bedeuteten. Doch ich war einmal im Wald bei Hrebenko zusammen mit Rosa Gelb und Alla Blumenfeld, die die mutigsten von uns Mädchen waren, einer *schikse* und ihrem Liebhaber gefolgt. Wir hatten uns so nah herangeschlichen, daß wir sie sogar Arm in Arm zwischen den Büschen erkennen konnten. Als wir hörten, wie das Mädchen aufschrie, waren wir fortgerannt und hatten uns zutiefst über uns geschämt.

Die ganze Nacht über blieb ich wach und spürte die Wärme und den Geruch der Körper in der überfüllten Baracke um mich, hörte ihr Stöhnen und ihr Schnarchen. Eine neue Furcht bemächtigte sich meiner. Neben der anderen Angst gab es jetzt auch die vor etwas so Häßlichem, Abstoßendem, Widerwärtigem, die Angst, so leben zu müssen wie diese hier. Völlig verkrampft lag ich da und bildete mir Geräusche ein, die immer näher kamen, von einem, der durch die Dunkelheit auf mich zukroch. Ich wartete und wartete und wagte kaum zu atmen. Stunden später, als es langsam ruhiger geworden war, mußte ich für einige Zeit eingenickt sein, denn ich erwachte jäh aus einem Traum. Ich sah den Hof hinter dem Polizeirevier. Das Revier war in einem der neueren Gebäude im Stadtzentrum untergebracht, und zwar in derselben Straße, in der Papa seinen Laden hatte. Im Hof hinterm Revier standen noch ein paar alte Schuppen und ein Hühnerstall herum. Wie schon oft, sah ich einen der Polizisten im Hühnerstall verschwinden, um ein paar Hühner zu holen. Es war Meister Klein. Die Hühner rannten gackernd in die Ecken und krochen in ihre Käfige, doch er ging unbeirrt zwischen ihnen umher und holte sich so viele, wie er gerade brauchte. Nachdem er den Stall verlassen hatte, kamen die übriggebliebenen Hühner eines nach dem anderen aus ihren Verstecken hervor, und schon bald liefen sie wieder auf den Boden pickend herum und scharrten eifrig nach Futter. Meister Klein aber ging lachend fort und ein Dutzend Hühner baumelte an den Hälsen von seinen Fäusten herab. Doch es waren keine Hühner, sondern Juden. Juden aus unserer Stadt.

Und so lag ich mit offenen Augen im Dunkeln und wußte, daß auch Anya wachlag. Ich dachte über Meister Klein nach. Obwohl er uns immer mit seiner heiseren Stimme angebrüllt und zum Teufel geschickt hatte, war doch keines der Mädchen, die auf dem Revier arbeiten mußten, je von ihm geschlagen worden. Und etwas an ihm war äußerst seltsam: er sprach Jiddisch. Vom ersten Moment an, in dem er das Kommando über die jüdische Bevölkerung von Hrebenko übernommen hatte und seine Befehle ausgab, hatte er gezeigt, daß er Jiddisch konnte. Es schien, als hätten die Deutschen manche Leute speziell für diese Aufgabe ausgebildet. Hatte man ihnen Jiddisch beigebracht, oder hatten die Nazis solche Leute ausgewählt, die unter Juden gelebt hatten und im Umgang mit ihnen vertraut waren? Wir hatten uns darüber den Kopf zerbrochen, aber nie gewagt, danach zu fragen.

Auch das zählte zu den Dingen, die neu und befremdlich waren, die unsere Welt veränderten. Früher, wenn jemand deine Sprache gesprochen hatte, knüpfte das sofort ein gemeinsames Band; man wollte wissen, wie und wo er oder sie es gelernt hatte, und vielleicht fing dadurch eine Freundschaft an. Aber jetzt durfte man keine Fragen mehr stellen.

Und da gab es noch eine äußerst seltsame Sache in Zusammenhang mit Meister Klein. Er hatte eine Frau mitgebracht. Als man uns zum Putzen in seine Wohnung schickte, begegneten wir ihr dort – eine große, barsche Frau mit hochrotem Kopf. Und auch sie sprach Jiddisch. Vielleicht hatte auch sie einmal in einem jüdischen Haushalt gearbeitet und es dort gelernt, oder... Sie sprach sogar über jüdische Gerichte und wollte wissen, ob ich ein gutes *tscholent* zubereiten könne. Sie war nicht mit Klein verheiratet, und als ich nicht wußte, wie ich sie ansprechen sollte, sagte sie: »Du kannst mich Eva nennnen.«

»Eva! So heiße ich auch!« rief ich aus. Doch danach wollte sie mich nicht mehr um sich haben. Und so erfuhren wir weder über sie noch über die anderen, wer sie eigentlich waren.

Aber vielleicht war das überall auf der Welt so, daß man sich unter den Menschen bewegen konnte, ohne daß sie erfahren brauchten, wer man eigentlich war.

Am anderen Morgen herrschte Betrieb, Eile, Durcheinander. Die Polen waren schlecht gelaunt. Es waren meist Zwangsarbeiter, die auf den Bauernhöfen und in den Dörfern aufgegriffen worden waren. Nur die wenigen Ukrainer waren freiwillig hier, verlockt von der Hoffnung auf guten Lohn.

Später wurden wir in einen Eisenbahnzug verfrachtet und dampften in Richtung Krakau ab. Anya und ich merkten, daß wir uns nicht mehr auf unsere gefälschten Papiere zu verlassen brauchten, da wir jetzt den Schein des Arbeitsamtes besaßen.

Das Krakauer Lager war riesengroß, mit unübersehbaren Reihen von Baracken. Hier war die Organisation ganz anders. Männer und Frauen wurden getrennt. Wir wurden zu den Duschräumen geführt, dann nackt in einer Reihe für die ärztliche Untersuchung aufgestellt.

Als die Reihe weiterrückte, erkannte ich den Arzt. Ich erschrak. Er stammte aus Hrebenko! In alten Zeiten war er Stammkunde im Geschäft meines Vaters gewesen. Er war ein ukrainischer Nationalist, den die Russen verhaftet, die Deutschen aber wieder freigelassen hatten. Er würde mich bestimmt erkennen!

Verzweifelt blickte ich um mich. Die Reihe der nackten

Mädchen wurde immer kürzer. Von Minute zu Minute kam ich dem Arzt näher. Er machte einen verbissenen Eindruck, und er blickte jeder genau ins Gesicht. Er würde mich sicher erkennen. Nur noch vier andere waren vor mir. Ich mußte etwas unternehmen. Ich durfte ihm nicht begegnen. Vorsichtig drehte ich mich um und sagte zu der Polin, die hinter mir stand: »Mir ist schlecht. Ich muß mich einen Augenblick hinsetzen.«

Sie hielt mich am Arm fest, und ich tat, als taumelte ich. Das war das Falscheste, was ich tun konnte. Der Arzt warf einen eisigen Blick durch seine Brillengläser. Er war durch die Bewegung und das Gespräch aufmerksam geworden.

»Was gibt es da?« fragte er.

»Nichts«, stammelte ich. »Es ist nichts.«

»Ihr ist schlecht«, sagte das Polenmädchen hinter mir. »Sie fühlt sich nicht wohl.«

Der Arzt blickte mir ins Gesicht. Ich sah, daß er plötzlich die Lippen zusammenpreßte. Sicher hatte er mich erkannt.

»Bringt sie mal her«, sagte er. »Die möchte ich mir ganz genau ansehen.«

Als ich vor ihm stand, versuchte ich, einfach alles zu vergessen. Ich spürte, wie mir das Blut aus dem Kopf wich und wie mir der kalte Schweiß auf die Stirn trat.

»Wo fehlt es denn?« fragte der Arzt.

Es fiel mir nicht schwer, die Komödie weiterzuspielen, denn jetzt war mir wirklich übel vor Furcht und Aufregung.

»Mir ist plötzlich schwindlig geworden«, stotterte ich.

»Na, na«, machte er und betrachtete mich ganz genau, aber in seinem Blick war keine Spur des Wiedererkennens. Es war nur ein Arzt, der eines von hundert Mädchen untersucht. Er stellte mir ein paar Fragen, ließ mich husten und klopfte mir mit zwei Fingern den Rücken ab.

Und dann war es überstanden. Ich konnte meine Kleider

holen, aber jetzt mußte ich mich zusammenreißen, um nicht wirklich zu taumeln.

Ich atmete auf, als auch Anya bald darauf kam, die in dieselbe Panik geraten war. Und das schon am ersten Tag unserer Flucht. Das durfte einfach nicht wieder vorkommen.

Wenn wir doch bloß erst aus Polen heraus wären.

Aber wir wußten, daß wir noch mehrere Tage hierbleiben würden. Während dieser Zeit stand man herum, tat nichts und langweilte sich. Überall standen Gruppen, die schwätzten, schimpften, poussierten. Bei soviel Nichtstun hat jeder Zeit und Gelegenheit, seine Neugier nach Herzenslust zu befriedigen.

Wir wollten nicht riskieren, dadurch aufzufallen, daß wir immer zusammenhockten und uns von den anderen absonderten. Darum beschlossen wir, uns tagsüber zu trennen. Jede ging für sich spazieren. Zwei Burschen fingen an, mir nachzustellen und mich zu necken. Wo immer ich auftauchte, waren auch sie und versperrten mir den Weg. Eines Tages taten sie es wieder, und der eine von beiden fing an, mit lauter Stimme seine Vermutungen über mich zu äußern.

»Was ist die eigentlich«, fragte er seinen Gefährten, »eine Polin?«

Der andere musterte mich von oben bis unten, verzog sein Gesicht und sagte: »Vielleicht, vielleicht auch nicht...«

»Sie spricht polnisch«, sagte der erste, »aber sie spricht auch russisch. Kommt sie dir russisch vor?«

Sein Gefährte grunzte und kaute an der Unterlippe. Vorübergehende begannen aufmerksam zu werden.

»Ich will dir sagen, was ich glaube: sie ist für eine Polin viel zu geschickt. Vielleicht ist sie eine Jüdin. Was meinst du?«

Der andere starrte mich noch dreister an. Dann sagte er: »Weißt du, das wäre ganz gut möglich, eine Jüdin.«

Ich warf ihnen das unanständigste Wort an den Kopf, das ich kannte, und stieß sie beiseite.

Von da an schloß ich mich stundenlang auf dem Abort ein, um solche Zwischenfälle zu vermeiden. Im übrigen hielt ich mich möglichst in einem anderen Teil des Lagers auf. Ich habe meine zwei Quälgeister nie wiedergesehen.

Doch erst wenn nachts das Licht in den Baracken gelöscht wurde, fühlte ich mich geborgen. Bevor die anderen Mädchen in unserem Raum zu Bett gingen, knieten sie nieder und beteten. Wir hatten ihre Gebete auswendig gelernt und murmelten sie nun im gleichen Tonfall mit ihnen. Aber in der ersten Nacht konnte ich keinen Schlaf finden. Ich war viel zu erregt.

In der darauffolgenden Nacht geschah etwas Merkwürdiges, was mich zuerst tief erschreckte. Ein Offizier trat in unsere Baracke, gefolgt von vier jungen Mädchen, denen er mit seiner Taschenlampe vier leere Bettstellen anwies. Als sich die Gruppe mir näherte, packte mich Entsetzen. Denn zwei der Mädchen waren aus Hrebenko, und es waren Jüdinnen. Ich drehte mich zur Wand und zog die Bettdecke über den Kopf. Anya tat das gleiche. Doch als ich so lag, wurde meine Angst von einem Gefühl des Stolzes verdrängt: unser Beispiel hatte also schon Schule gemacht. Zwei weitere jüdische Mädchen versuchten sich auf die gleiche Weise zu retten.

Anya und ich standen früh auf, um nicht mit den Mädchen aus Hrebenko im Schlafraum zusammenzutreffen. Erst später gingen wir zu ihnen und verabredeten eine Zusammenkunft auf dem Abort.

»Ihr dürft uns nicht kennen!« beschwor ich sie. »Wir haben uns noch nie gesehen, vergeßt das nicht.«

Sie zitterten noch mehr vor Angst als wir, denn Anya und ich waren ja schon Veteranen, mit einem ganzen Tag Vorsprung. Wenn wir nur schon aus Polen heraus wären!

Aber es standen uns noch mehrere Tage Aufenthalt in Krakau bevor, die jedoch glücklicherweise mehr ausgefüllt waren. Beamte kamen ins Lager, um sich mit den Insassen wegen ihrer späteren Tätigkeit zu unterhalten. Wir wurden gefragt, wo wir am liebsten arbeiten wollten. Anya und ich hatten uns vorher auf Österreich geeinigt, denn mein Vater, der früher manchmal auf Geschäftsreisen nach Wien gekommen war, hatte die Österreicher als nette, kultivierte Leute geschildert.

Der Beamte fragte mich: »Möchten Sie in irgendeine bestimmte Stadt?«

»Ja«, sagte ich. »Ich möchte nach Linz.«

»Warum gerade nach Linz?«

Ich kicherte. »Unter den Soldaten, da hatte ich einen Freund, der kam aus Linz.« Er fragte nicht weiter, sondern trug »Linz« auf meinem Schein ein.

Anya wählte keinen bestimmten Ort. Sie wurde für das Arbeitsamt in Wien notiert. Jetzt hatten wir neue Personalausweise, in denen sogar der Bestimmungsort stand. Aber das Warten nahm kein Ende. Jeden Tag verließen Gruppen das Lager, doch sie fuhren alle nach Deutschland. Nur wenige hatten sich für Österreich gemeldet, und darum mußten wir warten, bis eine solche Gruppe vollzählig war.

Ein paar Tage später kamen wir endlich an die Reihe. Die Reise ging glatt und einfach vonstatten – unter dem Schutz unseres Todfeindes, mit seinen eigenen Ausweispapieren in der Tasche. Wir passierten die polnische Grenze. Dieser Grenzübergang war uns vorher als das schwerste aller Hindernisse erschienen, und wir waren sicher gewesen, daß wir von Kopf bis Fuß durchsucht würden. Aber nichts geschah. Es fand kaum eine Kontrolle statt. Und als der Zug mich aus meinem Heimatland herausführte, schien es mir, als wenn die Lokomotive mich aus dem Grab zöge. Eine Welle neuer Lebenskraft überflutete mich.

Die Polen sangen, und Anya und ich stimmten in ihren Gesang ein. Und je weiter mich der Zug ins Feindesland hineintrug, um so geborgener fühlte ich mich. Dort, nur dort würde ich sicher sein.

Spät nachts trafen wir in Wien ein. Scheinwerfer huschten über den Himmel. Ich hatte noch niemals eine so große Stadt gesehen, und ein wohliges Gefühl der Abenteuerlust beschlich mich.

Wir kampierten wieder in den gleichen Baracken, in den gleichen Bettstellen, und frühmorgens mußten wir uns wieder nackt zur ärztlichen Inspektion aufstellen.

Aber da war ein Unterschied. Jetzt waren wir in den Händen der Deutschen, und wir Fremdarbeiter waren in erster Linie nicht mehr Menschen, sondern Objekte.

Die Person, die uns im Duschraum Seife und Handtuch reichte, war ein Mann und keine Frau. In diesem Augenblick ging für mich ein weiteres Gefühl natürlichen Empfindens verloren. Kein Mann hatte mich bisher nackt gesehen, abgesehen von Ärzten, die da nicht mitzählen, und neben dem Gefühl der Scham empfand ich ein Gefühl der Wut, daß man Menschen so grundlos verletzen mußte. Hätte man nicht eine Frau mit dieser Aufgabe betrauen können?

Die ärztliche Untersuchung war viel gründlicher als die in Krakau und erstreckte sich auch auf das gynäkologische Gebiet. So etwas hatte ich noch nie erlebt. Ich mußte mich auf einen Tisch legen. Es war das erstemal, daß ich einen solchen Apparat sah, bei dem die Beine festgebunden wurden. Vor dem Doktor, einem älteren Mann, schämte ich mich zuerst fast gar nicht. Doch er entpuppte sich als ein Scheusal, denn als er sich zur Untersuchung vornüber beugte, brach er plötzlich in brüllendes Gelächter aus. »Kommt mal alle her und seht euch das an!«, prustete er los, und schon umringten ihn eine Gruppe junger Männer, von denen nur zwei weiße Arztkittel trugen – die anderen waren einfach irgendwer. Immer noch aus vollem Halse lachend schwenkte er meine Papiere durch die Luft. »Zweiundzwanzig Jahre alt!« Das war natürlich Katarinas Alter. »Mensch, sowas gehört ja ins Museum! Eine Jungfrau, mit zweiundzwanzig!«

Sie standen um mich herum und machten derbe Witze. Einige schworen, sie hätten sowas noch nie gesehen. Vielleicht sollte man das seltene Exemplar für Ausstellungszwecke in Alkohol einlegen?

Endlich gingen sie an ihre Arbeit zurück, und das seltene Exemplar durfte vom Stuhl herunter.

Ich sollte nach Linz weiterfahren und verabschiedete mich von Anya. Wir verabredeten, daß sie mir aus Wien schreiben und ihre Adresse mitteilen würde.

Wir küßten und umarmten uns, wie Freundinnen das beim Abschied tun. Doch keiner wußte, wie es in uns aussah.

Man hatte mir eine Fahrkarte gegeben, und ich konnte ganz allein, ohne jede Aufsicht, in den Zug steigen. Selbst diese kleine Freiheit war für mich fast unfaßbar. Auf dem Weg zum Bahnhof konnte ich noch etwas bummeln, die Menschen und die Schaufenster betrachten. Überall sprach man vom Siegen – nur vom Siegen.

Im Zug wurde ich überwältigt von der heiteren Schönheit der österreichischen Landschaft. Von Wien bis Linz leuchtete das Land in den warmen, satten Farben des Herbstes; die bewaldeten Hügel, die Wiesen, die Felder und Dörfer sahen so friedlich, so beständig aus, alles schien so gut, so sauber, so gesund, die Welt war erfüllt mit Schönheit...

Auf dem Linzer Bahnhof wurde das Arbeitsamt telefonisch von meinem Eintreffen verständigt, und bald kam ein Dolmetscher, um mich abzuholen. Es war ein Jugoslawe, ein umgänglicher Mensch, der mir zu meiner Überraschung sogar das Gepäck trug. Noch einmal kam ich mir vor wie eine junge Dame.

Es sei nicht weit bis zum Lager Bindermischel, sagte er, als wir durch die breiten, sauberen Straßen gingen. Er war neugierig und schwatzte gern. Wieso ich allein sei? Das sei ungewöhnlich, denn die meisten anderen kämen in Gruppen oder in großen Transporten. Er lächelte, und ich fand ihn sympathisch. Aber durfte ich ihn überhaupt sympathisch finden? Woher wußte ich, ob dieser lächelnde Jugoslawe nicht abends seinen Bericht an die Gestapo abschickte? Wie konnte man überhaupt in einer Welt leben, wo man nicht einmal einem Lächeln trauen konnte? Aber bald war ich wieder in der mir nun schon vertrauten Umgebung von endlosen Barackenreihen, mit Stacheldraht umzäunt. Auf der einen Seite der Straße war das Wohnlager, auf der anderen das Durchgangslager, in dem Leute wie ich untergebracht wurden, die noch keine feste Arbeitsstelle hatten. Die meisten der ärmlich gekleideten Insassen jeden Alters und Aussehens, die sich in dem großen Hof bewegten, trugen Schriftzeichen auf der Brust. Der Jugoslawe erklärte mir, daß das »P« die Polen kennzeichnete und »Ost« die Russen.

»Und was ist mit den Ukrainern?« fragte ich.

»Ach, Sie sind Ukrainerin, dann haben Sie Glück.«

Die Ukrainer brauchten nämlich keine besondere Markierung zu tragen, da sie als Verbündete der Deutschen galten.

Der Posten in der grünen Uniform prüfte meine Papiere und öffnete das Tor. Ich betrat Bindermischel, das für mich eine Art von zweiter Heimat werden sollte.

Der Dolmetscher brachte mich zum Aufnahmebüro in der ersten Baracke, wo zwei junge Sekretärinnen an Schreibtischen saßen und sich auf russisch unterhielten. Sie trugen kein Kennzeichen auf ihrer Kleidung. Beide blickten zu mir auf und lächelten mich an. Ich fühlte mich sofort zu ihnen hingezogen.

Der Dolmetscher legte meine Papiere auf einen Schreibtisch, hinter dem ein deutscher Offizier mittleren Alters saß. Er musterte sie nur flüchtig und sagte einer der Sekretärinnen, daß sie sich meiner annehmen solle. Sie war etwas älter als ich und blond. Sie fragte, ob ich nach meiner Reise nicht durstig sei oder müde. Ich solle doch mein Gepäck auf den Boden stellen und mich hinsetzen.

Sie überflog meine Papiere. »Ach, Sie sind Ukrainerin. Ich bin Russin, und Clava dort ist auch Russin.« Sie zeigte auf das andere Mädchen, das viel kleiner war und einen sinnlichen Mund hatte. »Es kommen nicht viele Ukrainer zu uns«, sagte sie, »und wenige Ihrer Art.« Sie las die Eintragungen auf meinem Ausweis. »Gymnasialbildung, Schreibmaschine, Sprachen.« Sie zeigte wieder ihr warmes, freundliches Lächeln. »Nun, Katarina, meine Liebe, was würden Sie am liebsten tun?«

Katarina, meine Liebe ... ich war den Tränen nahe, mit so viel Herzlichkeit hatte ich nicht gerechnet.

Es gebe vielerlei Stellungen, sagte sie. Zunächst einmal in Munitionsfabriken.

Ich überlegte blitzschnell. In der Fabrik arbeitete man wahrscheinlich dauernd mit Fremdarbeitern zusammen, die einem steten Kommen und Gehen unterworfen sein würden. Leicht konnte dort jemand aus meinem Ort auftauchen. Darum sagte ich: »Ich dachte mehr an ... an Arbeit als Hausangestellte.«

»Als Hausangestellte?« Sie sah mich überrascht an. »Nein, das ist nichts für Sie.« Dann schlug sie vor, daß ich wegen meiner Schreibmaschinenkenntnisse hier im Lager eine Tätigkeit finden könne.

Hier im Lager! Wo jeder Neuankömmling mich sofort sehen würde! Eilig versicherte ich, daß ich eigentlich gar nicht gut tippen könne, was nicht stimmte, denn ich hatte oft im Büro unseres Notars zu Hause ausgeholfen.

»Aber wenn Sie auch nur ein bißchen schreiben können«, beharrte das freundliche Mädchen, »dann werden Sie es schnell genug lernen.«

»Muß ich mich jetzt gleich entscheiden?« fragte ich.

»Nein, Sie haben sowieso zwei bis drei Wochen ärztlicher Quarantäne vor sich, also können Sie sich Zeit lassen. Aber zuerst müssen wir Sie unterbringen.«

Sie beriet mit Clava, welche Baracke für mich in Frage komme. Die eine war zu überfüllt, in der anderen hausten nur ziemlich wüste Weibsbilder, und schließlich sagte die erste, die Nina hieß: »Sie könnte doch hier bei uns wohnen.« Es handelte sich dabei, wie sie erklärte, um eine Spezialbaracke für das Büropersonal und die Krankenschwestern. Hier würde ich es sicher wohnlicher finden.

Waren sie mißtrauisch? Wollten sie besonders auf mich aufpassen, oder war es einfach natürliche Freundlichkeit?

Jedenfalls gingen sie zum Leiter des Lagers, nach einem kurzen Gespräch stimmte er zu, und sie führten mich in meine neue Behausung. Die Baracke war in kleine Räume unterteilt, jeder mit zwei Betten, sauber und gemütlich. Meine Zimmergefährtin würde eine der Krankenschwestern sein.

Die Reaktion auf diese plötzliche Geborgenheit nach den Ängsten und Aufregungen der Flucht war ungeheuer. Ich weinte vor Glück und Dankbarkeit.

Den größten Teil der nächsten Tage verbrachte ich in dem kleinen Raum. Nur ganz selten sah ich meine Zimmergefährtin, eine belgische Krankenschwester in den Dreißigern, und ich war froh, daß sie mich in Frieden ließ und auch dann kaum persönliche Fragen stellte, wenn sie zu Hause war. Ich fragte sie nichts. Mit den beiden Sekretärinnen Nina und Clava traf ich mich zu den Mahlzeiten in dem riesigen Speisesaal. Sie liehen mir Bücher und Zeitschriften und sagten, ich solle mich gut ausruhen, bis ein Arbeitsplatz für mich bestimmt sei.

Wie sollte ich ihre Freundlichkeit deuten? War es das geheime Band, das alle Fremdarbeiter miteinander verbindet? Oder war ich für sie eben nur ein Mädchen, das allein in die Fremde verschlagen war?

Eines Morgens klopfte es an der Tür. Es war Peter, der Jugoslawe. »Kommen Sie«, sagte er, »Sie müssen einmal an die frische Luft. Ich fahre mit dem Lieferwagen zum Markt in die Stadt und nehme Sie mit.«

Es war ein richtiger Markt mit Reihen von Ständen voll frischem Gemüse, grünen Bohnen, Kohl, Blumenkohl, Tomaten und Obst. Die Leute scherzten und feilschten zungenfertig miteinander. Mein Jugoslawe nahm ein paar herrlich reife Tomaten in die Hand und lachte. »Sieh, Katarina, so rot wie deine Wangen!«

Ich bemerkte, wie mehrere Frauen sich umwandten, um mich zu sehen, und hörte sie sagen: »Ah, ein typisch russisches Mädchen! Eine nette Neuerwerbung!«

Auf einmal blieb Peter vor einem Stand mit hochgetürmten Melonen stehen. Eine lag aufgeschnitten da, saftig und reif. Aber Melonen waren auch rationiert. Meine Hand ergreifend, flüsterte Peter: »Katja, du bist schwanger«, und drängte mich vor den Stand. Hinter dem Melonenberg stand eine dicke Frau mit lebhaften schwarzen Augen.

»Ach«, sagte Peter und seufzte mitleiderregend, »sehen Sie unsere kleine russische Freundin da; sie hat plötzlich ein solches Gelüsten – Sie wissen ja, wie das in ihrem Zustand einen überfallen kann – eine solche Gier...«

»So?« sagte die Bäuerin und sah mich mit dem forschenden Blick an, mit denen Frauen unter solchen Umständen eine andere Frau betrachten. Nun war zwar von einer Schwangerschaft bei mir wirklich nichts zu sehen, aber mein ukrainischer Rock war weit und meine Bluse auch nicht gerade anliegend. »Aha«, meinte sie scherzend, »gut versteckt!« Und lachend nahm sie eine große, reife Melone und legte sie mir in die Hände.

Peter zahlte, und wir liefen schnell zum Lieferwagen. Dort lachten wir aus vollem Hals über unseren Streich.

Als wir zurückfuhren, wurde ich immer fröhlicher. Im Lager nahm ich die Melone unter meinen Rock, und so gingen wir in die Baracke zu Clava und Nina.

»Wußtet ihr schon, daß unsere Katja in anderen Umständen ist?« fragte sie Peter feierlich. Sie machten große Augen. Als ich aber die Melone unter meinem Rock zum Vorschein brachte, gab es ein großes Gelächter. Dann rief Clava die Krankenschwestern und die Ärztin, und wir feierten ein kleines Fest.

In dieser Nacht versuchte ich in meinen Gedanken, meine Angehörigen zu Hause zu erreichen. Und mir war, als hörte ich meine Mutter sagen: »Ja, ja, lebe!«

Die Zeit der Quarantäne zog sich hin. Mehrfach kamen Transporte aus der Tschechoslowakei, aus Belgien und Italien, denn in Linz befand sich, was ich vorher nicht gewußt hatte, eine der größten Rüstungsfabriken: die Hermann-Göring-Werke. Aber Nina war dagegen, daß ich in der Fabrik arbeitete, auch nicht anderswo in der Stadt, etwa in einem Restaurant. Warum ich nicht hier bei ihnen im Lager arbeiten wolle? Ich sagte, ich sei dafür zu unerfahren und möchte viel lieber eine Stelle bei einer Familie.

»Nun gut«, sagte Nina. Dann würde sie etwas Passendes für mich auftreiben. Sie und Peter, der Jugoslawe, kämmten die Angebote für Hausangestellte durch und fanden das Richtige: ein Ehepaar mittleren Alters, ohne Kinder. Ihre Villa befand sich in der besten Wohngegend von Linz-Froschberg.

Frau Eberhardt öffnete uns selbst die Tür. Sie war groß und hager, etwa 45 Jahre alt, musterte mich kurz von oben bis unten und lächelte zustimmend. Dienstboten waren Mangelware. Das Haus war wirklich beeindruckend. Im Wohnzimmer im Erdgeschoß lag ein wunderschöner langer Teppich, auf dem man durch einen Rundbogen ins Speisezimmer gelangte. Im Durchgang stand eine riesige japanische Vase, und im Speisezimmer befand sich ein Buffet mit kunstvollen Schnitzereien, in dem Porzellan und Tafelsilber ausgestellt war. An den Wohnzimmerwänden hingen Ölgemälde in vergoldeten Rahmen – Landschaften und Porträts vornehm aussehender Leute. Selbst das Haus von Rechtsanwalt Segal, das schönste in ganz Hrebenko, hätte es an Pracht mit diesem nicht aufnehmen können.

Das Haus war von eindrucksvoller Größe und kostbar eingerichtet. Die Küche war groß, peinlich sauber und mit den raffiniertesten Neuheiten ausgestattet. Es gab einen elektrischen Eikocher mit einer selbsttätigen Klingel und vieles andere mehr. Im oberen Stockwerk befanden sich zwei Schlafzimmer und das Bad sowie Herrn Eberhardts Arbeitszimmer.

Herr Eberhardt war, wie ich hörte, der Leiter des Eisenbahnnetzes für den gesamten Bezirk. Ganz oben im Dachgeschoß war ein nettes, kleines Mädchenzimmer mit Ausblick auf den Obst- und Gemüsegarten.

Ich hatte Logis und volle Verpflegung und bekam 28 Mark im Monat. Ich war im siebenten Himmel.

Als ich meine Sachen auspackte, kam Frau Eberhardt in

mein Stübchen herauf und wies mich an, zu baden. Trotz allem schien sie zu glauben, daß ich aus einer barbarischen Umgebung stamme.

Danach unterwies sie mich in meinen neuen Pflichten. Leider war ich in der Hausarbeit ziemlich unerfahren, da das zu Hause nicht zu meinen Obliegenheiten gezählt hatte. Sie seufzte. Aber ein unerfahrenes Dienstmädchen war immer noch besser als gar keines.

Zum erstenmal im Leben sah ich einen Staubsauger und begriff schnell, wie er zu handhaben war. Meine Dienstherrin war zufrieden. »Du scheinst intelligenter als die anderen zu sein«, bemerkte sie.

Frau Eberhardt schilderte den Tagesablauf, wie er sich abzuwickeln pflegte. Sie war in mehreren Wohlfahrtskomitees tätig und fast den ganzen Tag von zu Hause abwesend. Außerdem arbeitete sie in einem Krankenhaus. Darum wurde zur Zeit hier im Haus überhaupt nicht gekocht, sondern man traf sich in einem benachbarten Restaurant. Abends kam sie rechtzeitig nach Hause, um die Zubereitung des Abendessens zu beaufsichtigen. Ich sollte tagsüber das Haus putzen, die Wäsche waschen und Herrn Eberhardts Anzüge bügeln. Ich hatte doch schon einmal gebügelt, oder? Nein? Ach! In was für einer primitiven Gegend war ich bloß aufgewachsen? Ich konnte ihr natürlich nicht erklären, daß Mama immer alles für uns getan, ja sogar eigenhändig unsere Kleider genäht hatte, damit ihre Töchter nur ja zu den bestgekleideten Mädchen im Ort zählten, und daß ihr beim Waschen und Bügeln nur eine *schikse* zur Hand gegangen war. Und als die Russen einmarschiert waren und sich die *schiksen* aus dem Staub gemacht hatten, mußten wir Mädchen unsere Mutter bei genügend anderen Arbeiten im Haus unterstützen. Ach Gott, wir hatten mit uns selbst schon genug zu tun! Und was das Bügeln eines Herrenanzugs betraf

– als ob Papa in Hrebenko jemals einen gebügelten Anzug getragen hätte!

Das Bügeleisen, erklärte Frau Eberhardt, sei übrigens auch elektrisch. Ja, sagte ich leise, so eins hatte ich schon einmal gesehen.

Als Herr Eberhardt nach Hause kam, stellte seine Frau mich ihm vor mit der stolzen Miene eines Menschen, der das Unmögliche möglich gemacht hat. Herr Eberhardt war ein grauhaariger, hochgewachsener Mann, der sich ausgesucht vornehm kleidete.

Ohne mich allzu dumm anzustellen, servierte ich das Abendbrot, das am ersten Tag noch Frau Eberhardt selbst zubereitet hatte. Danach hieß es, ich solle meinen Wecker auf sechs Uhr stellen, um morgens zuerst die Schuhe zu putzen, dann das Frühstück zu machen und für Herrn Eberhardt ein belegtes Brötchen fürs Büro einzupacken.

Ich spülte das Geschirr, machte die Küche sauber und ging auf mein Zimmer. Wie behaglich es doch wirkte. Konnte es ein besseres Versteck als dieses geben? Hier würde ich warten, bis der Krieg zu Ende war, und danach...

Danach? Würde es überhaupt noch jemanden geben, der Eva kannte? Ich würde für immer Katarina bleiben, Katarina Leszczyszyn, dieselbe, die ich jetzt war.

Ehe ich zu Bett ging, kniete ich nieder und sprach fast unbewußt das christliche Gebet.

Aber es kam ja nicht auf die Konfession an, solange es nur irgendeine Religion, ein Glaube war. Und wenn er den Menschen half, und sie ihm treu blieben, so würde ich das respektieren. In diesem Moment überkam mich das sichere Gefühl, daß ich nie wieder ich selbst sein würde, Eva, die Tochter jüdischer Eltern. Aber war das denn so wichtig? Warum zitterte ich vor Angst bei diesem Gedanken?

Am nächsten Morgen war ich noch vor dem Klingeln des Weckers auf, huschte in die Küche und versuchte, mit Hilfe der nickelglänzenden Maschine den Kaffee zuzubereiten. Trotz der Anweisungen von Frau Eberhardt hatte ich aber nur eine verschwommene Vorstellung, wieviel Kaffee, wieviel Wasser und wieviel Zichorie dazu nötig waren. Als Herr Eberhardt herunterkam und den Kaffee versuchte, explodierte er: »Das soll Kaffee sein! Weißt du überhaupt, was Kaffee ist?«

»Bei uns zu Hause im Dorf«, stotterte ich, »trinken wir alle Tee.«

Als seine Frau erschien, meinte er ironisch: »Eine schöne Perle hast du dir da eingehandelt!«

Seufzend, aber geduldig unterwies mich Frau Eberhardt von neuem und trug mir auf, was ich während ihrer Abwesenheit im Hause zu tun habe. Mittags sollte ich mich mit ihnen im Restaurant treffen.

Schüchtern fragte ich, ob ich mir nicht hier in der Küche eine einfache Mahlzeit zubereiten könne.

Nein, nein, sagte sie, es sei nichts im Haus, und außerdem habe sie für mich Lebensmittelkarten bekommen.

Sie ließ mich allein, und ich versuchte, meinen Pflichten nachzukommen. Doch die unzähligen kleinen Privatdinge, die sich in jedem Haushalt befinden, lenkten mich ständig von der Arbeit ab, nicht nur, weil hier Feinde, sondern weil hier Menschen wohnten. Im Schlafzimmer stand ein gerahmtes Photo von ihrem Sohn mit Frau und Kind, die in Berlin lebten. Das pausbäckige Baby schaute ernst drein, man hatte es für das Photo in elegante Kleider gesteckt. War das der künftige Beherrscher der Welt?

Ich konnte der Versuchung nicht widerstehen, in Frau Eberhardts Kleiderschränke zu spähen. Sie hatte ein Faible für Gestricktes, doch keines ihrer Kleider wirkte besonders anziehend auf mich. Selbst die Unterwäsche, die ordentlich zusammengelegt in den Schubladen lag, war ohne jeden Reiz.

Meine Herrin hatte das Radio für mich angelassen, ein großes Telefunken-Gerät in der Diele, das auf den nationalen Sender eingestellt war. Die Musik wurde ab und zu durch neueste Meldungen unterbrochen – »unsere Truppen« waren unaufhaltsam auf dem Vormarsch. Besonders Rommel mit seinem Afrikakorps. Würde er bis Palästina vordringen? Würden sie uns selbst bis dorthin verfolgen und auf die Knie zwingen? Und würden sie dort meinen ältesten Bruder, Nahum, gefangennehmen und ihn dem gleichen Schicksal zuführen wie Tauba?

Ich hätte gern die Nachrichtensendung aus einem anderen Land eingeschaltet, aber ich wagte nicht, an den Knöpfen des Apparates zu drehen. Vielleicht konnte jede Veränderung daran bemerkt werden.

Wenigstens durfte ich es ausschalten.

Ich machte weiter, wischte Staub und polierte die Möbel. Im Wohnzimmer stand ein Flügel. Ich staubte den Tastendeckel ab, öffnete ihn und drückte gedankenverloren ein paar Tasten hinunter. Ich konnte nicht Klavier spielen, doch plötzlich mußte ich an Tauba denken. Sie hatte auf der Schule in Lemberg Klavier spielen gelernt, und nachdem sie aus Lemberg zurückgekehrt war, hatte sie mir einmal etwas vorgespielt.

Damals hatten wir noch im hinteren Teil unseres eigenen Hauses gewohnt, weil man uns noch nicht befohlen hatte, ins Judenviertel zurückzuziehen. Die drei Stockwerke im Vorderhaus hatten deutsche Offiziere in Beschlag genommen. Wir mußten für sie die Zimmer putzen. Eines Morgens, als alle Offiziere das Gebäude verlassen hatten, schlich ich mich mit Tauba in den Raum, der einmal unser Zimmer gewesen war. Er befand sich im dritten Stock. Papa hatte damals das Haus so gebaut, daß sich hinter seinem Laden eine Küche und ein Wohnzimmer für die ganze Familie befand, in dem er, Mama und Yaacov schliefen. Für uns Mädchen jedoch hatte er ein Extrazimmer im dritten Stock des Vorderhauses eingerichtet, gleich neben einer der Mietswohnungen. Und in diesem Zimmer hatten wir die schönsten Jahre unserer Kindheit verbracht.

Jetzt wohnte in dem Raum ein fremder Mann, es standen neue Möbel darin und die Deutschen hatten sogar ein Klavier hineingestellt, das sie aus einem jüdischen Haus genommen hatten.

»Tauba«, sagte ich, »jetzt kannst du mir zeigen, wie du spielst, komm, spiel doch etwas.«

Sie warf zuerst noch einen Blick in den Flur, um sicherzugehen, daß sie auch wirklich alle fort waren. Dann setzte sie sich ans Klavier und spielte ein Liebeslied, das damals gerade ein bekannter Schlager war. Sie spielte und sang dazu.

> Und hast du auch kein Liebeswort für mich,
> Sagt mir dein Name doch, ich liebe dich...

Ich aber saß neben diesem liebenswerten Mädchen, meiner Schwester, und sah ihr zu; und auf einmal sagte etwas in mir, sieh nur, welch ein wundervolles Geschöpf doch der Mensch ist! Wie kompliziert sich die Finger bewegten und wie flink, während sich der Kopf an jede Note und jedes Wort erinnerte. Und schon damals hatte mich plötzlich eine wilde Furcht ergriffen. Was hatten sie mit uns vor? Was hatten sie bloß mit uns vor?

Ich hörte, wie der Ton, den ich auf Frau Eberhardts Klavier angeschlagen hatte, langsam verklang. Es war Mittag, und ich mußte in das Restaurant zum Essen gehen.

Es schien eines von jenen Lokalen zu sein, in denen Stammgäste jeden Tag am selben Tisch saßen. Die Eberhardts waren schon da und winkten mich zu sich. Als ich eintrat, verstummten die Gäste plötzlich, und als ich zum Tisch der Eberhardts ging, richteten sich alle Augen auf mich, und man fing an, leise zu tuscheln. Hatte ich jetzt schon etwas falsch gemacht?

Frau Eberhardt zischte: »Katarina, du hast nicht Heil Hitler gesagt. Weißt du denn nicht, daß man das in einem öffentlichen Lokal tun muß?«

»Entschuldigen Sie«, murmelte ich, »ich wußte das nicht.«

Frau Eberhardt schüttelte verstimmt den Kopf. »Dann sieh zu, daß du es in Zukunft ja nicht vergißt!«

Am nächsten Tag sagte ich Heil Hitler ohne jedes Gefühl, auch ohne jeden besonderen Widerwillen. Ich benutzte einfach einen landesüblichen Gruß zu dem Zweck, mein Leben nicht zu gefährden. Sie aßen geschäftig, fast pflichtbewußt und wischten mit dem letzten Stück Brot ihre Teller sauber. Das überraschte mich bei so vornehmen Leuten. Ich hatte auf meinem Teller ein paar Gemüsereste liegen lassen. »Katarina«, ermahnte mich Frau Eberhardt, »in diesen schweren Zeiten dürfen wir keinen Bissen verschwenden.« Also gewöhnte auch ich mir an, meinen Teller auszuwischen.

Einige Tage später erschrak ich mich im Restaurant zu Tode. Aus dem Lautsprecher ertönten ständig irgendwelche Schlagermelodien. Doch plötzlich vernahm ich ein Lied, das mich im Innersten traf, das durch Katarina zu Eva vordrang.

Und hast du auch kein Liebeswort für mich,
Sagt mir dein Name doch, ich liebe dich...

Es war Taubas geliebte Stimme, die ich in diesen Worten hörte. Und ich wußte, wenn ich jetzt noch einen Augenblick länger unter diesen Leuten saß, würde ich Taubas Namen herausschreien und meinen eigenen dazu, und ich würde ihnen alle meine Anklagen entgegenbrüllen. Überstürzt verließ ich das Restaurant.

Ich rannte nach Hause auf mein Zimmer und warf mich zitternd aufs Bett. Das Lied ging mir nicht aus dem Kopf, es versetzte mich in das Zimmer, das Papa für uns eingerichtet hatte, und ich sah Tauba am Klavier sitzen, und ihre Finger bewegten sich noch, jeder einzelne, jedes Glied. Ich sah sie an, sah das Lächeln auf ihrem Gesicht, als sie ihren Kopf wandte und zu mir herüberschaute, und da richtete sich all meine Verbitterung und meine Abscheu vor den Deutschen plötzlich gegen mich selbst. Was fiel mir eigentlich ein, hier zu leben, zu leben, mitten unter ihnen? Und zu meinem Entsetzen kam eine tiefe Verzweiflung und eine Trauer hinzu, grenzenlose Trauer, und ich weinte und weinte.

Schließlich hörte ich Frau Eberhardt auf der Treppe. »Was ist passiert, Katarina? Was ist denn los?«

Ich versuchte mich wieder zu fassen und öffnete die Tür. Da stand sie, eine Frau mittleren Alters, die sich echte Sorgen machte und mich freundlich ansah. Sie war nicht einmal böse, sondern nur besorgt um Katarina, das Dienstmädchen. Und ich mußte mich beherrschen, nicht erneut in Tränen oder hysterisches Gelächter auszubrechen über diese Welt, diese verrückt gewordene Welt.

Ich behauptete, plötzlich kolikartige Krämpfe bekommen zu haben, so daß ich befürchtet hatte, mich im Restaurant erbrechen zu müssen. Sie schickte mich zum Arzt, und er verschrieb mir schwarze Tabletten. Darauf erzählte ich Frau Eberhardt, daß es mir schon besser ginge. Doch in mir wuchs eine neue Furcht heran. Etwas so Unscheinbares wie dieses

Lied, das aus meinem wahren Leben stammte, konnte mich verraten, selbst wenn alle meine Papiere den Kontrollen standhielten. Meine Gefühle konnten mich verraten. Ich durfte keine Gefühle mehr haben.

Ich wühlte mich in meine Arbeit, putzte und säuberte Tag und Nacht. Ich wurde ein perfektes Dienstmädchen, und zum ersten Mal lernte ich richtig kochen. Abgesehen von ein paar Sachen hatten wir immer genügend Vorräte im Haus. Nur das Brot war streng rationiert und die Butter knapp. Doch im Keller stapelten sich Schinken, Wurst und Kartoffeln. Obwohl es allen Städtern streng verboten war, sich Vorräte vom Land zu holen, durften Leute vom Land offensichtlich zu den Eberhardts in die Stadt. Ein »Bekannter«, der auf einem großen Hof arbeitete, brachte ihnen Enten, Gänse und Wildgeflügel an die Hintertür. Mehrmals wöchentlich erschien er mit Eiern, Käse und Fleisch. Sie luden ihn des öfteren zum Abendessen ein und begegneten ihm mit höchstem Respekt, als hätte er mindestens einen Ministerposten inne.

Einmal, am Tag nach einer solchen Einladung, kam ein ganzes Faß voller Äpfel an. Ich mußte das Obst auf extra dafür gebauten Regalen auslegen, und zwar jeden Apfel separat, damit nur nichts verfaulte.

Ich wagte nicht, irgend etwas von ihren Vorräten anzutasten, abgesehen von den Dingen, die ich zubereiten sollte, und obwohl es gutes Essen gab, knurrte mir oft der Magen. Tomaten gab es im Überfluß – zu jeder Mahlzeit aß man Tomatensuppe, Tomatensalat, Tomatenmark, Tomatensoße. Und dabei hatte ich seit jeher eine besondere Abneigung gegen Tomaten.

»Was ist mit dir, Katarina?« fragte mich Frau Eberhardt eines Tages. »Schmeckt dir unser Essen nicht?«

Ich gestand die Wahrheit.

»Aha, du bist verwöhnt«, entgegnete sie.

Aber ich spürte, daß dadurch mein Ansehen bei ihr gestiegen war, denn nun hielt sie mich nicht mehr nur für ein ungehobeltes Bauernmädel, sondern für einen Menschen mit Vorlieben und Abneigungen, für einen Menschen von Geschmack. Nichtsdestoweniger hatte ich Hunger. Daheim hatten wir immer jede Menge Brot gegessen, hier jedoch wurden die Brotrationen jeden Morgen von Frau Eberhardt peinlich genau verteilt. Dabei teilte sie jede Portion nochmals in drei Teile auf, pro Mahlzeit eine Teilration.

Manchmal verdrückte ich schon beim Frühstück zwei Teilrationen auf einmal.

»Paß auf, sonst wirst du untertags nicht satt«, warnte sie mich.

Und sie hatte recht. Auf einem Regal in der Speisekammer entdeckte ich eine Dose mit Keksen und weil ich so Hunger hatte, nahm ich einen heraus. Er schmeckte herrlich, eine Köstlichkeit in Schmetterlingsform, fest und knusprig. Ich konnte nicht widerstehen und nahm noch einen zweiten. Die Dose stand gerade so hoch, daß ich hineingreifen konnte, doch hineinschauen und sehen, wie viele noch drin waren, konnte ich nicht.

Ich naschte jeden Tag. Nach einiger Zeit nahm Frau Eberhardt die Dose mit den Worten herunter, sie wolle diese selbstgebackenen Plätzchen ihrem Sohn nach Berlin schikken.

Ihr entfuhr ein überraschender Aufschrei. »Da fehlt ja die Hälfte! Die Dose war randvoll!«

Sie starrte mich an, und ich gestand meinen Diebstahl. Ich hatte die Stelle erst seit kurzem; vielleicht würde sie mich jetzt mit einem schlechten Zeugnis aufs Arbeitsamt zurückschicken. Eine solche Stelle würde ich nie wieder bekommen! Wie konnte ich aus Gier nur so dumm sein!

»Katarina, ich hätte nicht von dir gedacht, daß du zu der Sorte Mädchen gehörst, die Dinge stehlen.«

»Ich hatte Hunger«, flehte ich, »Hunger auf Brot. Ich hätte nie gedacht, daß ich so viele genommen habe, ich habe einfach in die Dose gelangt, sie schmeckten so gut ... ich ...«

Das Gesicht der Deutschen nahm einen ungewohnten Ausdruck an. »Wie ein Kind«, sagte sie. »Wie ein Kind, das man mit einer Hand in der Keksdose ertappt.« Sie schüttelte den Kopf. »Du bist eine erwachsene Frau, Katarina. Zweiundzwanzig Jahre alt.«

Wir sahen uns direkt in die Augen. Beinahe hätte ich entgegnet, ich sei erst achtzehn. Schließlich verkündete sie mit strengem Gesicht, sie würde mit Herrn Eberhardt über den Vorfall sprechen.

Am nächsten Morgen fand ich zu meiner Überraschung eine zusätzliche Brotration auf meinem Teller. Frau Eberhardt erklärte, es sei die Ration ihrer Mutter, die von ihrem Brot fast nie etwas aß.

Herr Eberhardt sah mir lange und tief in die Augen, ohne etwas zu sagen. Ich wollte versprechen, daß so etwas nie wieder vorkommen würde, doch ich stammelte nur ein Dankeschön für die Sonderration.

Und trotz allem wurde ich schon bald wieder rückfällig, wenn man mich auch nicht erwischte. Diesmal hatte ich einen Heißhunger auf Obst, denn ich sah täglich die Äpfel in den Regalen. Als eines Tages niemand im Haus war, stahl ich mich in den Keller, nahm einen Apfel und verspeiste ihn auf der Stelle. Ich hoffte, sie hatten nicht jeden einzelnen Apfel gezählt.

Als ich hineinbiß, stieg ganz plötzlich in mir die Erinnerung an Papa und seinen Apfelbaum empor. Ich erinnerte mich, daß sich mein Vater während meiner ganzen Kindheit nach einem eigenen Apfelbaum gesehnt hatte, als wir noch in dem einzigen großen Raum unseres alten Hauses, den wir die *schtube* nannten, lebten. »Am Sabbat«, sagte er, »sollte sich ein Jude in seinem Garten ergehen können, darin spazieren, einen Apfel vom eigenen Baum pflücken und ihn essen.« Wir hatten weder einen Garten noch einen Apfelbaum. Wir wohnten in der Straße, die zum Marktplatz führte; es war die Straße der Kaufleute und Getreidehändler. Immer wenn die Bauern ihre Wagenladungen mit Getreide nach Hrebenko brachten, rannten die Händler hinterher und riefen ihnen ihre Angebote zu. Und wenn die Bauern ihre Produkte verkauft hatten, kamen sie regelmäßig in Papas Geschäft, um Vorräte einzukaufen. Manchmal erhielt er als Bezahlung ganze Eimer voll Eier, die er wiederum an den Eierhändler Yankel Chazanovitch verkaufte, einem langbärtigen Juden und Sonderling, der gegenüber wohnte und nie einen Schritt aus seinem Hof heraustat. Er wäre niemals einem Bauern auf der Straße hinterhergerannt. Sollten die Bauern doch zu ihm kommen.

Am Sabbat herrschte auf der Straße Ruhe. Papa zog sich seinen langen Mantel an und begab sich in die Synagoge. Einmal zog ich mir an einem Wochentag seinen Sonntagsmantel und seinen Hut mit Pelzkrempe, den *schtrimmel*, an und stolzierte damit die Straße hinunter, umringt von meinen Freundinnen, die lachend um mich herumsprangen. Das hat mir eine anständige Tracht Prügel eingebracht. Armer Papa, ich ließ ihm keine ruhige Minute! Am Sabbat konnte ich mich nicht einen Augenblick still verhalten. Kaum hatte sich mein Vater zum Nachmittagsschläfchen hingelegt, sprang er schon wieder auf und tobte: »Wie ist es bloß möglich, daß in jedem anderen jüdischen Haus die Kinder zittern und auf Zehenspitzen schleichen, wenn sich ihr Vater ein Stündchen aufs Ohr legen will, und alles mucksmäuschenstill ist, während in diesem Haus nur Rabauken wohnen?« Und dann klagte er, er sehne sich doch nur nach ein bißchen Sabbatruhe und nach einem Spaziergang in seinem Garten, wo er sich einen Apfel vom eigenen Baum pflücken konnte.

Bald darauf brachen für uns neue und zunächst schlechtere Zeiten an. Die Bauern gründeten eine Genossenschaft mit einem eigenen Laden. Ihre Anführer untersagten ihnen, bei Juden zu kaufen, und nach und nach kamen immer weniger in Papas Geschäft, bis er schließlich zumachen mußte. Er lief stundenlang durch die Stadt, fuhr nach Lemberg und suchte verzweifelt nach einer Lösung. »Ein Jude muß immer einen Ausweg finden«, sagte er. »Ein Jude muß sich selbst aus dem Schlamassel helfen.« Und er fand einen Ausweg. Er eröffnete einen Getränkestand in einem Kiosk gegenüber vom Amtsgericht, den er mit einem Würstchenverkäufer teilte. Rechtsanwälte und selbst Richter wurden bei ihm Kunden. Mama kam auf die Idee, eine Lizenz zum Verkauf von Marken zu erwerben, denn alle juristischen Transaktionen mußten mit einer Steuermarke versiegelt werden. Die Verhandlungen mit den Behörden übernahm stets Mama. Sie zog sich dazu immer ihr elegantes braunes Kleid und den schönen blauen Strickschal an, und wenn sie ihnen dann in ihrer würdevollen Art gegenüberstand und in einwandfreiem Polnisch mit ihnen sprach, wurde sie von allen respektiert, obwohl sie Jüdin war. Auf diese Weise ergatterte Muter die Markenlizenz. Im Laufe der Zeit kam der Verkauf von Gewürzen, Wodka und Kirschwasser hinzu. Und schon bald wurde der halbe Kiosk zu klein, und Papa liebäugelte mit einem Grundstück auf der anderen Straßenseite, wo er ein modernes Geschäftsgebäude bauen wollte. Zwei der drei Läden im Erdgeschoß sollten verpachtet werden, einen wollte er selbst beziehen, und für die oberen Stockwerke sah er drei Mietswohnungen vor. Hinters Haus aber käme der Garten. Noch vor Baubeginn wollte er seine Pflaumen- und Apfelbäume anpflanzen.

Und er hatte es tatsächlich geschafft. Papas Traum, am Sabbat durch seinen eigenen Garten zu spazieren, einen Apfel zu pflücken und ihn in aller Ruhe zu essen, war noch vor Kriegsbeginn Wirklichkeit geworden.

Als ich mich dort im Keller in Linz an all dies erinnerte, überlief mich ein kalter Schauer. Denn seit jenem Schock durch Taubas Lied hatte ich nicht ein einziges Mal an meine Familie gedacht. In meiner Angst hatte ich sie aus meinem Herzen ausgeschlossen. Tötete nun auch ich sie schon, nur um selbst zu überleben?

Je mehr ich in meine Arbeit hineinwuchs und mich zu einer wahren »Perle« von Dienstmädchen entwickelte, desto größer wurde das persönliche Interesse der Eberhardts an mir. Sie sprachen sehr oft über mich und nannten mich dabei immer »unsere Katarina«. Herr Eberhardt war in meinen Augen natürlich ein älterer Herr, und in seinem Verhalten mir gegenüber gab es auch nicht die geringsten Zweideutigkeiten, aber ich glaubte doch zu spüren, daß er sich über eine junge Frau im Hause freute.

Ich hatte große Angst vor ihrem Interesse an meiner Person, und dennoch konnte ich nicht verhindern, mich geschmeichelt, ja sogar stolz zu fühlen, wenn ich hörte, wie Frau Eberhardt vor ihren Bekannten damit prahlte, welchen Schatz sie mit mir ergattert hatten, und wie talentiert doch »unsere Katarina« war, gar nicht wie die anderen russischen Bauernmädel, sondern geradezu kultiviert und feinfühlig. Ein Mädchen, das sogar Bücher lesen wollte.

Nicht daß die Eberhardts bei meiner Hausarbeit nachsichtig gewesen wären! Wenn ein Hemd nicht tadellos gebügelt war, wurde ich von Herrn Eberhardt strengstens gerügt: »Katarina, bügle das nochmal und zwar ordentlich, sonst schicke ich dich ins Lager. Du weißt, daß wir Konzentrationslager haben, wo sie dir Dinge wie Disziplin und Ordnung beibringen. Du solltest mal die Bettenreihen in diesen Lagern sehen – haargenau eins neben dem anderen!« Und doch zeigten sie mir immer wieder, daß sie mich mochten. Herr Eberhardt stellte mir ein Radio aufs Zimmer, und seine Frau schenkte mir ein paar hübsche Kleider. Warum ich denn an meinen freien Tagen nie ausging? Ich war jung und sollte mich amüsieren. Sie rieten mir, doch einmal bei den Fremdarbeiterzentren vorbeizuschauen, dort würden Vergnügungs- und Tanzabende veranstaltet.

Ich erwiderte, ich würde dort niemanden kennen und wollte mich nicht einfach mit irgendwem abgeben.

Manchmal verspürte ich ein plötzliches warmes Gefühl von Zuneigung zu Frau Eberhardt. Das rührte wohl daher, daß sie mir alles im Haushalt beibrachte, was ein Mädchen normalerweise von seiner Mutter lernte. »Siehst du, Katarina«, sagte sie, »wenn du einmal heiratest, bist du schon eine perfekte Hausfrau.« Und damit kamen wir auf Jungs zu sprechen. Ein hübsches junges Mädchen wollte doch bestimmt... Ich sollte mir Freunde suchen, sollte ausgehen. Einmal setzte mich Frau Eberhardt sogar an ihren Frisiertisch und wir probierten eine neue Frisur für mich aus. Sie stand mir gut.

Sie schienen sich so um mich zu sorgen, daß ich beschloß, an einem freien Tag so zu tun, als ginge ich aus. Also zog ich mich eines Mittwoch nachmittags hübsch an und verließ unter den aufmunternden Blicken Frau Eberhardts das Haus.

Ich hatte keine Ahnung, was ich mit meiner Zeit anfangen sollte. Ich fuhr mit der Straßenbahn bis zur Endstation, ging dort ein Stückchen auf und ab und fuhr mit der nächsten wieder nach Froschberg zurück. Es war kaum eine Stunde vergangen. Also machte ich einen großen Spaziergang, kam aber dennoch zu früh nach Hause.

»Was! Schon so bald!« rief meine Herrin aus. Was ich denn Schönes unternommen hätte? Ich behauptete, auf dem Marktplatz einige Bekannte vom Arbeitsamt getroffen zu haben, mit denen ich ein bißchen geplaudert hätte.

Ach, ich sollte viel öfter ausgehen und mich amüsieren.

Das nächste Mal ging ich ins Kino, allein. Das tat ich so lange, bis mich selbst der Kartenabreißer erkannte und sagte: »Na so was, so ein hübsches Mädchen und immer allein!« Mein Hang zum Alleinsein gefährdete mich also mehr als der Umgang mit anderen Leuten. Darum ging ich auf Frau Eberhardts Vorschlag ein, mit zu ihren Bekannten, den Webers, zu kommen, die auch ein russisches Dienstmädchen hatten. Das sei doch sicher ein netter Verkehr für mich.

Die Webers begrüßten mich herzlich und machten mich mit ihrer Marinka bekannt. Es war ein nettes, einfaches Mädchen, aber völlig dumm und stumpf. Stundenlang blätterten wir in ihrem Fotoalbum herum und unterhielten uns über unsere Herrschaften.

Einmal traf ich bei den Webers einen jungen Fliegeroffizier, der auf Urlaub war. Es war ihr Sohn. Er war ein typischer deutscher Jüngling, blond, mit einer scharfen Nase und dünnen Lippen. In meinen Augen war er das Urbild eines echten Nazi. Weil ich für ihn, wenn auch nicht Haß, so doch Bitterkeit empfand, versuchte ich, ihm bei künftigen Besuchen aus dem Weg zu gehen.

Aber dann passierte die Sache mit den Schlittschuhen.

Schnee war gefallen. Eines schönen Morgens nahm mich Herr Eberhardt mit in die Stadt und kaufte mir ein Paar elegante Überschuhe. Ich erzählte ihm, wieviel Schnee es bei uns zu Hause gegeben habe, von Schlittenfahrten, vom Schlittschuhlaufen auf dem nahe gelegenen Fluß.

Aber ich solle hier doch auch Schlittschuh laufen, meinte Herr Eberhardt. Es gebe in Linz eine ausgezeichnete Eisbahn.

Ich wandte ein, ich hätte keine Schlittschuhe. Am nächsten Tag sagte er mir, daß der junge Weber ein zweites Paar besitze, das er mir gewiß leihen würde. Nach dem Abendessen ging ich also hinüber zu den Webers. Der junge Leutnant war durchaus bereit – sogar erfreut –, mir die Schlittschuhe zu leihen. »Sie sind unten im Keller«, sagte er, und wir gingen hinunter.

Dort unten stand eine Gartenbank, hinter ihr ein geöffneter großer Sonnenschirm. Der Leutnant machte eine Bemerkung über Sommer im Winter und sagte, ich solle mich hinsetzen und die Schlittschuhe anprobieren. Und dann waren seine Arme plötzlich um mich, er preßte mich an sich. Wir kämpften schweigend.

Plötzlich hörten wir eine ärgerliche Stimme: »Mit einem Dienstmädchen!« Sein Vater stand auf der Treppe. Der junge Weber ließ mich los, sein Gesicht war dunkelrot. Ich ging, ohne ein Wort zu sagen, und nahm die Schlittschuhe mit.

Bei Eberhardts erzählte ich nichts von dieser Geschichte. Am nächsten Tag ging ich auf die Eisbahn, es war wie ein frischer Atemzug, die saubere Bewegung der Schlittschuhläufer rings um mich zu fühlen. Zum erstenmal, seitdem ich Hrebenko verlassen hatte, konnte ich alles vergessen.

Ein Schlittschuhläufer glitt an meine Seite und fragte, ob wir zusammen fahren wollten. Das taten wir dann den ganzen Nachmittag lang, und ich fühlte mich immer freier. Die Leute sahen uns zu, einige applaudierten sogar.

Kaum war ich nach Hause gekommen, als Herr Eberhardt fragte: »Katarina, weißt du, daß dein Begleiter heute der beste Schlittschuhläufer von Linz war?«

»Nein«, antwortete ich.

Herr Eberhardt sah mich an: »Katarina, du siehst die Männer manchmal zu direkt an, ich habe es schon ein paarmal unterwegs gemerkt.«

Ich war völlig verblüfft. »Aber –«, wollte ich sagen.

»Sei vorsichtig, wir möchten nicht, daß über unsere Katarina gesprochen wird.«

Oben in meinem Zimmer starrte ich in den Spiegel. Ich starrte auf Katarina, auf Eberhardts Katarina, mein neues Ich. Und in diesem Moment packte mich die Angst. Wer war ich eigentlich? Ich versuchte, meine Eltern und meinen kleinen Bruder, meine Schwester vor meine Augen zu bringen, konnte sie aber nicht sehen. Die Vergangenheit war wie weggewischt. Gab es das wirklich, daß Menschen ihre Vergangenheit vergessen konnten? Und wer war ich denn in Wirklichkeit? War ich vielleicht tatsächlich ein paar Kilometer von Hrebenko entfernt geboren worden, als die Tochter einer ukrainischen Familie? War ich wirklich ihre Katja gewesen?

Zu Hause war ich ein ganz bestimmter Mensch gewesen, Eva. Alle meine Freunde wußten, wer Eva war, und kannten Evas Familie. Aber hier, hier war ich Katarina, nichts als Katarina.

Und dann gingen mir die Geschichten über entlaufene Sträflinge und andere Leute durch den Kopf, die in die Fremde gegangen waren, um dort ein völlig neues Leben zu beginnen, unter neuem Namen geheiratet und Familien gegründet hatten und dennoch nach zwanzig Jahren auf einmal ihre wahre Identität preisgegeben hatten. Bei solchen Geschichten hatte ich mich früher immer gefragt, ob sie sich wohl aufgrund von Schuldgefühlen zu erkennen gegeben hatten. Jetzt aber wußte ich, daß es dazu gar keiner Gewissensbisse brauchte. Es genügte schon jenes beklemmende Angstgefühl, das auch ich verspürte, das quälende Verlangen danach, als diejenige zu gelten, die ich wirklich war.

In dieser Nacht plagte mich eine schreckliche Erinnerung. Ich war in Hrebenko wieder einmal zum Schlittschuhlaufen gegangen. Als ich Hunger bekommen hatte, war ich in meiner ungestümen Art, ohne meine Schlittschuhe auszuziehen, vom zugefrorenen Fluß durch die vereisten Straßen unserer Stadt gestolpert, in unseren Laden gestürzt und hatte mich über das Regal mit den Süßigkeiten hergemacht, um mir ein paar Schokoladenriegel zu holen.

Meine Eltern waren beide geschäftlich unterwegs, und Tauba hatte den Laden gehütet. Ich sah, wie sie versucht hatte, mir die Schokolade aus den Händen zu entwinden. Papa hatte sich immer wieder darüber beklagt, daß wir uns einfach alles, was wir wollten, aus den Regalen nahmen. Und heute, hatte mich Tauba angeschrien, habe sie die Verantwortung!

In einem plötzlichen Wutanfall hatte ich ihr einen Tritt versetzt, doch schon unmittelbar darauf das Gefühl gehabt, als bohrten sich die spitzen Kufen in mein eigenes Fleisch, und sogar jetzt noch genügte die bloße Erinnerung, um mich vor Schmerz aufstöhnen und krümmen zu lassen. Panisch hatte ich versucht, das Blut zu stillen, und nachdem auf meine Hilferufe ein paar Leute herbeigeeilt waren und Tauba nach oben gebracht worden war, hatte ich heulend neben ihrem Bett gekniet und sie um Verzeihung angefleht. Es hatte Wochen gedauert, bis die Fleischwunde, die bis zum Knochen ging, verheilt war. Das schlimmste für mich aber war, daß mir keiner – weder Tauba noch meine Eltern – auch nur mit einem Wort vorwarf, was ich angerichtet hatte. Immer wenn ich ins Zimmer kam, brach ich in Tränen aus, obwohl mir Tauba bereits gesagt hatte, sie verzeihe mir, und ich solle nicht mehr weinen. Die Narbe jedoch blieb an ihrem Bein, und auf einmal schien mir, als sähe ich Tauba, sähe, wie sie in Belzec vom Zug in den Tod ging, und immer noch mit der Narbe, die ich ihr zugefügt hatte.

In diesen schrecklichen Tagen, in denen ich versuchte,

mich an meine Lieben zu erinnern, und fürchtete, sie völlig zu verlieren, wurde das Verlangen in mir groß, zu hören, was dort passiert war. Ich durchforschte alle deutschen Zeitungen, ich hörte alle Radioberichte. Es war seltsam, daß man dem deutschen Volk nichts von dem mitteilte, was man mit den Juden machte, denn der Krieg gegen die Juden war doch ein so wichtiger Teil des deutschen Vorgehens; alles war genau vorbereitet, organisiert und planmäßig durchgeführt worden, so daß man dachte, es würden dauernd Berichte gegeben, wie weit der Ausrottungsprozeß gediehen sei, damit das deutsche Volk wußte, daß eines seiner Hauptziele erreicht sei. Aber kein Wort war hierüber zu hören. Es wurde zwar mehr als genug über die Juden im allgemeinen gesagt, es gab dauernd antisemitische Reden, und die Zeitungen waren voll von scheußlichen Karikaturen. Aber über das tatsächliche Geschehen kein Wort. War vielleicht alles bereits vorüber? Gab es überhaupt keine Juden mehr? Auch die Eberhardts und ihre Freunde sprachen niemals über die Juden. Hatte es überhaupt jemals Juden gegeben, hatte Eva jemals existiert?

Eines Morgens, als mir Frau Eberhardt wie üblich verschiedene Kleidungsstücke zum Reinigen hinlegte, nahm sie auch eine Uniform und ein paar Stiefel aus dem Schrank. In Berlin fand eine wichtige Feier statt, an der auch ihr Mann teilnehmen sollte. Sie drückte mir die Uniform in die Hand. Entgeistert starrte ich darauf. Es war eine SS-Uniform! Und er war Offizier! Ja, sagte Fau Eberhardt, ihr Mann sei Major in der SS-Reserve. Er hatte aufgrund seines Alters und weil seine Tätigkeit bei der Eisenbahn an Bedeutung einem Fronteinsatz gleichkam, die Anweisung erhalten, in seinem Zivilberuf zu bleiben.

Zwei Tage lang bügelte und polierte ich. Für diese Versammlung mußte alles tipptopp sein. Der Führer würde höchstpersönlich anwesend sein.

Aber wenn sie doch Nazis, ja sogar von der SS waren, warum sprachen sie dann nie von den Juden? Gerade sie mußten doch an all das glauben?

Und so fuhr Obersturmführer Eberhardt nach Berlin, und nach seiner Rückkehr war die große Versammlung das Gesprächsthema mehrerer Abendgesellschaften. Es hatte sich um einen Festakt anläßlich der militärischen Siege im Osten gehandelt. Vielleicht war der Sieg über die Juden gar nicht mehr der Rede wert.

Dies war der Winter mit dem Angriff auf Moskau. Ich wußte, daß die deutschen Truppen ihren Vormarsch unterbrochen hatten, aber wahrscheinlich wollten sie nur die kalten Wintermonate vorübergehen lassen.

Eines Abends rief mich Herr Eberhardt ins Wohnzimmer, wo er am Radio saß. Zu meinem Erstaunen hörte ich eine Sendung in Russisch. Aber wegen der vielen Zwischengeräusche konnte ich kaum etwas verstehen. »Katarina, sag mir, ist das Russisch?« »Ja«, antwortete ich.

»Was melden sie?«

Ich versuchte zu verstehen, es ging aber kaum. Es war zuviel Geräusch.

Dann sagte er: »Du weißt doch, Katarina, daß man keine fremden Sender hören darf. Ich hoffe, du tust es nicht.«

Warum hatte er nur versucht, einen fremden Sender zu hören? Stimmte es vielleicht doch nicht ganz mit den deutschen Nachrichten? Ich konnte nicht länger widerstehen. Als beide Eberhardts weg waren, drehte ich das Radio an. Überall versuchte ich, einen fremden Sender zu erwischen, aber keiner kam klar durch. Es schien, als ob es selbst der Luft verboten sei, mir Nachrichten von meinen Leuten zu geben.

Schließlich entschloß ich mich zu schreiben. Mutter hatte gesagt, ich solle ein paar Monate warten; diese Monate waren nun vorüber. Und so schrieb ich denn Seite auf Seite, meine

Tränen verwischten die Tinte. Den Brief sandte ich an polnische Freunde, mit denen wir alles verabredet hatten. Sie würden ihn weiterleiten. Ich wußte, es würde Wochen dauern, bevor eine Antwort käme – wenn überhaupt eine käme.

Und Wochen vergingen, dann rief Frau Eberhardt eines Tages, als die Post kam: »Katarina, hier ist ein Brief für dich.«

Sie sah, wie aufgeregt ich war, und sagte: »Schnell, geh in dein Zimmer und lies ihn.«

Der Brief trug die Handschrift meiner Mutter – so lebte sie also noch! »Wir sind glücklich, daß es Dir gut geht und Du eine so schöne Stellung hast, und hoffen, daß Du sie behalten wirst.« Und dann kam etwas Unglaubhaftes: »Wir haben auch von unserm kleinen Täubchen gehört. Ein Vogel kam geflogen und nahm das Täubchen mit in sein Nest in den Wäldern, wo es frei und glücklich lebt.«

Ein Nest in den Wäldern? Frei und glücklich? So lebte Tauba? Ein Vogel hatte sie geholt? Das hieß, daß irgend jemand nach Belzec gekommen war und sie entführt hatte, aber das war doch unmöglich! Und es fand sich noch ein anderer Hinweis: »Vor kurzem kam ein Fremder zu uns und brachte einen Brief mit der Handschrift Deiner Schwester.«

Also es war wahr, Tauba lebte! Und weiter unten – Mama hatte die Hinweise im Brief verstreut – stand: »Du erinnerst Dich doch an Vaters Freund Bistray? Sein Bruder soll frei und glücklich sein.«

Vaters Freund Bistray? Der war doch NKWD-Leiter während der russischen Besatzung Hrebenkos gewesen. In gewissem Sinne konnte man ihn einen Freund der Familie nennen. Aber an einen Bruder konnte ich mich nicht erinnern. Was war mit dieser seltsamen Bemerkung gemeint?

Ich versuchte, mich an alles zu erinnern, was ich über Bistray wußte. Ich führte mir den Tag des russischen Einmarschs vor Augen. Trotz der allgemeinen Besorgnis hatte ich den Kriegsausbruch als ein aufregendes Ereignis empfunden. An jenem Sommertag 1939 war es zu keinen Kämpfen gekommen. Die polnische Polizei war plötzlich verschwunden. Papa hatte mich mit dem Rad durch die ganze Stadt geschickt, zu seinem Bruder Nachman um Brot, zu den Blumenfelds um Kerosin und zum Kerzenzieher. Und dann waren die Russen einmarschiert, und mehrere Autos und Lastwagen waren beim örtlichen Polizeirevier in der Nähe unseres Hauses vorgefahren. Papa erklärte, der russische NKWD nähme jetzt das Revier in Besitz. Bald darauf kamen ein paar von den Offizieren in Papas Laden und verlangten Wodka. Bisher hatte er Schnaps nur flaschenweise verkauft, doch jetzt sagten sie ihm, er solle die Flaschen aufmachen und im Laden ausschenken, und schon kurz darauf gab es bei uns statt Sodawasser nur noch Wodka. Sie tranken und tranken, und manchmal, wenn es spät geworden war, gingen sie nach hinten und tranken dort weiter. Bistray, der NKWD-Leiter, erwies sich als einer der stärksten Trinker. Er war ein Mann mittleren Alters, hatte Goldzähne, und Papa behauptete, er wäre Jude. Mama bezweifelte das. So trank kein Jude. Doch Papa hielt an seiner Meinung fest. Weshalb sie denn nicht Bistray selbst fragten, wenn sie sich nicht sicher wären, wollte ich schließlich wissen. »Solange ein Jude einen anderen Juden nicht mit *Sholem Aleichem* begrüßt hat, darf man ihn nicht fragen, ob er Jude ist«, antwortete mein Vater.

Später traf auch Bistrays Familie in Hrebenko ein. Mama sagte, die Frau sei keine Jüdin, und der kleine Junge sei mit Sicherheit nicht beschnitten. »Bei denen spielt das keine Rolle«, erwiderte mein Vater, »bei den Russen ist ein Jude wie jeder andere, und im Grunde ist er gar kein Jude mehr.«

Schließlich fragte ich selbst Bistray. Die Russen hatten Papas Wodka aufgetrunken, und er konnte nicht nach Lemberg fahren, um Nachschub zu besorgen. Eines Tages sah ich

Bistray in seinem Auto, mit dem er gerade nach Lemberg fahren wollte. Ob ich mitkommen dürfe, fragte ich. Er nahm mich mit, und ich ging zu Papas Großhändler und kaufte einen ganzen Sack voll Wodkaflaschen. Auf der Rückfahrt gab sich Bistray gut gelaunt, wir sangen sogar ein paar russische Lieder zusammen, und schließlich versuchte ich es mit einem jüdischen Lied. Er summte zwar die Melodie nach, doch die Worte sang er nicht. »Kennen Sie den Text nicht?« fragte ich. »Ich dachte, Sie wären auch Jude.« Er lachte und sagte, er sei zwar als Jude geboren, schere sich aber nicht darum. So ein kluges Mädchen wie ich sei doch nicht etwa religiös und glaube den ganzen Zauber? Wie, der liebe Gott mit Rauschebart, der sich mit Moses unterhielt? Nein, das nicht, sagte ich. Und damit war das Thema für uns erledigt.

Dann erinnerte ich mich an den Tag, als die Russen abmarschierten, zwei Jahre später. An diesem Morgen hatte sich der Himmel auf einmal bedeckt mit deutschen Flugzeugen, der richtige Krieg war gekommen, und da wir nur ein paar Kilometer von der Grenze entfernt waren, hatten die Russen alle zu packen begonnen. Bistrays Familie stand neben einem Lastwagen im Hof hinterm Polizeirevier, während sich die Kisten mit Akten, Unterlagen und Dossiers füllten und auf das Fahrzeug geladen wurden. Mama war auf Bistray zugestürzt und hatte ihn gebeten: »Nehmen Sie uns mit!«

Er schüttelte nur seinen Kopf.

»Wenigstens die Kinder!« bettelte sie.

Er schwieg.

»Ich flehe sie an, nehmen sie statt der Unterlagen die Kinder mit, jüdische Kinder!«

Und er sagte nur: »Keine Angst, wir kommen wieder! Wir lassen diese Schweine ein Stück herein, wir treiben sie selbst ins Land, ja vielleicht lassen wir sie sogar unsere Grenze überqueren – und dann haun wir ihnen die Schädel ein!« Seine Hände sausten klatschend ineinander. »Wir haun ihnen die Schädel ein!« Mit diesen Worten hatte uns Bistray verlassen.

Und nun las ich seinen Namen in Mamas seltsamen Brief wieder. »Du erinnerst Dich doch an Vaters Freund Bistray? Sein Bruder soll frei und glücklich sein.«

»Frei und glücklich« – dieselben Worte hatte sie schon weiter oben gebraucht, wo es hieß »Ein Vogel kam geflogen und nahm das Täubchen mit in sein Nest in den Wäldern, wo es frei und glücklich lebt.« Dann war ja alles klar! Bistrays Bruder – damit waren die Russen gemeint. In den Wäldern – Partisanen! Die Partisanen waren in Belzec eingedrungen und hatten Tauba herausgeholt! Es mußte ein Partisanenangriff auf diesen Ort des Todes stattgefunden haben! Wahrscheinlich sogar mit Luftangriffen – »kam geflogen«. Ob das möglich war? Hier hatte man davon nicht ein Wort gehört.

Ich war wie neugeboren durch diesen Brief, ich spürte, jetzt könnte ich alles ertragen. Bestimmt würde ich überleben. Nach dem Krieg würde ich Tauba finden, und wir würden wieder zusammen sein!

Alle diese Tage sang ich, angefüllt von meinem beglükkenden Geheimnis, während ich meine Arbeit verrichtete. Ich hatte Mühe, den Eberhardts nicht zuzurufen: »Meine Schwester lebt.« Oh, wenn ich es nur einem einzigen Menschen hätte sagen können!

Dann läutete eines Tages, als die Eberhardts aus waren, das Telefon. Es war Nina, sie hatte einen Brief für mich. Er konnte nur von Anya sein. Ich bat Nina, mir den Brief gleich zu schicken. Sie fragte, warum ich mich gar nicht mehr sehen ließe. Ich hatte das gleiche warme Gefühl wie bei unserem ersten Zusammentreffen. Ja, dort hatte ich Freunde. Warum hatte ich Angst, zu ihnen zu gehen? Und plötzlich fühlte ich mich reich: Ich hatte Anya, Nina und Clava, und Tauba lebte. Ich tanzte mit dem Bodenschrubber.

Als Frau Eberhardt nach Hause kam, sagte sie: »Du bist angerufen worden?«

»Ja«, antwortete ich, »es war vom Arbeitsamt. Aber wieso wußten Sie es, Frau Eberhardt?«

»Ah«, sagte sie, aber nicht bösartig, nur damit ich wissen sollte, daß alles bekannt würde.

Am nächsten Morgen kam Anyas Brief.

»Was, noch ein Brief!« rief Frau Eberhardt. Ich sagte ihr, er sei von meiner besten Freundin, mit der ich zusammen nach Großdeutschland gekommen war. Sie arbeite in der Steiermark, auf einem großen Bauernhof in dem Dorf Steinkeller, und möchte gern, daß ich sie besuche.

»Großartig«, sagte Frau Eberhardt, »das ist einmal eine schöne Abwechslung, du mußt unbedingt gehen.«

Plötzlich fiel mir wieder ein, daß meine Mutter mich ermahnt hatte, mit Anya möglichst wenig Kontakt zu halten. Aber ich hatte doch so entsetzliche Sehnsucht, mit irgendeinem Menschen von zu Hause zusammen zu sein. Ich hatte Angst, sonst mein Selbst zu verlieren.

Weil die Reise hin und zurück mindestens je fünf Stunden erforderte, wollte Frau Eberhardt mir den halben Samstag freigeben, denn sonst würde ich den ganzen Sonntag auf der Eisenbahn versitzen, ohne Zeit für den Besuch zu haben.

Und so fuhr ich los.

Da sitzt nun ein junges Mädchen im Zug, wer weiß, wer sie ist? Ein junges Fräulein, vergnügt und ausgeruht, die mit Interesse in die Gegend blickt. Die war aber auch wirklich wunderschön. Die winterlichen Wälder, eine Seenkette, einer schöner als der andere. Friedliche Städtchen, wo die Menschen ein Recht zum Leben hatten und sich des Daseins freuten. Eingeschläfert vom Rhythmus der Räder schloß ich die Augen.

Der Zug kletterte in die Berge. Wir kamen nach Leoben, wo Anya auf dem schlecht beleuchteten Bahnsteig auf mich wartete. Sie sah genauso aus wie alle anderen Mädchen aus dem Dorf.

Wir fielen einander in die Arme. Und dann gingen wir die dunklen Straßen entlang, jede erzählte ihre Geschichte, die Worte überstürzten sich. Es war ein langer Weg nach Steinkeller, wir waren allein auf der baumumsäumten Straße. Ich erzählte Anya die herrliche Nachricht, daß Tauba lebe. Und dort in dem Schweigen waren wir beide ganz allein in der weiten Welt, wir schüttelten einander, um zu fühlen, daß wir doch nicht verlassen waren.

Und plötzlich flüsterte ich: »Sag Eva zu mir, wenn wir beide zusammen sind.« – »Ja, Eva«, antwortete sie, »manchmal weiß auch ich wirklich nicht mehr, wer ich bin.«

Und wenn ich auch danach lechzte, den Namen zu hören, so klang er doch nur ganz von fern, es war schon nicht mehr mein Name. Und dann sprach ich mit ihr von meiner Furcht, mich selbst zu verlieren: »Und du, Esther, wie ergeht es dir?«

Sie drückte meine Hand und sagte, auch ihr ergehe es so. Vielleicht sei es eine unbewußte Vorbeugungsmaßnahme, um uns zu beschützen. Vielleicht schloß sich unser Geist instinktiv von allem Gewesenen ab, um sich nicht zu verraten.

Ich dürfe sie nicht Esther nennen, flüsterte sie, es könne im Dunkeln jemand vorbeikommen. Es war immer noch nicht gefahrlos für sie hier, denn eine Menge Fremdarbeiter arbeiteten auf dem Besitz. Vor den Russen hätte sie keine Angst, aber es gab auch Polen und Ukrainer, und diese würden vielleicht merken, daß sie nicht der Typ eines ukrainischen Mädchens war, der sie vorgab zu sein.

Sonst war ihr Leben hier wie im Paradies. Alles war friedlich. Sie lebte auf dem Land, wo alles wuchs und blühte, zusammen mit unschuldigen Tieren, Kühen und wunderschönen Pferden – das allein machte das Leben schon erträglich. Und dann die Kinder, für die sie zu sorgen hatte! Sie waren noch jung, weder verwöhnt noch hochmütig.

Nur wenn sie vom Haus weggehen mußte, wurde es schwieriger. Denn die Männer ließen ihr niemals Ruhe. Neugierig fragten sie, warum sie nicht war wie die anderen Mädchen. Manchmal folgte ihr einer tage- und sogar wochenlang.

Und so gelangten wir nach Steinkeller. Als wir durch die Wiesen schritten, kam der warme, süße Duft aus den Heuschobern. Wir gingen in das langgestreckte, zweistöckige Gebäude, wo die Angestellten schliefen. Anya besaß ein eigenes Zimmer. Dort hatte sie ein Festmahl für mich bereitet: herrliche Würste, richtige Butter, Bauernbrot und frische Milch. Die Milch und das Fleisch kamen mir etwas seltsam vor, denn zuhause in Anyas Familie hatte man ein streng orthodoxes Leben geführt, und obwohl Anya eigentlich modern und aufgeschlossen war, hatte auch sie stets koscher gelebt. Jetzt entfuhr ihr ein beschämtes Lachen. »Was glaubst du, woraus diese Würste sind? Aus Schweinefleisch.« Wir schwiegen und dachten an unsere Eltern.

Halb flüsternd sprachen wir von den Sorgen, die uns bedrückten. »Was mag wohl zu Hause geschehen?« fragte sie. »Es ist, als ob sie alle von der Erde verschwunden wären. Manchmal habe ich Mühe, nicht zur Eisenbahn zu stürzen und wieder zurückzufahren, nur um zu sehen ...«

»Ich weiß«, antwortete ich, »mir geht es genauso.« Und dann kam ein sonderbarer und beängstigender Gedanke über uns. In dieser Leere und Totenstille schien es uns auf einmal, als wären wir die letzten beiden Juden auf der ganzen Welt.

Wie sollten wir, wenn einmal alles vorüber war, den Menschen überhaupt beweisen, daß wir Juden waren?

»Indem wir Jiddisch reden«, sagte Anya.

Ich erinnerte mich daran, wie sich Papa immer beschwert hatte: »Was, die Tochter eines Juden, und kann ihre eigene Muttersprache nicht? Und so etwas in meinem Hause!« Aber in den letzten Monaten, als ich als Laufmädchen für die Kommandantur jeden Tag zehnmal mit Nachrichten, Befehlen und Anfragen zum Judenrat geschickt worden war – Meister Klein wollte eine neue Armbanduhr aus Gold, Herr Meyert verlangte neue Stiefel, die Kommandantur sechs Pelzmäntel –, während dieser Zeit hatten mich die ärmeren Leute immer wieder auf der Straße angehalten und mich auf Jiddisch nach Neuigkeiten ausgefragt, bis ich es schließlich selbst fließend sprechen konnte.

Und so unterhielt ich mich jetzt mit Anya im Flüsterton auf Jiddisch über Zuhause. Die ganze Nacht versuchten wir uns gegenseitig daran zu erinnern, wie das Leben daheim in Hrebenko gewesen war. Lauter belanglose Kleinigkeiten fielen uns ein. Zum Beispiel damals, als für die polnische Polizeiakademie in unserer Stadt das neue Kino gebaut wurde – dreimal die Woche war öffentlicher Einlaß gewesen, so daß wir nun in Hrebenko zwei Kinos zur Auswahl gehabt hatten. Und dann der Tag, an dem wir in einer Riesenclique losgezogen waren, um den ersten Farbfilm anzuschauen – ach, was war das für ein schöner Film, nach einem englischen Roman, *Becky Sharp*. Danach hatte uns Feigheh, die jüngere Tochter von Rechtsanwalt Segal, zum Eisessen eingeladen. Oh, was für ein schreckliches Mädchen, eine Becky Sharp in Person. Sie bekam von ihrem Vater mehr Taschengeld als jedes andere Mädchen in Hrebenko, und so konnte sie alle in die Eisdiele einladen, sonst wollte nämlich niemand etwas mit ihr zu tun haben. Und weißt du noch, als man sie einmal mit einem Jungen im Umkleideraum erwischte? Und an jenem Abend, in der Eisdiele, waren wir fünfundzwanzig Leute gewesen! Alle meine Freundinnen und ich, und dann die Gruppe mit den frechen Jungs, Henig Weiss und die anderen, die uns schöne Augen machten. Und auch Esther – Anya – war dabei gewesen, zusammen mit den etwas Älteren, dem Freundeskreis meiner Schwester Tauba...

Wir sprachen und sprachen, dann legten wir uns schlafen. Die ganze Nacht versuchte ich, mich an unsere Stadt, an unser früheres Leben zu erinnern: Hrebenko war ein freundliches Städtchen, an einem Fluß gelegen, wo die Pferde zum Tränken geführt wurden und wo wir unsere Badeplätze hatten, die Männer weiter oben, die Frauen weiter unten. Einmal nahm ich einem Jungen, der dort badete, die Kleider weg – ein anderer Junge hatte mich dazu angestiftet, wir sprangen auf ein Pferd, und der nackte Junge jagte uns durch die Stadt und schrie: »Banditen! Banditen!« Oft machten wir Kinder lange Wanderungen und futterten in den Bauernhöfen Schwarzbrot mit saurer Milch.

Unsere Familie gehörte zu den bessergestellten, denn mein Vater war – wenn er auch nur einen Sodawasserstand hatte – ein Kaufmann. Er hieß Menahem. Er war für einen Juden sehr groß, hielt sich aufrecht, hatte lebhafte blaue Augen und herrliche Zähne. Er trug einen kleinen Spitzbart, der rötlich getönt war, sein Haar war schwarz. Jedes Jahr schnitt er den Bart etwas kürzer, wir scherzten, daß er bald überhaupt kein Jude mehr sein würde. Aber erst, als die Deutschen kamen und die Soldaten schon am ersten Tag den Juden auf der Straße die Bärte aus dem blutenden Gesicht rissen, rasierte Papa sich seinen Bart völlig ab.

Mutter war groß und imponierend, sie sah aus wie eine Dame, obwohl sie ziemlich stark war. Papa erzählte uns gern, wie schön sie zur Zeit ihrer Heirat kurz nach dem ersten Weltkrieg gewesen war. Er war ihr zweiter Mann, der erste war im Krieg gefallen, von ihm hatte sie einen Sohn, meinen großen Bruder Nahum. Mutter war immer tätig, sie war der Mittelpunkt ihres Kreises und konnte stets Rat geben. Sie arbeitete im Haus und zusammen mit Vater im Laden, es schien, als ob sie an beiden Plätzen zur gleichen Zeit sein könne. Sie war eine richtig altmodische Hausfrau, sie machte die besten Mehlspeisen, ihre Nudeln waren die feinsten und dünnsten. Ich sehe noch, wie sie auf ihren Knien liegt und einen Saum an einem neuen Rock für mich feststeckt. Bei solchen Gelegenheiten fand ich es am leichtesten, über frauliche Dinge mit ihr zu sprechen. Alle meine Freundinnen beneideten mich, daß ich so offen mit meiner Mutter sprechen konnte. Wir unterhielten uns darüber, wie es später einmal mit mir sein würde. Ich war ein jüdisches Mädchen und durfte mich nicht gehenlassen wie die Bauernmädchen. Ich mußte auf mich halten und durfte vor der Ehe nicht frei leben, denn sonst würde ich meinen zukünftigen Gatten um den größten Schatz bringen. Für mich war das alles selbstverständlich: Ich mußte mich für meinen Mann aufsparen, den ich nur heiraten würde, weil ich ihn liebte, und selbstverständlich mußte er ein Jude sein.

Während meiner ganzen Kindheit war ich von großer Wildheit gewesen, manchmal rannte ich in die Felder und schrie laut vor Lebensfreude. Und wenn ich mit Mutter im Sommer nach Ulanow ging, wo sie Bäder gegen ihren Rheumatismus nahm, machte ich solchen Lärm, daß wir nicht in einer Pension wohnen konnten, sondern ein Häuschen für uns mieten mußten. Dort konnte ich lärmen und toben und mich mit meinem kleinen Bruder Yaacov herumbalgen.

Aber sowie ich in die höhere Schule kam, bemühte ich

mich, ruhiger zu werden. Manchmal wunderte ich mich, ob etwas mit mir nicht stimmte, weil ich so energiegeladen war. Ich machte feierliche Versuche, mich wie eine Dame zu benehmen – ich machte ganz kleine Schrittchen wie die gezierte Milla Stein und versuchte, leise und sanft zu sprechen wie meine Schwester Tauba.

Als die Russen 1939 in Polen einfielen, war ich so begeistert und tatendurstig, daß meine Mutter mich zu beruhigen suchte.

»Eva, Eva, du weißt ja nicht, was Krieg bedeutet!« Und sie erzählte mir, wie im ersten Krieg ihr Mann getötet worden, wie sie mit dem kleinen Baby allein geblieben und wie kaum eine einzige Familie nicht von Tod oder Unglück betroffen worden war.

Und doch, als die Russen in der Nacht nach Hrebenko kamen, waren die ersten Worte: »Es wird gut sein.« Das sollte natürlich heißen, gut für die Juden. Es gab dutzendweise neue Bekanntmachungen: Alle Menschen waren frei und gleich, sogar die Juden. Wir würden nicht mehr verzweifelt um einen Platz in den Schulen kämpfen müssen; es tat mir beinah leid, daß mein großer Bruder Nahum nach Palästina ausgewandert war, denn jetzt hätte er auf die Universität gekonnt.

Alle Kommunisten in der Stadt jubelten. Auf den Straßen wurde getanzt, und unaufhörlich gingen die Lautsprecher. Ein Teil des Marktplatzes wurde abends eingezäunt, dort tanzten die jungen Leute.

Der NKWD zog in das neue, schöne Polizeigebäude ein, das die Polen noch gebaut hatten, es stand nur ein paar Schritte von Vaters Laden. Kaum war die Polizei eingezogen, als wir eins ihrer Autos sahen, in dem Dr. Miller, einer der führenden Zionisten, saß. Zusammen mit zwei Russen betrat er das Gebäude, niemand sah ihn wieder herauskommen.

Bald gingen auch andere dort hinein: ein Notar, ein paar führende Anwälte, Lehrer, sogar Richter. Dann kam Rita Mayer aus Ulanow und berichtete, daß ihre Eltern verschwunden seien. Und dann merkte ich, wie eines Tages die Mutter Säcke aus festem Leinen nähte.

Sie hatten eine bestimmte Größe, ich wußte, wofür sie bestimmt waren. Jeder Sack konnte zwanzig Pfund Kleider, Wäsche und sonstige Notwendigkeiten aufnehmen. Und das war es, was die politische Polizei den Menschen mitzunehmen erlaubte. Wenn sie in ein Haus kamen, jemanden abzuholen, so ließen sie ihm nur eine Viertelstunde Zeit, deswegen war es am besten, diese Säcke bereit zu haben.

Aber trotz des Verschwindens von Menschen blieb die Stimmung in der Stadt gut, denn nur die Alten verschwanden, die Welt gehörte den Jungen.

Eines Tages kam ich von der Schule nach Hause und ging wie immer zuerst in den Laden. Hinter dem Ladentisch stand ein Fremder. Mama servierte an einem der Tische Wodka. Ich fragte: »Wo ist Papa?« Sie flüsterte: »Er ist im Haus, er soll Nachtwächter bei den Getreidevorräten werden. Geh zu ihm. Eva, und sprich mit ihm.«

Ich eilte zurück, er saß in der düsteren Küche. Und dann kam alle Bitternis aus ihm heraus. Oh, er wußte, was ihm geschah, dem Besitzer von drei Wohnungen und drei Läden, die er mit dem Blut und Schweiß seines Lebens, seiner Arbeit erbaut hatte, alles zusammenraffend, borgend, phantastische Zinsen zahlend. Er war ein Volksfeind, ein Kapitalist! Und obwohl er und seine Frau von morgens bis abends schufteten, um ihren Kindern eine gute Ausbildung zu ermöglichen, damit sie einmal ein anständiges Leben führen konnten, wollte man ihn nun aufs Abstellgleis schieben. Sollte das etwa alles umsonst gewesen sein, wofür er sein ganzes Leben gearbeitet hatte? Seine Tochter trieb sich mit einem Nichtjuden herum, während über ihn die ganze Stadt lachte.

Ich konnte nichts darauf erwidern, denn es stimmte. Es hatte in der Schule begonnen, aber nicht mit einem Mitschüler. Nicht bei Eva! Denn bei Eva mußte alles anders sein. Es war ein Lehrer gewesen, Andrey Putko, der Literaturunterricht gab.

Warum hatte ich Mama und Papa auch noch diesen letzten Stoß versetzen müssen? Ich wollte darüber nicht nachdenken. Es gehörte zu den Dingen, über die ich mit Anya nicht reden wollte. Ich verbannte es aus meinen Gedanken und dachte mit Bitternis daran, daß der Einmarsch der Nazis in Hrebenko meinem öffentlichen Umgang mit Andrey Putko ein Ende gesetzt hatte – wohl der einzig gute Effekt, den man der Ankunft der Nazis zuschreiben konnte, wenn man bedachte, was Andrey später angerichtet hatte.

Am nächsten Morgen brachte Anya unser Frühstück ins Zimmer. Natürlich wußte jeder, daß sie Besuch hatte, aber sie fand es unnötig, mich allzuviel zu zeigen. Sie erschien mit einem Tablett, vollbesetzt mit guten Dingen: Sahne, frisches Brot, frische Eier. Dann sagte sie, wir müßten in die Kirche gehen: »Alle polnischen Arbeiter gehen, besonders die Mädchen. Mußt du in Linz denn nicht in die Kirche?«

Ich erklärte ihr, daß die Eberhardts selbst nicht gingen, so hatte ich ihnen erklärt, daß mir auch nichts dran läge, und sie fanden nichts dabei.

Anya erklärte, wir würden in der Dorfkirche die Messe hören. Ich hatte Angst, ich würde dabei irgendeinen Fehler machen, aber Anya beruhigte mich: Sie wisse ganz genau Bescheid, wenn sie etwas murmelte, solle ich es auch tun, dann sei alles schon in Ordnung.

Ich war noch niemals bei einem christlichen Gottesdienst gewesen. Die kleine Kirche war hell und freundlich, als ob alles, sogar die Wände, ausgeschmückt seien, und die Atmosphäre war ganz anders, als ich erwartet hatte. Nicht scheinheilig, sondern ernst und still. Die Mädchen von den Bauernhöfen waren alle wie frisch geschrubbt, ihre Wangen glänzten. Einige kamen mit jungen Männern, die in ihren Sonntagskleidern steif einherschritten. Alle verhielten sich andächtig und still, es war nicht so betriebsam wie in einer Synagoge, wo die Leute durcheinanderliefen, palaverten und jeder auf seine eigene Art betete. Hier lief alles wie in einem kleinen Theater ab, mit einer schönen Vorstellung, Gesang, prächtigen Kostümen und Glockenklang.

Auch wenn ich nie in die Versuchung gekommen wäre zu konvertieren, so genoß ich doch das Zeremoniell und die Feierlichkeit, mit der diese Leute hier ihre Religion ausübten – wenn sie nur immer so ernst und lauter gewesen wären. Aber es schien mir, als spielten sie selbst in der Kirche nur eine Rolle. Sie gingen mit größerem Ernst als gewöhnlich miteinander um, gaben sich feierlich, und kaum hatten sie die Kirche wieder verlassen, änderten sich, von ein paar wirklich vergeistigten Mädchen abgesehen, ihre Mienen schlagartig, als wären sie Schauspieler, die von der Bühne abtraten.

Nach dem Gottesdienst machte mich Anya mit ein paar von den Mädchen bekannt, wir schwatzten einen Augenblick, ich spürte, wie entfernt sie von ihnen allen war. Hatte sie wirklich niemanden hier? Nicht einen einzigen Menschen? Ich dachte zurück an die Wochen, die ich in Bindermischel verbracht hatte, wie freundlich Nina und Clava gewesen waren und wie sofort eine Verbindung zwischen uns bestanden hatte. Anscheinend waren die Mädchen hier alle richtige Bauerntrampel. Arme Anya!

Wir gingen durch die Felder: »Du weißt ja nicht, was es für mich bedeutet, daß du hier bist, daß ich mich wieder jemandem nahefühlen kann«, sagte Anya.

»Doch, ich weiß, denn mir geht es genauso.« Und ich gestand ihr: »Manchmal habe ich solche Sehnsucht, daß ich fürchte, alles zu tun, um einen Freund zu haben. Manchmal habe ich solches Verlangen, nichts weiter zu sein als ein junges Mädel, das mit einem Mann ausgeht. Und ich habe Angst, wenn ich einen treffen sollte, der nett ist.«

Jetzt hatte ich es gesagt, hatte meine innerste Befürchtung ausgesprochen. Anya sah mir direkt ins Gesicht. Ihre eigenen Augen waren ruhig: »In dieser Beziehung wenigstens besteht hier keine Gefahr für mich«, sagte sie trocken, und ich dachte: Sie ist älter als ich. Was jetzt in mir vorgeht, geschah in ihr schon früher; dieses Verlangen, das immer stärker wird, hat Anya auch gekannt. Und irgendwie fühlte ich mich beruhigt. Wir schritten weit über die winterlichen Felder. Unser Winter würde lange dauern.

Bald war es Zeit für meinen Zug. Anya eilte in die Küche und brachte mir ein großes Paket: Käse, Eier und das Wichtigste: einen großen Brocken richtige Butter.

Ich gab alles Frau Eberhardt, die vor Freude außer sich war. Was hatte ich für eine prachtvolle Freundin, ich solle nur oft hingehen, oder sie solle mich hier besuchen. Die kurze Reise habe mir ja so gutgetan.

Ja, das hatte sie. Tagelang noch fühlte ich, als ob Anya bei mir wäre, mir etwas erzählte, ich konnte sie um Rat fragen, von zu Hause reden. Aber dann wurde der Hunger nach Gesellschaft schlimmer als vorher. Der Ausflug, die Aussprache mit Anya hatten etwas in mir aufgeschlossen, das sich nicht gleich wieder schließen ließ. Das Gefühl der Vereinsamung wurde unerträglich.

Mehr und mehr dachte ich an Nina und Clava: Wenn sie

mir auch nicht so nahestanden wie Anya, wenn ich bei ihnen auch nicht ich selbst sein durfte, so hatte ich doch das Gefühl, unter Freunden zu sein. Auch wenn sie keine Juden waren, die sich verbergen mußten, so waren sie doch Fremdarbeiter wie ich selbst, in einem fremden Land mit einer feindlichen Bevölkerung. Und so begann ich wieder, Bindermischel zu besuchen, auch wenn ich wußte, daß es riskant war, mich dort zu zeigen. Ich schlüpfte heimlich in Ninas und Clavas Zimmer. Nina nähte an einem neuen Kleid, Clava bügelte und erzählte von ihren Erlebnissen mit ihrem Freund Hans, einem Österreicher. Er riskierte Gefängnis, wenn er mit ihr gesehen wurde, denn ein Deutscher durfte sich nicht mit Fremdarbeiterinnen einlassen.

Auch Nina hatte einen Freund namens Karlus; Nina wie Clava waren schon verheiratet gewesen und hatten ihre Männer im Krieg verloren. Die beiden sprachen häufig von Männern, und oft stellte ich in meiner Unschuld naive Fragen, die stürmisches Gelächter hervorriefen.

In dieser Umgebung begann ich wieder aufzuleben. Die Mädchen machten kleine Bemerkungen, ob ich diesen oder jenen Mann leiden könne, ob mir dieser oder jener Filmstar gefiele. Unter den tschechischen Arbeitern gebe es nette junge Männer, und Karlus würde gern einen mitbringen. Was denn mein Typ sei? Ich deutete an, ich habe jemand zu Hause, dem ich treu bleiben wolle. Manchmal dachte ich sogar, es sei am besten, meine Besuche einzustellen; wenn ich dann aber wieder sah, wie ihre Augen aufleuchteten, wenn ihre Freunde kamen, wenn ich die kleinen Aufmerksamkeiten beobachtete, die Karlus Nina erwies, und hörte, wie sie miteinander lustig waren, dann hatte ich wieder Verlangen, auch diesen Teil des Lebens zu leben.

Und als ich wieder einmal nach Bindermischel kam, sah ich einen jungen Mann, der am Eingang der Baracken umherschlenderte; er sah gut aus, war sauber angezogen, dunkel und hatte den Blick eines Menschen, der sich seine eigenen Gedanken über das Leben macht. Ich war interessiert und konnte nicht umhin, Nina zu fragen, wer er sei.

»Ah, endlich!« Nina lachte. »Sie ist also doch eine Frau, unsere Katinka!« Der junge Mann sei ein Neuankömmling, ein Ungar, mehr wußte sie nicht von ihm.

Die ganze Woche sagte ich mir immer wieder, ich sei doch völlig verrückt, wegen eines Flirts alles zu riskieren. Aber am nächsten freien Nachmittag ging ich wieder nach Bindermischel, und wieder sah ich ihn dort stehen. Diesmal machten wir uns bekannt. Er fragte, ob er mich sonntags in der Stadt treffen könne, ob wir ins Kino gehen wollten.

Ich sagte zu. Ich war neunzehn Jahre alt. In meinem stillen Zimmer, dessen Einsamkeit ich so begehrt und so geschätzt hatte, fühlte ich jetzt Hunger und umwob mit Träumen jemanden, der dort mit mir war, der mich so fest an sich preßte, daß alle Spannung, alle Sehnsucht, alle Furcht von mir abfielen.

Aber in den dazwischenliegenden Tagen überkam mich wieder die Angst. Wozu würde es denn führen? Er war ein *Goi*, ein Nichtjude. Wenn sich zwischen uns etwas ergab, würde ich dadurch erneut Verrat an meinem Vater und meiner Mutter begehen. Hatten sie mich vielleicht deshalb fortgeschickt, aufgrund des Kummers, den ich ihnen durch meine Liebschaft mit Andrey Putko bereitet hatte?

Wieder überkamen mich meine Erinnerungen, und ich durchlebte die ganze Sache mit Andrey noch einmal. Ich sah ihn von meinem Stuhl im Klassenzimmer aus – ein kleiner, angespannter Mann mit einem zu großen Kopf, nicht einmal gutaussehend. Er hatte ein volles Gesicht und zuckte immer erst, bevor er herausbrachte, was er sagen wollte. Wir hatten uns stets über ihn lustig gemacht.

Doch dann fingen meine Mitschülerinnen an zu behaupten, Putko »glotze« mich unentwegt an. So etwas war eigentlich nur unter uns Schülern üblich. Die Jungen trauten sich kaum an uns Mädchen heran, aber sie glotzten uns oft minutenlang an. Und selbst ein erwachsener Mann konnte »glotzen«.

»Was heißt da, er ›glotzt mich an‹? Er glotzt alle an!«, entgegnete ich. »Er versucht nur, mich zu erwischen.« Denn Andrey Putko liebte es, seine Schüler beim Austausch kleiner Botschaften zu erwischen, und ich wurde dabei häufig ertappt.

Doch es kam des öfteren vor, daß sich unsere Blicke begegneten.

Er »glotzte« tatsächlich.

Wie konnte so etwas nur passieren? Ein Lehrer, noch dazu ein Ukrainer, und ein jüdisches Mädchen!

Im übrigen wußten wir Mädchen alles über Andrey Putko, da wir uns im Privatleben aller unserer Lehrer bestens auskannten. Er hatte eine Freundin in seinem Heimatdorf, nur ein paar Kilometer weiter. Ein hübsches Mädchen sogar. Er ging schon seit Jahren mit ihr.

Jetzt aber ertappte ich mich dabei, wie auch ich ihn anglotzte. So häßlich war er nun auch wieder nicht. Die Art, wie er mit seinem Gesicht zuckte, zeugte von einer gewissen Ernsthaftigkeit. Außerdem war er ein sensibler Mensch, er liebte die Poesie. Und erst jetzt bemerkte ich, daß er eine warme und angenehme Stimme hatte, wenn er nicht offiziell als Lehrer mit einem sprach.

Eines Tages am Ende des Winterhalbjahres rief er mich auf, um ein Gedicht vorzusagen, das wir auswendig hätten lernen sollen. Obwohl ich eigentlich eine gute Schülerin geworden war, seitdem die Russen Leben in die Schule gebracht hatten, hatte ich es just an diesem Tag versäumt, mich vorzubereiten. Ich gab es zu.

»Wie du willst«, sagte er mit seiner Schulmeisterstimme, »dann lasse ich dich eben durchfallen.«

»Mich durchfallen lassen!« Entrüstet fuhr ich von meinem Stuhl hoch. »Sie wissen doch, daß ich eine gute Schülerin bin! Nur weil sie mich ein einziges Mal ohne Hausaufgaben erwischt haben…« Er sah mir tief in die Augen, und mich überlief ein merkwürdiger Schauer. Ich spürte, wie er sich selbst überwinden mußte. »Du bist durchgefallen«, sagte er und vermerkte es in seinem Notenbuch. Ich setzte mich.

Auf dem Heimweg wurde ich von meinen Mitschülerinnen mit Fragen durchlöchert. Was ich denn jetzt vorhatte? Das sei ein eindeutiges Zeichen gewesen, daß er mich liebte und mir nachstellte, behauptete Milla Stein. »So sind die Männer. Wenn sie sich zu einem Mädchen hingezogen fühlen, zeigen sie sich besonders streng und abweisend.«

Das wußten wir aus vielen Filmen.

An diesem Abend bereitete ich mich absichtlich nicht auf den Literaturunterricht vor. Am nächsten Tag rief er mich wieder auf. »Ich habe nichts gelernt«, sagte ich, »Sie haben mich ja sowieso schon durchfallen lassen.«

Wir starrten uns an. Dann sagte er in seiner Lehrerstimme: »Ich habe beschlossen, dich doch an der Abschlußprüfung teilnehmen zu lassen. Aber du hast den Stoff dieser Stunden nachzuholen.«

Aus den Augenwinkeln sah ich, wie Allas blonde Zöpfe vor unterdrücktem Lachen zitterten.

Nach der Schule holte mich Putko auf der Straße ein. »Gehst du nach Hause?« fragte er.

Ich hatte ein kleines Stoffbündel unterm Arm. Mutter hatte im Laden so viel Arbeit, daß eine Schneiderin ein neues Kleid für mich nähen sollte. Ich antwortete, ich sei auf dem Weg zur Schneiderin.

»Darf ich dich begleiten?« fragte er.

Das überraschte mich. Aber vielleicht wollte er nur über meine Schularbeiten reden. Wir gingen los. Gemeinsam schlenderten wir mitten über den großen Platz im Zentrum und weiter bis zur anderen Seite von Hrebenko. Ich spürte, wie sich alle Köpfe nach uns umdrehten.

Und er sprach nicht über meine Schularbeiten. Er plauderte über Kinofilme und die Mädchen in meiner Klasse. Seine scharfen Beobachtungen über jede einzelne brachten mich immer wieder zum Lachen. Er sprach auch über die Veränderungen in der Schule, über die neuen Ziele und Methoden, ganz als wäre ich eine Kollegin.

Während ich zur Schneiderin hineinging, wartete er auf mich und begleitete mich nach Hause. Aber als wir an seinem Haus vorbeikamen – denn ich wußte, daß er ein Zimmer im Häuserblock neben dem unseren hatte – bedankte ich mich bei ihm und sagte, den Rest würde ich alleine gehen. Er verstand: Ich war mir nicht sicher, wie meine Eltern reagieren würden, wenn sie uns zusammen sahen.

»Was hast du morgen vor?« fragte er.

Er meinte es also ernst.

Warum gerade ich, fragte ich mich.

Sicher, ich war sehr lebhaft. Aber eine Klassenschönheit war ich nicht. Ich hatte schöne Zähne und eine samtweiche Haut. Doch mein Mund war zu groß.

Da war freilich noch etwas. Ich hatte volle, warme Brüste, und wenn sie einmal ein Mann zufällig oder halb zufällig streifte, durchflutete mich ein Wirrwarr verschiedenster Gefühle zwischen Erregung und Scham, Begehren und Verlegenheit, und der beste Ausweg war, einfach frei herauszulachen.

Aber jetzt fing etwas Ernsteres an, mit einem erwachsenen Mann, nicht mit einem der linkischen Schulbuben. Einem Lehrer! Und einem *Goi*.

Wir gingen noch öfter nach der Schule zusammen spazieren. Dann kamen die Abschlußprüfungen. Putko blieb dabei immer im Klassenzimmer, um Hilfestellung zu leisten, falls ein Schüler mit der Formulierung einer Frage nicht zurechtkommen sollte. Er eilte dann herbei, setzte sich auf den Rand der Schulbank und gab ein paar Hinweise.

Ich sah, wie Alla ihn rief, und er sich zu ihr auf die Bank setzte.

Schließlich kam eine Frage, die ich wirklich nicht verstand.

Ich gab ihm ein Handzeichen, doch anstatt mir zu helfen, verließ er das Klassenzimmer.

Nach der Schule traf ich mich mit Andrey. »Warum bist du nicht zu mir gekommen? Allen anderen hast du geholfen«, rief ich empört.

»Verstehst du das denn nicht?« sagte er. »Ich durfte mich nicht zu dir setzen. Mit den anderen war es kein Problem, doch bei dir hätten sie Verdacht geschöpft.«

»Aber wieso denn?«

»Es ist nun mal so.«

Ja, ich wußte nur zu gut, daß es auf manche Fragen nur diesen Satz als Antwort gab. Immer wenn ich mich fragte »Warum gerade ich? Was findet er an mir? Und was zieht mich zu ihm hin?«, antwortete eine Stimme in mir: »Es ist nun mal so.« Und eine unbestimmte Wärme durchströmte mich, als wolle sie solche Fragen zum Schweigen bringen.

Wir nahmen unsere Fahrräder und fuhren vor die Stadt zum beliebtesten Treffpunkt aller Liebespaare, einer grasbedeckten Anhöhe mit Blick auf den Fluß. Der künstlich aufgeschüttete Hügel bedeckte eine Grube, in der Allas Vater sein Benzin lagerte, denn er besaß die Tankstelle von Hrebenko.

Jedes Pärchen, das sich dort oben traf, mußte sich denselben Witz anhören: »Paßt bloß auf, daß ihr das Benzin nicht in Brand steckt, wenns heiß zwischen euch wird!«

Als wir dort saßen und auf den Fluß hinabschauten, fragte ich plötzlich: »Warum gerade ich? Warum hast du dir mich ausgesucht?«

Er lächelte sanft und erwiderte: »Es ist nun mal so.« Darauf sang er einen bekannten Schlager.

> Ja, so fängst immer an,
> Frag nicht weshalb und wie,
> Du stehst auf einmal in ihrem Bann –
> Und es ist wie Magie.
> Erst glaubst du, es sei Spiel,
> Doch bald wird es zur Pein,
> Und schließlich tust du, was sie will,
> Kannst ohne sie nicht sein.

Ich wagte nicht, ihm ins Gesicht zu sehen, und starrte vor mich hin, als beobachtete ich im Geiste, was mit mir geschah. Die Tocher eines Juden, die mit einem *Goi* ging. Ich versuchte über Kleinigkeiten zu reden und erzählte ihm eine witzige Geschichte über die Frauen der russischen Soldaten. Einige von ihnen waren nach Hrebenko nachgekommen und hatten im Schaufenster unseres elegantesten Geschäftes ein paar hübsche Sachen ausliegen sehen: hauchdünne, mit Spitzenborten bestickte Nachthemden. Die Russinnen haben so etwas anscheinend noch nie gesehen, denn sie kauften alle Nachthemden auf und trugen sie zu einem Ball – als Abendkleid! Wir lachten. Und als er darauf seinen Arm um meine Hüfte legte, errötete ich verwirrt, denn erst jetzt fiel mir auf, daß ich mit ihm über Nachthemden gesprochen hatte. Und im selben Moment küßte er mich auf den Mund. Mein erster richtiger Kuß. Sich küssen hieß, sich wirklich zu lieben. Ich war verstört und brannte gleichzeitig darauf, es allen meinen Freundinnen zu erzählen. Wir hatten uns versprochen, sobald eine von uns etwas für einen Mann »empfand«, würde sie es den anderen erzählen. »Empfand« ich etwas? Wir gaben uns noch einen Kuß, und ich versuchte herauszufinden, was ich wirklich fühlte, denn in mir war alles durcheinander geraten. Ich würde Andrey nie heiraten können, er war ja kein Jude. Und obwohl sich die Zeiten geändert hatten, konnte ich das meinen Eltern unmöglich antun. Da saß ich nun und spielte mit der Liebe – und auch darüber schämte ich mich, denn mit der Liebe durfte man nicht spielen.

Und seine Geliebte aus dem anderen Dorf? Wir sprachen niemals über sie.

Am nächsten Tag erzählte ich es Milla Stein, Alla und Rita. Nachdem ihr Gepruste und Gekichere darüber, daß er mich geküßt hatte, wieder abgeflaut war, begannen die ernsten und geheimen Fragen unter Mädchen. Hatte ich »es« wirklich empfunden?

»Ja«, sagte ich, und es sei unbeschreiblich.

Und so hatten Andrey und ich weiterhin Rendezvous. Wir blieben immer so lange aus, bis die Leute aus dem Kino kamen, so daß ich behaupten konnte, ich sei auch im Kino gewesen. Aber eines Abends hatten wir vor lauter Küssen die Zeit vergessen. Ich bekam es mit der Angst zu tun, und Andrey sagte, er wolle mich diesmal zur Tür begleiten und meinen Eltern gegenübertreten.

Als wir zum Haus kamen, riß Papa schon die Tür auf. »Bitte verzeihen Sie«, sagte Andrey, »es ist meine Schuld. Ich hätte Ihre Tochter nicht so lange ausführen dürfen.«

Papa akzeptierte die Entschuldigung schweigend. Und selbst als Andrey fort war, ging er nicht wütend auf mich los. Es lag vielmehr eine tiefe Trauer in seinem Gesicht, als er stumm ins Bett ging. Aber Mama kam heraus und sprach mit mir in einem vertraulicheren Ton als je zuvor über Dinge, die unser Leben im Innersten berühren. »Ich weiß Bescheid, Eva. Ich kann mich sehr deutlich daran erinnern, wie sich ein Mädchen in deinem Alter fühlt. Aber wie soll das weitergehen? Stell dir vor, du verliebst dich wirklich in ihn? Und wenn er dich heiraten will? Bist du denn noch eine jüdische Tochter? Würdest du ihm das Jawort geben?«

»Nein, Mama, niemals«, versprach ich. Und wir tauschten einen Blick von Frau zu Frau.

In jenen Nächten, damals im Frühling 1941, versuchte ich zu ergründen, was ich wirklich dachte und fühlte. Denn nun war ich erwachsen; wir Mädchen hatten das Alter erreicht, in dem die Gegenwart eines Mannes – eines ganz bestimmten Mannes – unverhofft unser Innerstes in Besitz nehmen konnte. Ja, jetzt wußte ich, was es hieß, etwas für einen Mann »zu empfinden«. Aber auch um uns herum hatte sich alles verändert. Alles war freier geworden; wir wußten nun, daß alle Menschen gleich waren, selbst Juden, Ukrainer und Polen; in der Schule sagte man uns, daß es keinen Gott gab, weder einen jüdischen noch einen christlichen; warum sich also noch darüber den Kopf zerbrechen? Und doch spürte ich im Innersten meines Herzens, daß ich es nie fertigbringen würde, meine Familie so vor den Kopf zu stoßen. Auch das war eines von jenen Dingen, für die es nur eine Erklärung gab: »Es ist nun mal so.«

Es gelang mir nicht, mich von Andrey zu trennen. Ich wußte einfach nicht, wie ich es anstellen sollte. Doch dann löste sich das Problem von selbst, als in diesem Sommer die Deutschen in Rußland einmarschierten.

Andrey Putko kehrte in sein Dorf zurück, und ein paar Monate später erzählte man sich eigenartige Geschichten über ihn.

Ich wollte an diese Geschichten nicht denken, wollte sie

einfach nicht glauben. Aber dann, kurz vor meiner Flucht aus Hrebenko, hatte ich zum erstenmal diesen Traum, der mich bis in mein kleines Zimmer in Linz verfolgte. Ich saß mit Andrey auf der Anhöhe über dem Fluß, er hatte seinen Arm um mich gelegt und mein Kopf ruhte an seiner Schulter. Dann befand ich mich plötzlich auf der Flucht vor einem SS-Trupp, und als ich mich einmal für einen Augenblick umschaute, hatten alle dasselbe Gesicht: das Gesicht von Andrey Putko. Man hatte sich nämlich erzählt, ein paar Juden hätten Bauern aus seinem Dorf Geld gegeben, um sie zu verstecken, und mein Andrey Putko hatte die Juden an die Gestapo verraten.

Das war alles, was ich bisher über Liebe wußte. Und jetzt fühlte ich mich wieder »einfach so« zu einem Mann hingezogen. Wiederum zu einem *Goi*.

Aber wie sollte es hier denn anders sein? Ich war für ihn ja auch eine Christin, und war er, der im Arbeitslager war, nicht gewissermaßen auch ein Opfer der Nazis?

Am Sonntag zog ich die schöne wollene Jacke an, die mir Frau Eberhardt geschenkt und die ich für mich zurechtgeschneidert hatte. Dazu trug ich meine hochhackigen Schuhe, ich war richtig elegant. Frau Eberhardt spürte meine Aufregung, sie sagte, ich sähe gut aus, und fragte, ob ich einen jungen Mann treffen werde.

Ich antwortete: Ja, einen Fremdarbeiter, wir wollten zusammen meine Freundinnen in Bindermischel besuchen. Sie lächelte zustimmend.

Er hieß Lazlo. Zusammen mit Nina und Karlus gingen wir ins Zentralkino. Er hatte gute Manieren, war sehr höflich, und seine Bemerkungen über den Film waren geschmackvoll. Nach dem Kino ging jedes der beiden Paare allein. Jetzt begann er kleine, vorsichtige Bemerkungen zu machen, als wolle er mich aushorchen, wobei er bemüht war, nicht zuviel über sich selbst zu sagen. Als ich ihn fragte, was für eine Art Arbeit er denn suche, antwortete er, er wisse es noch nicht; das hier war nicht der richtige Ort für ihn, sowenig wie für mich. Warum sei ich denn hierhergekommen?

Lachend erwiderte ich, aus Lust am Abenteuer. Auch ich sprach mehr in Andeutungen, fühlte aber dabei immer, daß es hier etwas gab – oder etwas geben konnte, wenn wir nur zueinander gelangten. Das war vielleicht das Schrecklichste unserer Situation, daß man nicht man selbst sein durfte, auch wenn das Herz sich einem Menschen zuneigte.

Als wir nach Bindermischel kamen, wurden die Tore schon geschlossen, so konnte er mich nicht heimbegleiten. Ich fuhr allein mit der Straßenbahn zurück. Und von jetzt ab war Lazlo in meinen Träumen, er kam zu mir, blieb bei mir. Nacht für Nacht bildete ich mir ein, die Tür meines Zimmers würde sich öffnen und er würde hereintreten. Sein Gesicht war nahe über dem meinem, und in diesem geheimnisvollen Zusammensein würden wir einander alles über uns erzählen. Und ich würde ihm meinen wirklichen Namen nennen, und das würde sein Liebesname für mich sein: Eva. Und dann kam mir etwas sehr Seltsames in den Sinn: Vielleicht war auch er Jude. Vielleicht war er deswegen so geheimnisvoll und unruhig. Ob es möglich war, daß ein Mann trotz all der ärztlichen Untersuchungen seine wahre Identität verbergen konnte? Aber gab es nicht auch Nichtjuden, die aus gesundheitlichen Gründen beschnitten waren? Und schließlich hatten sich manche jüdische Eltern von ihrer Religion losgelöst oder waren sogar zum Christentum konvertiert und hatten deshalb ihre Söhne nicht beschneiden lassen. Vielleicht war es ein Schicksalsband, das wir nicht kannten, das uns aber zusammengeführt hatte. Und ich dachte mir, wie es sein würde, wenn wir uns eines Tages unsere Geheimnisse erzählten. Danach würden wir ganz, ganz nahe beieinander sein, seine Hände würden mich zärtlich berühren, würden über meine Brust streichen …

Aber dieses Geheimnis wurde niemals gelüftet, vielleicht gab es auch gar keines, denn Lazlo verschwand. Nina wußte nur, daß seine Papiere nicht mehr vorhanden waren und daß er sich nicht mehr länger in Bindermischel befand. Manchmal ging es eben so. Aus.

Aber das Verlangen, das er in mir geweckt hatte, wurde stärker und stärker und mit ihm meine Schlaflosigkeit. Meine Unruhe, meine Sehnsucht, meine geheime Scham über meine nächtlichen Wunschträume, all dies mußte ich verbergen. So wurde der Teil meines Lebens, von dem niemand wissen durfte, immer größer, und ich wurde immer nervöser. Und um diese Zeit begannen die Schmerzen in meinen Armen.

Als Folge dieser Schmerzen kam es zu einer Episode, die alle Gedanken an Liebe verdrängten und mir meine gefährliche Lage ins Bewußtsein brachte.

Zuerst fühlte ich nur nachts einzelne Schmerzen oder manchmal am Tag, wenn ich etwas Schweres aufhob. Dann ging es wie ein Stich durch meine Arme, und ich mußte mit der Arbeit aussetzen. Nun wurden die nächtlichen Schmerzen stärker und stärker, so daß ich aufstand und stundenlang am Fenster saß, bis das Stechen wieder nachließ.

Ich war überzeugt, daß es rheumatische Schmerzen waren, denn den ganzen Tag waren meine Hände im Wasser, waschend oder schrubbend. Ich wollte mich natürlich nicht beklagen, denn das Haus der Eberhardts war ein so ausgezeichnetes Versteck, und ich hatte Angst, daß sie mich wegschickten, wenn ich meine Arbeit nicht richtig ausführte. Aber Frau Eberhardt bemerkte selbst, daß ich hager und bleich wurde. Eines Nachmittags ließ ich, als ein scharfer

Stich durch meine Arme schoß, ein Gefäß mit Wasser vor ihr fallen. »Was ist los, Katarina?«

Jetzt erzählte ich es ihr. Vor allem, daß die Schmerzen kamen, wenn ich die schwere Arbeit erledigen mußte. Am selben Abend besprach sie die Sache mit ihrem Mann, er ließ sich von mir alles genau beschreiben und war sehr rücksichtsvoll. Er meinte, es sei vielleicht zu viel für mich, die große Wäsche allein zu machen. Man solle also die großen Stücke in die Wäscherei geben. Am nächsten Morgen nahm ich alle Bett- und Tafeltücher zusammen, es war ein Riesenbündel – wie sollte ich es in die Wäscherei bringen?

»Tu es in den kleinen Handwagen«, sagte Frau Eberhardt. Sie hatten, wie jede Familie, einen kleinen Wagen. Aber als sie jetzt auf ihn deutete, da geschah etwas mit mir. Denn in Hrebenko waren solche Wagen nur zu einem bestimmten Zweck benutzt worden: Die Schweinemetzger hatten in ihm ihre Ware von Haus zu Haus gefahren. Niemand, der etwas auf sich hielt, würde jemals einen solchen Wagen ziehen! »Ich kann nicht, ich kann nicht!« schrie ich.

Frau Eberhardt war sehr erstaunt. Was denn, das sei ja nur ein ganz gewöhnlicher Einkaufswagen, die besten Leute von Linz zögen mit solchen Wagen durch die Straßen ...

Natürlich war das richtig, ich hatte das selbst gesehen, aber eine unerklärliche Halsstarrigkeit hatte sich meiner bemächtigt. Ich brach in Tränen aus: Ich konnte nicht, ich konnte nicht.

Sie rief ihren Mann: »Unsere Katarina ist zu fein, um einen Einkaufswagen zu ziehen«, sagte sie böse.

Herr Eberhardt versteifte sich. »Katarina, du wirst jetzt die Wäsche wegfahren.«

»Ich kann nicht, ich kann nicht.«

Sie starrten mich an. Und obwohl ich völlig durcheinander war, durchfuhr es mich plötzlich, daß ich mich verraten konnte. Ich versuchte, nicht mehr zu weinen, aber es gelang mir nicht.

Das rührte sie, und Frau Eberhardt sagte ohne Ärger: »Ich werde mit dir gehen, und du wirst den Wagen ziehen.«

Wir beluden den Wagen, ich faßte mich wieder und zog den Karren über das Pflaster, meine Herrin an meiner Seite. Nach und nach wurde ich ruhiger, ich versuchte, ihr zu erklären, daß man bei mir zu Hause so etwas eben nicht täte.

Nicht viel später gab es einen anderen Zwischenfall.

Diesmal an Weihnachten. Eine ganze Woche lang war ich für die Vorbereitungen beschäftigt gewesen, das Haus wurde gründlich sauber gemacht und vorbereitet. Der Sohn der Eberhardts kam mit Frau und Baby aus Berlin. Außerdem sollte ein großes Abendessen stattfinden. Ich verbrachte viele Stunden in der Küche mit Kochen und Backen und häufte Leckerbissen für den großen Tag auf.

Das junge Paar kam an, und zu all meiner anderen Arbeit hatte ich jetzt auch noch die Windeln des Babys zu waschen. So etwas hatte ich noch nie getan, und beim erstenmal mußte ich mich übergeben.

»Oh, unsere Katarina ist so fein, man sollte nicht glauben, daß sie von einem Bauernhof kommt. Macht nichts, es ist eine gute Übung für die Zeit, wenn du einmal eigene Kinder hast«, sagte Frau Eberhardt.

Der Abend kam heran und mit ihm ein Dutzend Gäste. Die Eberhardts hatten ihre allerfeinsten Bekannten eingeladen: jedermann war wenigstens eine Exzellenz, und es gab einen richtigen General im Ruhestand, einen kleinen apfelwangigen Großpapa. Er hatte eine Vorliebe für mich gefaßt und wollte sich nie hinsetzen, wenn ich nicht einen Stuhl brachte und mich neben ihm niederließ.

Der Wein floß in Strömen, es wurden unzählige Heils und

Toaste auf die Naziführer ausgebracht. Als die Gäste sich ins Speisezimmer begaben, erklärte mein General, daß er ohne mich nicht Platz nehmen würde. So wurde noch ein Stuhl gebracht, und wenn ich nicht gerade servierte, saß ich neben ihm, und meine Gegenwart war ein beliebtes Objekt der Unterhaltung. Was für ein ruhiges Mädchen ich sei, wie ich dauernd Bücher lese und was für eine glänzende Köchin ich geworden sei – ich war ein prachtvoller Beweis dafür, zu was allem man ein Mädchen aus jenen primitiven Ländern erziehen könne. Und eine der Damen neckte Frau Eberhardt: »Wo haben Sie nur dieses Juwel gefunden? Ich werde es Ihnen stehlen!«

All das Gerede über mich, all diese Fragen brachten mich an den Rand meiner Nervenkraft. Endlich empfahlen sich die Gäste. Als ich an der Tür stand, sagte Herr Eberhardt: »Hilf ihnen doch mit den Mänteln.« Ich tat es, einer der Herren drückte mir Geld in die Hand. Da gaben meine Nerven nach, ich warf das Geld auf den Boden, stürzte in die Küche und brach hemmungslos weinend zusammen. Der General war der erste, der mir nachstürzte: »Aber Katarina, es war doch nicht bös gemeint, nur ein bissel Geld für Weihnachten.«

Er strich mir übers Haar, neben ihm stand Frau Eberhardt, sie war richtig betrübt: »Katarina, was war denn los mit dir?« Und jetzt kam auch noch Herr Eberhardt. Ich stand auf und sagte, es täte mir leid, meine Nerven hätten ausgesetzt, ich sei übermüdet. Als ich den andern in ihre Mäntel half, hörte ich, wie Frau Eberhardt erklärte, alles komme daher, daß ich für sie mehr eine Tochter als eine Haushilfe sei. Immer wieder betonte sie, daß sie mich wie eine Tochter liebten.

Jeder wünschte mir frohe Weihnachten, und ich wünschte allen das gleiche.

Seltsam, der Gedanke, daß ich für sie beinah eine Tochter

war, schien sie nicht mehr loszulassen, sie müssen oft darüber gesprochen haben, denn plötzlich kamen sie mit einem ganz außergewöhnlichen Vorschlag. So seltsam, daß ich zuerst nicht glaubte, sie meinten es im Ernst.

Als wir eines Spätnachmittags in der Küche zusammensaßen, begann Frau Eberhardt davon zu sprechen: »Katarina, mein Mann und ich haben lang über deine Zukunft nachgedacht. Wir haben dich sehr lieb gewonnen und würden dich sehr gern für immer bei uns behalten. Was würdest du davon halten, unsere Tochter zu werden?«

Ich antwortete, ich sei tief gerührt, daß sie in dieser Weise an mich dächten, aber das sei doch wohl nur so dahingesagt.

»Nein«, antwortete sie, »es ist ernst gemeint.«

Ein so feinfühliges junges Mädchen wie ich müsse jemanden haben, der die Verantwortung für sie trage. Und vielleicht sei es möglich, wenn der Krieg vorbei sei, daß ich mein Studium fortsetzen könne, da ich doch so sehr darauf aus war, zu lernen. Ich sah ihr in die Augen, sie meinte es ernst. Ich fühlte, wie Tränen in mir hochstiegen, Tränen über die hoffnungslose Unsinnigkeit dieser verrückten Welt.

Ich dankte ihr nochmals, sagte aber, ich könne so etwas nicht tun, weil ich ja noch immer die Hoffnung habe, daß meine Eltern eines Tages lebend aus Sibirien zurückkommen würden. Natürlich, antwortete sie, wenn meine Eltern jemals zurückkehren sollten und ich wieder zu ihnen heimkehren wollte ... Aber die Fähigkeiten eines jungen Mädchens, Fähigkeiten, wie ich sie besitze, sollten nicht vertan werden. War ich mir denn nicht klar darüber, welche Vorteile es für mich habe, wenn sie mich adoptierten? Ich würde das Bürgerrecht erhalten, ich wäre dann eine Bürgerin des Großdeutschen Reiches, und – die Hauptsache – meine Kinder würden auch Deutsche sein. Ganz und gar. Ich sollte doch alles noch einmal überlegen, sehr ernsthaft überlegen, nicht nur meinetwegen, sondern auch wegen meiner Kinder. Ich sagte, ich wolle es mir überlegen.

Und natürlich dachte ich sehr darüber nach, viel ernsthafter noch, als sie es sich vorstellen konnten. Denn ihre gute Absicht barg für mich die größte Gefahr in sich. Um eine Adoption zu ermöglichen, würden meine Vorfahren beiderseits bis in die dritte Generation zurück genau durchforscht werden. Und das Dorf, aus dem Katarina stammte, war in deutschen Händen. So brauchten die Behörden nur dorthin zu schreiben, um sich die Papiere der Familie Leszczyszyn kommen zu lassen, und dann würden sie erfahren, daß die besagte Katarina Leszczyszyn schon 1939 gestorben war.

Ich lag schlaflos da und malte mir aus, wie es sein würde, wenn die Nachricht käme, die meinen Betrug offenbarte. Würde sie zuerst zu den Eberhardts gelangen? Oder würde die Gestapo erscheinen? Die Hausklingel würde läuten, und ich müßte die Tür öffnen. Oder würden sie mitten in der Nacht kommen? Wenn ich die Tür geöffnet hätte, würden die Eberhardts die Treppe herunterkommen, ich sah schon das hemmungslose Entsetzen auf ihren Gesichtern. Alle diese Monate war ich bei ihnen im Haus gewesen, waren sie durch mich beschmutzt worden!

Und dann erschien mir Belzec, dieser geheimnisvolle Platz: Der Zug ging durchs Tor, würde ich dort noch etwas von der Gegenwart meiner Eltern, meines kleinen Bruders und meiner Schwester Tauba erfahren? Aber nein, Tauba war ja entkommen. Und auch ich würde entkommen.

Schlaflos wälzte ich mich im Bett, ich kämpfte gegen eine Macht, die unerbittlich langsam näher kam, um mich zu vernichten. Der Boden öffnete sich unter mir, ein schwarzer Abgrund gähnte, in den ich hinabgestürzt werden sollte, in ein Bett von ungelöschtem Kalk. Fürchterliche

Schmerzen durchzuckten meine Arme – es waren meine nächtlichen Schmerzen.

Ich stand auf, badete meine Arme im kalten Wasser und starrte hinaus auf den Himmel der Winternacht. Und eine schwere, bedrückende Erkenntnis überkam mich, etwas, das ich schon gewußt hatte, aber nicht hatte wissen wollen: Alle meine Lieben waren tot.

Seitdem Mutters Brief mit der guten Botschaft über Tauba gekommen war, hatte ich mehrmals unseren polnischen Freunden geschrieben. Aber keine Antwort war eingetroffen. Dabei war Mutters Antwort auf meinen ersten Brief von Linz sofort erfolgt. Und selbst, wenn mein zweiter Brief verlorengegangen war, was war aus dem dritten geworden? Und warum war keiner von den beiden zurückgesandt worden?

Vielleicht war das Schweigen nur ein Zeichen, daß auch diese Form von Verbindung gefährlich war. Ich versuchte, mich mit diesem Gedanken zu beruhigen. Ich mußte warten, ich mußte hoffen.

Und so legte ich mich wieder nieder. Und jetzt kam mitten in all diesen Ängsten erneut die Sehnsucht nach jemandem, der zu mir gehörte. Was ich erlebte, war zuviel für mich allein. Ich war ja ein Mädchen, das Schutz und helfende Nähe brauchte, und so träumte ich von dem Unbekannten, der kommen würde wie ein mittelalterlicher Ritter und mich mit sich hinwegtrüge. Und in meinen Armen stachen und brannten die Schmerzen.

Eine ganze Woche lang war nicht mehr von dem Adoptionsgedanken gesprochen worden, und ich begann bereits zu hoffen, es sei vorüber. Aber dann wurde er wieder aufgegriffen.

Die Eberhardts saßen beim Abendessen: »Also Katarina, hast du über unseren Vorschlag nachgedacht?«

Nachgedacht? Wenn die ahnten, welch fürchterliche Gedanken ich gehabt hatte!

Frau Eberhardt sagte: »Katarina, wir wollen ja wirklich deine Gefühle schonen, aber wer kehrt denn schon aus Sibirien zurück! Die Russen sind doch alle Mörder ohne jegliches Gewissen.«

Herr Eberhardt unterstützte sie: »Und wenn sie durch ein Wunder zurückkommen sollten, was für ein Leben würden sie dann führen? Sie wären dann alte und gebrochene Leute, die in einem geknechteten Land leben. Wir dürfen uns doch nicht vormachen, daß nach Kriegsende alles gut sein wird. Und wenn du unsere Adoptivtochter wärest, dann wärest du sogar als Deutsche imstande, deinen Eltern zu helfen.«

»Was soll das heißen?« fragte ich. »Ich bin doch Ukrainerin.«

Ja, würde ich denn das nicht ändern wollen, wenn ich Deutsche werden könnte, fragten beide. Ich entgegnete, wie es denn möglich sein sollte, etwas anderes zu werden als das, was man ist.

Jetzt erklärte mir Herr Eberhardt, daß es in Spezialfällen die Möglichkeit gab, Deutscher zu werden. Bevor die Adoption genehmigt würde, hätte ich mich einer Prüfung zu unterziehen, ob ich die Eignung habe, ins deutsche Volk aufgenommen zu werden. Da ich ja aus der Ukraine stammte und nicht aus den weiter entfernten russischen Bezirken, wo Tartaren und Mongolen lebten, war ich zweifellos arisch. Die Grundbedingung war somit erfüllt. Wenn es mir recht sei, wäre er bereit, eine solche Untersuchung für mich einzuleiten. Dazu war es nicht nötig, die Ankunft meiner Familienpapiere abzuwarten, wir würden so viel Zeit gewinnen. Inzwischen müsse ich an meine Heimatbehörde wegen dieser Papiere schreiben.

Also einverstanden? Beide lächelten mich an. Würde ich

heute noch wegen der Papiere schreiben? Gleichzeitig würde Herr Eberhardt sich nach Wien wenden, um die notwendige Untersuchung zu beantragen.

Konnte ich ablehnen? Wollten sie mich prüfen? Waren sie trotz der warmen Beziehung, die sich zwischen uns entwikkelt hatte, doch mißtrauisch? War das Ganze nur ein Weg für sie, meine Vergangenheit zu durchprüfen, ohne ihre wertvolle Haushilfe zu verlieren?

Auch diese Nacht lag ich schlaflos, aber ich vermochte klar zu denken. Und ich kam zu zwei Entschlüssen. Erstens gab es keine Möglichkeit, ihren Vorschlag zurückzuweisen. Ich mußte mich zu dieser Untersuchung bereit erklären. Zweitens aber mußte ich alles mögliche tun, um dem Adoptionsgedanken zu entkommen, bevor meine Familienpapiere aus Werchrata mich in eine schlimme Situation brächten. Das bedeutete, daß ich mich längstens innerhalb Monatsfrist – denn dann würden die Papiere hier sein – von den Eberhardts lösen mußte. Ich mußte meine Stellung bei ihnen aufgeben. Doch wie? Ich hatte kein Recht, meine Stellung einfach zu verlassen. Vielleicht konnte Nina mir helfen. Aber ich wußte, daß sie mir keine andere Stelle verschaffen konnte, außer wenn die Eberhardts mit mir unzufrieden waren. Wie konnte ich das erreichen?

Die Schmerzen in meinen Armen gaben mir jetzt einen beruhigenden Gedanken ein. Angenommen, ich konnte wegen dieser Schmerzen meine Arbeit nicht mehr länger richtig ausführen, und angenommen, die Schmerzen verschlimmerten sich? So war mir klar, was ich zu tun hatte. Zuerst den Einverstandenen spielen. Sie erwarteten von mir, daß ich nach Hause schrieb wegen meiner Papiere – diesen Brief sollten sie am nächsten Morgen schon haben.

Und ich schrieb ihn, unmittelbar an unsere polnischen Freunde. Ich schrieb, daß ich längere Zeit von meiner Tante nichts gehört habe: aus ihrem letzten Brief müsse ich ersehen, daß sie leidend sei, und da ich ihren Zustand kenne, so fürchte ich das Schlimmste. Sie sollten nicht versuchen, meine Gefühle zu schonen, da es mir lieber sei, die Wahrheit zu wissen. Sollte meiner Tante etwas zugestoßen sein, so bäte ich, es mir doch mitzuteilen.

Meine Fingerspitzen konnten den Federhalter nicht fühlen, aber sie brannten unerträglich.

Am nächsten Morgen bemerkte Herr Eberhardt selbst, daß etwas mit mir nicht stimmte, denn die Kaffeekanne zitterte in meiner Hand. »Katarina, fehlt dir etwas?«

Ich zeigte ihm meine Hände. Seitdem ich die Hausarbeit angefangen hatte, waren meine Finger eingeschrumpelt und bleich von dem dauernden Arbeiten mit Wasser. Herr Eberhardt berührte meine Finger, drückte sie, aber selbst dann fühlte ich nichts. »Du hast schlechte Blutzirkulation«, sagte er. »Du mußt sofort zum Arzt.«

»Nein, nein«, sagte ich, das sei doch unnötig.

Herr Eberhardt rief seine Frau, auch sie untersuchte meine Hände und bestand darauf, ich müsse zu ihrem Hausarzt gehen. Ihr Mann fügte hinzu, jetzt müsse ich doch wirklich einsehen, daß ich jemand brauche, der sich um mich kümmere. Hatte ich mir jetzt ihren Vorschlag endgültig überlegt? Hatte ich den Brief nach Hause geschrieben?

Ja, antwortete ich, an jemand in einer nahe gelegenen Stadt, der mir die Papiere besorgen müsse. Und ich gab ihm den Brief.

Der Arzt erklärte mir, daß meine Schmerzen zweifellos rheumatischer Art seien. Er empfahl Massage und gab mir eine Salbe. Außerdem dürfe ich nichts Schweres heben, bevor es mir nicht bessergehe.

An diesem Abend beratschlagten die Eberhardts wiederum, was mit mir zu tun sei. Welche Arbeit dürfe ich verrichten und welche nicht? Das Problem wurde von Herrn Eberhardt Punkt für Punkt in Angriff genommen, nach derselben Methode, mit der er auch ein Problem bei der Eisenbahnverwaltung anpackte. Wenn man einen Teilaspekt nach dem anderen aus dem Weg räume, sagte er, löse sich schließlich auch das Problem im Ganzen.

Also. Bettenmachen. Solange man die Betten nicht verrücken mußte, war das eine leichte Arbeit, die Katarina jeden Tag verrichten konnte.

Waschen. Die schweren Sachen wurden bereits in die Wäscherei gebracht, und die leichten Sachen konnte Katarina nach wie vor waschen, wenn sie die Hände nicht zu lange im Wasser ließ.

Kochen. Hier gab es keine Probleme.

Hausputz. Die Böden. Geschrubbt wurde mit Fußbürsten, und da nicht die Beine, sondern nur die Arme schmerzten, konnte weiter geschrubbt werden. Dasselbe galt fürs Wachsen.

Das Möbelrücken beim Putzen und Schrubben war allerdings schwere Arbeit. Wenn zweimal die Woche – vielleicht auch nur einmal, solange die Schmerzen akut waren – gründlich durchgeputzt wurde, mußte das genügen. Und an diesem wöchentlichen Putztag sollte jemand mithelfen, der die Möbel verrückte. Herr Eberhardt musterte seine Frau. »Du bist dafür stark genug, Liebling.«

»Nein, nein!« widersprach ich. Ich wolle nicht, daß Frau Eberhardt für mich die schwere Arbeit erledige. Immer wenn ich etwas nicht tragen konnte, würde ich sie rufen müssen. Das sei mir sehr unangenehm. Und es waren ja nicht nur die Möbel. Auch beim Aufhängen und Abnehmen der Vorhänge schmerzten mir die Arme. Nein. Und ich hörte mich selbst mit betrübter Stimme den Vorschlag machen, ob sie nicht bei dem Arbeitsamt nach einer anderen Hilfe sich umsehen wollten.

»Katarina, was für ein Unsinn!« rief Frau Eberhardt.

»Kommt gar nicht in Frage«, fügte Herr Eberhardt hinzu.

Hielt ich sie denn für völlig gefühllose Menschen? Die Schmerzen hatte ich mir in ihrem Dienst zugezogen, und es sei natürlich ihre Pflicht und Schuldigkeit, zu mir zu halten und dafür zu sorgen, daß es mir wieder gutgehe. Mit Massagen und ärztlicher Behandlung würden die Schmerzen in wenigen Wochen sicher verschwinden. Und einstweilen würde Frau Eberhardt mir die schwere Hausarbeit abnehmen.

Und das tat sie auch, einmal.

Ein paar Tage später, beim Öffnen der Post, morgens während des Frühstücks, stieß Frau Eberhardt einen kleinen Schrei der Befriedigung aus. Sie lehnte sich in ihrem Stuhl zurück und lächelte mich freundlich an: »Na also, Katarina. Die Kommission hat geantwortet. Du mußt sofort nach Wien, dich dort vorstellen. Du glaubst nicht, wie ich mich freue, Kind!«

Der Bissen blieb mir im Mund stecken. Meine Hände wurden gefühllos, und vor meinen Augen begann sich das Zimmer zu drehen. Ich wußte, was das bedeutete, und als ich trotzdem fragte: »Was ist das für eine Kommission?« erkannte ich meine Stimme fast nicht wieder. Sie schien von ganz weither zu kommen.

»Das ist das Amt, das alle Personen überprüft, die sich um die deutsche Volkszugehörigkeit bewerben. Und die meisten, die nachsuchen, werden erst gar nicht vorgeladen. Es ist ein Glücksfall – ach, wie ich mich freue.«

Ich saß stumm und fühlte, wie meine Augen sich mit Tränen füllten. Ich wußte, was mir bevorstand. Sie würden entdecken, daß ich Jüdin bin. Sie würden alles nachprüfen und dann ...

Das Gesicht meiner Schwester Tauba stand vor meinen

Augen. Das erschreckte, verlorene Gesicht, als die SS sie mitnahm.

Frau Eberhardt kam um den Tisch herum. Sie legte den Arm um mich.

»Sie weint vor Freude«, sagte sie zu ihrem Mann. »Das arme Kind.«

Ich ließ den Kopf auf den Tisch sinken und schluchzte.

Frau Eberhardt streichelte mir liebevoll übers Haar. Tränen der Rührung standen in ihren Augen. Ihr Mann räusperte sich verlegen und stand auf.

»Immer mit den Füßen auf der Erde bleiben«, sagte er. »Katarina muß heute noch nach Wien fahren. Je schneller, je besser.«

Ich war überzeugt, daß ich von dieser Reise niemals zurückkehren würde. Andererseits, so überlegte ich mir, was konnte man mir eigentlich anmerken? Ich hatte inzwischen schon ein rundes Dutzend körperlicher Untersuchungen überstanden. Was sollte mir also passieren?

Jedenfalls blieb mir keine Wahl, und ich fuhr nach Wien.

Das Amt befand sich in einem imposanten Gebäude am Ring. Die Eberhardts hatten mich telefonisch angemeldet, und ich wurde schon erwartet. Eine Empfangsdame führte mich in einen Raum und sagte, ich solle mich ausziehen. Wieder einmal saß ich nackt und fröstelnd auf einem Stuhl und wartete. Was stand mir wohl bevor? Ich versuchte, nicht zu denken.

Nach einiger Zeit wurde ich abgeholt und in ein großes Zimmer geführt. Zwölf Männer saßen an einem Konferenztisch und richteten ihre Blicke auf mich, als ich eintrat.

An der einen Seite des Tisches saß eine Sekretärin mit gezücktem Bleistift vor ihrem Stenogrammblock.

Ich bin hier nur ein Fall und kein menschliches Wesen,

versuchte ich mir zu sagen und sah sie alle der Reihe nach an, doch so, als ob ich durch sie hindurchblickte.

Der Vorsitzende war kahlköpfig, beleibt und hatte einen Specknacken. Die anderen setzten sich aus einem Gemisch der verschiedensten Typen zusammen. Es gab seriös aussehende, mit Brille und blasser Hautfarbe, und einer von ihnen war klein, dunkel und lebhaft. Er hätte leicht ein Jude sein können. Ein anderer hatte silbernes Haar und eine pompöse Art aufzutreten. Wieder ein anderer war ganz jung und hatte schlechte Zähne. Schließlich gab es noch einen, vor dem ich Angst hatte. Er sah mich mit seinen blaßblauen Augen unverwandt an. Es schien mir, als wenn er durch meine Nacktheit hindurch auf den Grund meiner Seele sähe.

Die Prüfung begann mit der Feststellung meiner Personalien. Ich leierte sie, wie schon so oft, mechanisch herunter. Der feiste Vorsitzende stellte alle Fragen in einer schmalzigen Tonart, die gütig klingen sollte. Er hatte zwar meine Personalakten vor sich liegen, aber aus irgendeinem Grund schien es notwendig zu sein, daß ich alle Daten noch einmal aufzählte. Die Sekretärin schrieb das, was ich sagte, nieder, und ich schämte mich fast für sie – eine Frau, die eine andere Frau nackt dastehen sieht und nicht einmal einen Blick des Mitgefühls für sie übrig hat.

»Werchrata.« Einer der Komiteemitglieder wiederholte den Namen meines Heimatortes, er stand von seinem Stuhl auf und ging zu einer Landkarte, die an der Wand hing. Es war eine sehr große Landkarte, aber würde ein Dorf wie Werchrata dort verzeichnet sein?

»In der Nähe von Lwów«, sagte ich, »und die nächstgelegene Stadt ist Hrebenko«, und bei der Nennung dieses Namens überlief mich unwillkürlich ein Zittern.

»Aha, Lwów. Lemberg.«

Er wiederholte den deutschen Namen der Stadt und

suchte mit dem Finger auf der Karte. Dann fand er Hrebenko. Und dann sagte er zu meiner Überraschung, daß er auch Werchrata gefunden habe. Er schien befriedigt, daß der Ort wirklich existierte, und setzte sich wieder an den Konferenztisch.

Anthropologisch gesehen, so führte er aus, habe es in der Ukraine schon seit Jahrhunderten eine germanische Bevölkerung gegeben. Jedoch seien in dieser Gegend häufig Rassenmischungen vorgekommen.

Der Weißhaarige fragte mich anzüglich: »Bist du auch sicher, Katarina, daß keine deiner Großmütter ein bißchen Rassenmischung getrieben hat?«

Die anderen lachten, nur der mit den blassen, wäßrigen Augen veränderte seinen Ausdruck nicht. Er sah mich unverwandt schweigend an.

Ich sagte, soviel ich wüßte, sei meine Familie von beiden Elternseiten her rein ukrainisch.

Ein anderer stellte Spekulationen an über den Namen Leszczyszyn und gebrauchte dabei das Wort »Etymologie«.

Ich sagte, der Name sei in unserer Gegend ziemlich häufig. Wieder ein anderer fragte, ob alle meine Angehörigen dunkelhaarig wie ich seien oder ob es unter ihnen auch blonde gäbe?

Ich erwiderte, meine Mutter sei flachsblond gewesen und ebenso die anderen ihrer Familie. Mein Vater hingegen sei brünett, und in seiner Familie gebe es Blonde und Dunkle.

Danach stand einer der Prüfer auf und näherte sich mir. Als er neben mir stand, begann er der Sekretärin zu diktieren:

»Es handelt sich um eine weibliche Person von guter Erscheinung, zweiundzwanzig Jahre alt ...«

Er forderte mich auf, meinen Mund zu öffnen, betrachtete meine Zähne und beschrieb sie ausführlich. Ich habe eine Lücke zwischen den Schneidezähnen, und diese Lücke beschrieb er ganz genau. Dann holte er ein Metermaß hervor und nahm an mir Maß, so wie es die Schneider tun. Schultern, Brust, Hüften – er sagte jede Ziffer der Sekretärin an. Auch die Schenkel, Knöchel, die Länge meiner Beine und Arme.

Er ließ mich die Arme ausstrecken und schickte sich an, die Länge der einzelnen Finger zu messen.

Dann untersuchte er meine Fingernägel und beschrieb sie genau. »Pigmentierung«, sagte er und machte eine Notiz über ihre Färbung und selbst über die Größe der Halbmonde.

Hinten im Raum befand sich eine Waage, und ich stellte mich darauf, und mein Gewicht wurde notiert.

»Jetzt noch eine Haarprobe, bitte«, sagte der Vorsitzende.

Ich riß mir ein paar Haare aus und gab sie ihm. Er legte sie unter ein Mikroskop, das auf einem kleinen Tisch vor dem Fenster stand, und untersuchte tiefernst die Strähne.

Nun trat einer der anderen auf mich zu, und zwar der kleine Dunkle, der etwas jüdisch aussah. Er schien Anthropologe zu sein, denn er hatte ein Meßinstrument, eine Art von Zirkel, bei sich. Ich mußte mich setzen, und er machte Messungen an meinem Schädel. Von vorn, von der Seite, von hinten – und jede Zahl wurde von der Sekretärin notiert. Er maß die Breite meiner Backenknochen, die Weite und Winkel meiner Kiefer, die Tiefe der Augenhöhlen. Dann nahm er ein kleineres Instrument heraus und maß meine Nase.

Nach ihm kam der Weißhaarige an die Reihe, der offensichtlich Arzt war. Er stellte eine Reihe von Fragen persönlicher und intimster Art. Ob ich jemals schwanger gewesen sei? Er erkundigte sich, welche Kinderkrankheiten ich gehabt habe, und diktierte dann der Sekretärin Einzelheiten über meinen Leib, meine Hüften, meine Brüste und stellte fest, daß ich zum Kinderkriegen durchaus geeignet sei.

Aber das war noch nicht alles. Ein zweiter Arzt, ein schwerer Mann mit dicken Händen und Lippen, der abstoßend aus dem Mund roch, forderte mich auf, in eine kleine, in der Ecke stehende Kabine zu treten. Der Verschlag war so eng, daß ich dicht an ihn gedrückt stehen mußte.

Er nahm eine Injektionsspritze und suchte eine Vene. Die Blutprobe reichte er an einen der anderen hinaus. Mit Hilfe einer kleinen Taschenlampe leuchtete er mir in die Augen, und ich spürte seinen üblen Atem. Er untersuchte meine Ohren und die Nasenlöcher. Schließlich grunzte er, das sei alles.

Die Untersuchung hatte eine gute Stunde gedauert. Als ich hinausging, um mich anzuziehen, folgten mir die Blicke des unheimlichen Blaßäugigen. Er hatte keine Frage gestellt. Er hatte nie in die Diskussion eingegriffen.

Ich ging hinaus und zog mich an. Was immer jetzt geschehen sollte, möge geschehen.

Zu meiner Überraschung wurde ich bald wieder ins Konferenzzimmer gerufen.

Der dicke Vorsitzende erhob sich.

»Fräulein«, sagte er, »es freut mich, Ihnen folgendes mitteilen zu können: Die Untersuchung hat ergeben, daß Sie in besonderem Maß befähigt sind, ein Mitglied des deutschen Volkes zu werden. Sie sind in jeder Beziehung eine vollkommene Repräsentantin der arischen Rasse.«

Ich murmelte meinen Dank. Jetzt, da ich bekleidet war, würdigte mich der Blaßäugige keines Blickes mehr.

Als ich die Tür hinter mir schloß, erfüllte mich nur ein einziger großer Wunsch. Ich möchte eines Tages, wenn der Krieg zu Ende sein würde, diese Tür öffnen und in das Zimmer hineingehen und möchte den zwölf Beamten sagen: »Meine Herren, Sie haben mich als eine vollkommene Repräsentantin der arischen Rasse bezeichnet, im besonderen Maß befähigt, ein Mitglied des deutschen Volkes zu werden. Ich muß diese Ehre ablehnen. Ich bin jüdisch, meine Eltern waren beiderseits jüdisch, meine Großeltern waren beiderseits jüdisch und ebenso ihre Eltern und die Eltern ihrer Eltern bis zurück in biblische Vorzeiten.«

Dann würde ich mich umdrehen und das Zimmer verlassen.

Ach, wenn dieser Tag jemals käme!

Aber schon auf der Rückreise nach Linz schrumpfte mein Triumph zu einem Gefühl der Ohnmacht zusammen. Die Deutschen würden ja doch den Krieg gewinnen, was sollten also meine kindischen Wunschträume! Was würde jetzt überhaupt mit mir geschehen? Ich hatte die Prüfung bestanden, mit der Adoption mußte es jetzt also Ernst werden. Wie lange konnte ich das noch hinauszögern? Ein paar Wochen? Einen Monat? Wenn ich mich nicht vorher von den Eberhardts trennte, war ich verloren.

Als ich dem Ehepaar das Ergebnis meiner Reise nach Wien mitteilte, herrschte großer Jubel. Es war eine grausame Ironie des Schicksals, daß gerade dieser Erfolg mich aufs tiefste deprimieren mußte.

Am nächsten Morgen stand ich früh auf, um meine Hausarbeiten zu erledigen. Wie erwähnt, hatte ich seit einiger Zeit starke rheumatische Schmerzen in meinen Armen und Fingern verspürt. Der Hausarzt der Eberhardts hatte mir dies und das verschrieben, doch die Schmerzen wurden immer schlimmer. An diesem Tag glitten aus meinen gefühllosen Fingern zwei Teller und eine Kanne zu Boden und zerbrachen in tausend Scherben. Mit keinem Wort tadelte mich Frau Eberhardt, im Gegenteil, sie umhegte mich mit Mitleid und Fürsorge.

Mit jedem Tag, den ich länger hier verweilte, wuchs für

mich die Gefahr, denn die Besorgung der zur Adoption notwendigen Familiendokumente ließ sich nicht länger aufschieben. Andererseits schien es keinen Weg zu geben, diese gütigen Menschen zu veranlassen, mich meines Weges ziehen zu lassen.

Nur drastische Methoden konnten helfen. In meiner Verzweiflung kam ich auf den Gedanken, den Rheumatismus, der meine Hände so empfindlich lähmte, für meine Zwecke auszunutzen.

Auf einem Büfett stand eine venezianische Vase, auf die das Ehepaar besonders stolz war. Es war ein edles, kostbares Werk der italienischen Glasmacherkunst, aber ich entschloß mich, es zu zerstören, um den Zorn der Eberhardts auf mein Haupt zu laden.

Ich wählte einen Nachmittag, an dem Frau Eberhardt zu Hause war. Ich hob die Vase hoch, als ob ich sie abwischen wolle, sie fiel mir aus den Fingern und zerschellte.

»Katarina, Katarina, was für ein Jammer!«

Aber das war auch fast alles. Sie bemitleideten mich nur noch mehr wegen meines Leidens und wiesen meinen Vorschlag entrüstet zurück, sich doch lieber nach einem anderen Hausmädchen umzusehen. »Unsinn«, sagten sie, »du bist doch schon fast unsere Tochter, und so wichtig ist die Vase auch nicht.«

Am nächsten Tag traf die offizielle Bestätigung meiner Eindeutschung aus Wien ein, und Herr Eberhardt fragte: »Katarina, wo bleiben die Papiere deiner Angehörigen? Wenn sie nicht bald kommen, muß ich den deutschen Behörden schreiben, daß sie sie selbst besorgen sollen, damit die Sache endlich ins reine kommt.«

Ich stotterte, die Post dauere heutzutage sehr lange, aber die Urkunden seien bestimmt schon unterwegs, er brauche da nichts von sich aus zu unternehmen.

Die wildesten Pläne schossen mir durch den Kopf, denn jetzt *mußte* ich von den Eberhardts los, sonst war ich verloren.

Es gab nur noch eine einzige Möglichkeit, sie von ihrer Sympathie für mich zu kurieren: Sie besaßen eine fast mannshohe japanische Vase von unschätzbarem Wert. Sie war das Prunkstück in der Kunstsammlung der Eberhardts. Mit ihr war die kleine venezianische Vase überhaupt nicht zu vergleichen.

Mit Tränen in den Augen vollbrachte ich das Zerstörungswerk, während beide außerhalb des Hauses waren. Ich rückte die Vase an die Treppe und gab ihr einen Stoß.

Dann ging ich in mein Zimmer und packte meinen Koffer. Ich trug ihn hinunter, stellte ihn in die Diele und erledigte meine Hausarbeiten.

Frau Eberhardt kam nach Hause, sah meinen Koffer und rief: »Katarina, was ist los?«

Totenbleich näherte ich mich ihr. »Frau Eberhardt, das ist zuviel. Sie und Ihr Mann sind immer so gut zu mir gewesen.«

»Aber was ist geschehen?«

»Die japanische Vase!« jammerte ich. »Ich kann es selbst nicht fassen!«

Die arme Frau brach in Tränen aus. Ich hatte sie noch nie so erschüttert gesehen. Wir standen uns gegenüber, beide in Tränen aufgelöst. Dann öffnete sie die Arme. »Du kannst dir doch nicht helfen. Du hast deine Finger für uns kaputt gearbeitet.«

Wir fielen uns in die Arme. Ich schluchzte und weinte in der Erkenntnis, daß die Güte dieser Frau die allerschlimmste Gefahr für mich bedeutete. Sollte auch diese Untat umsonst gewesen sein?

Aber als Herr Eberhardt nach Hause kam und sah, was geschehen war, blieb er lange wie entgeistert vor den Scherben seiner geliebten Vase stehen. Er sagte kein Wort und ging hinauf in sein Zimmer. Diesmal, wußte ich, war er bis ins Mark getroffen worden. Die Würfel waren gefallen.

Als er zum Essen herunterkam, übergab er mir einen Brief, den er dem Arbeitsamt geschrieben hatte. Ich nahm ihn mit in die Küche und las ihn dort. Er schrieb, ich sei ein braves Mädel, eine fleißige Arbeitskraft, intelligent und vertrauenswürdig. Leider sei ich erkrankt und daher nicht mehr in der Lage, meine Pflichten zu erfüllen. Sie würden nur mit Bedauern auf meine Dienste verzichten und hoffen, daß das Arbeitsamt mir eine leichte, angenehme Tätigkeit vermitteln könne, die meinem Gesundheitszustand entspreche.

Ich dankte ihnen von Herzen. Acht Monate hatte ich bei ihnen gelebt, geborgen wie im tiefsten Luftschutzkeller. Nun mußte ich wieder in die gefährliche Welt hinaus.

Als ich in Bindermischel ankam, riefen Clava und Nina wie aus einem Munde: »Geschafft?« Nina umarmte mich: »Nun wirst du bei uns bleiben. Was für eine Idee, Dienstmädchen zu spielen!« Als ich ihnen die Tragödie mit der japanischen Vase erzählte, kreischten sie vor Vergnügen. Ich war zuerst ganz verblüfft über diesen Effekt, aber dann mußte ich mitlachen, und wir tobten ausgelassen wie Schulmädchen.

»Aber was ist nun eigentlich mit deinen Händen wirklich los?« fragte auf einmal Nina und untersuchte meine Finger: »Kein Wunder – das kommt nur von dem kalten Wasser tagaus, tagein. Du wirst sehen, wenn du eine Weile hier bist, ist es verschwunden.« Und wirklich waren einige Tage später die Schmerzen wie weggeblasen.

Mein Leben hatte sich völlig geändert. Ich hatte zwar kein Privatleben mehr, aber ich hatte Freundinnen um mich. Nina und Clava verwendeten sich für mich bei ihrem Chef und erreichten, daß ich bei ihnen im Büro mitarbeiten konnte.

Ich wohnte in der Baracke mit meinen Freundinnen zusammen. So lernten wir uns noch intimer kennen, und ich wurde die Mitwisserin ihrer Liebschaften. Nina hatte einen ruhigen, soliden Freund namens Karlus, der ihr oft Kleinigkeiten mitbrachte, ein Kopftuch oder dergleichen.

Clava, obgleich ebenso herzlich und gutartig, war von anderer Art. Sie hatte einen sinnlichen Mund und dunkle, feuchte Augen und war überhaupt in vielem so, wie ich mir immer eine Prostituierte vorgestellt hatte. Dem entsprach auch ihre Ausdrucksweise. Sie warf nur so mit wüsten und ordinären Worten um sich. Ihr Freund war ein tschechischer Fremdarbeiter namens Hans – ein Typ, der sich auf flottes Auftreten und das Organisieren nützlicher Dinge verstand und seiner Freundin infolgedessen sehr viel lockendere Geschenke mitbringen konnte: hübsche Kleider und Schuhe, eine Armbanduhr, einen Rundfunkapparat usw. Trotz dieser Äußerlichkeiten waren Clava und Hans nicht schlechtere Menschen als Nina und Karlus. Beide Mädchen waren schon vorher verheiratet gewesen und schon deshalb sehr viel welterfahrener als ich es war. Ihr lockeres Leben störte mich weiter nicht und erregte auch sonst im Lager kaum Aufsehen. Die Aufsicht war im großen und ganzen oberflächlich, und das allgemeine Lagerklima war gut – bis auf die Anwesenheit eines ältlichen weißrussischen Ehepaars, das früher in Frankreich gelebt hatte. Beide, Mann und Frau, waren geborene Querulanten und Intriganten. Sie liebten es, überall herumzuspionieren und Leute zu denunzieren. Außerdem waren sie bösartige Antisemiten. Während sonst im allgemeinen im Lager kaum über Juden und das Judenproblem gesprochen wurde, versäumten sie keine Gelegenheit, ihren Haß auf Menschen meiner Rasse auszuposaunen.

Da gab es zum Beispiel ein schwarzhaariges Mädchen namens Liza, das in der Küche arbeitete, ein freundliches, offenherziges Geschöpf, das jeder leiden mochte.

Das russische Ehepaar aber haßte das Mädchen. »Ich wette, sie ist eine Jüdin«, zischte die Frau, »sie sieht nicht nur jüdisch aus, sie benimmt sich geradezu jüdisch.« So war ich gezwungen, mich gerade von dem Menschen abzusondern, mit dem ich am liebsten Freundschaft geschlossen hätte.

Glücklicherweise kümmerte sich niemand viel um die giftigen Intrigen der beiden. Der Lagerleiter war ein Österreicher vorgeschrittenen Alters namens Seifert, dem es allein auf seine glatt funktionierende Lagerordnung ankam. Ihn interessierte nur, daß jede eintreffende Arbeitskraft sofort registriert und der ihr gemäßen Tätigkeit zugeführt wurde, so daß sich keine Stauungen und Stockungen ergaben.

Ich arbeitete gemeinsam mit Nina und Clava in der Empfangsstelle. Eine russische Ärztin assistierte uns dabei. Arbeitertransporte konnten Tag und Nacht eintreffen. Wir mußten uns dann sofort mit ihnen befassen und durcharbeiten, bis jeder registriert war.

So wie ich mich einmal splitternackt der Inspektion stellen mußte, so erging es all den endlosen Reihen von Männern und Frauen. Meine Situation, ihnen am Tisch gegenüberzusitzen, versetzte mich immer wieder in quälende Verlegenheit. Nie konnte ich meine Augen erheben, um einem Mann ins Gesicht zu sehen. Ich tröstete mich damit, daß ich auf diese Weise auch die Gefahr verringerte, von einem zufällig hierher verschlagenen Bewohner meiner Heimat erkannt zu werden.

An den Sonntagen schnallten wir uns unsere Rucksäcke um und fuhren zu dritt mit einem der kleinen Regionalzüge ins Grüne, wobei uns manchmal Karlus begleitete. Bei einem Abstellgleis, eine knappe Stunde von Linz entfernt, stiegen wir immer aus. Ein paar Erntehelfer aus Italien hatten sich dort kleine Gemüsegärten angelegt, und so stopften wir unsere Rucksäcke mit frischen grünen Gurken, Kopfsalat, Karotten und den von mir einst verschmähten Tomaten voll, denn in Bindermischel bekamen wir insgesamt zu wenig Salat und Gemüse zu essen.

Danach streunten wir durch Wiesen und Felder und futterten dabei von unserem Grünzeug, das noch bodenwarm war und nach Erde schmeckte. Es gab sogar Obst. In einer Seitenstraße lernten wir eine zierliche Österreicherin – eine pensionierte Lehrerin – kennen, auf deren bescheidenem Grundstück Pflaumen-, Birnen- und Apfelbäume wuchsen.

Sie verkaufte ihre Früchte nur an Fremdarbeiter und versicherte uns, sie könne gut verstehen, wie wir uns in unserer schwierigen Lage fühlten.

So wurden für uns die Sonntage zu wahren Festtagen.

Unter der Woche pflegten die Männer an den Zaun zu kommen und ihren Mädchen zu pfeifen, da sie uns nicht im Lager besuchen durften. Wenn Nina und Clava manchmal ausgingen, blieb ich stets zu Hause, weil ich bei ihren Verabredungen nicht das fünfte Rad am Wagen sein wollte. Doch eines Abends erklärte Nina, sie würde unter keinen Umständen zulassen, daß ich wieder alleine zu Hause sitze; und außerdem habe Karlus für mich bereits eine Kinokarte besorgt.

Also zog ich mich an und begleitete sie. Im Kino traf Karlus einen Freund, der, wie es der Zufall wollte, genau neben uns saß. Er hieß Slavek und war wie Karlus technischer Zeichner, kam auch aus der Tschechei und arbeitete obendrein auch noch im selben Betrieb wie Karlus, rein zufällig natürlich.

Ich schielte zu Slavek hinüber. Obwohl ich für ein Mädchen ziemlich groß war, reichte ich an ihn bei weitem nicht heran. Und er sah höllisch gut aus! Da konnte man sich das Kino sparen! Genau wie einer der Teufelskerle aus den Filmen, mit sanften, braunen Augen, energischem Mund und einer gewissen Glut, der Glut des Lebens und der Leidenschaft. Leider schien er sich für mich nicht besonders zu interessieren, ja er würdigte mich keines Blickes.

Wir saßen nahe an der Leinwand, in der dritten oder vierten Reihe, und das Licht, das auf die Leinwand projiziert wurde, reflektierte sich auf unseren Gesichtern, so daß ich ihn recht deutlich sehen konnte. Ich bemerkte, daß ich gar nicht auf den Film achtete, sondern nur ihn anschaute. Und ich war nicht die einzige. Um mich herum verrenkten sich noch mehr Mädchen die Köpfe nach ihm. Der Umschwärmte selbst jedoch sah sich in aller Ruhe den Film an. Nachher spazierten wir wie immer durch die Straßen. Er beachtete mich kaum, und plötzlich kam ich mir vor wie eine graue Maus. Ich wußte nicht, wie man seine Reize spielen läßt und einen Mann umgarnt. Außerdem hatte dieser Slavek eine wirklich unangenehme Art, sich nach anderen Mädchen umzudrehen und auszurufen: »Sieht nicht schlecht aus, das Mädel!«

So trennten wir uns am Zaun, und nichts war passiert. Kein Wort von einem Wiedersehen.

Aber ich konnte es mir nicht verbeißen, mit Nina über ihn zu schwatzen. Was für ein hübscher Kerl!

»Siehst du«, sagte sie, »wenn ich dir einen besorge, dann ist das auch wer!«

Mir fehlte jeder Maßstab für meine Gefühle. Ich versuchte über die Flut von Erlebnissen hinweg eine Brücke zu jener Zeit zurückzuschlagen, in der ich mich als Gymnasiastin von meinem Lehrer umarmen ließ. Damals hatte ich mich einfach in die Obhut eines Mannes begeben und mich von ihm lenken und leiten lassen, weniger aus echtem Begehren als aus Neugierde darauf, ob ich überhaupt etwas empfinden würde. Umso mehr war ich überrascht, als sich nun meine Sehnsucht nach Slavek überall regte, bei der Arbeit, beim Plaudern mit den anderen Mädchen, bei jedem Gedanken. Es war ein völlig neues Lebensgefühl: das, wovon stets alle gesprochen hatten und doch viel mehr als nur das. Und jetzt passierte dies alles gerade hier, mitten in all der Angst und dem Zwang, sich andauernd verstecken zu müssen. Das Schicksal wollte mir diesen Teil des Lebens nicht vorenthalten, und ebensowenig konnte ich ihm entkommen.

Zwei Tage später machte sich Nina wieder einmal für eine Verabredung mit Karlus zurecht. Wir hörten sein Pfeifen und sie schaute aus dem Fenster. »Katja, du solltest dich lieber auch umziehen, er hat Slavek mitgebracht.«

Und so fing es an. Die Kinoabende, die Spaziergänge, die Unternehmungen zu viert. Doch Slavek war völlig anders als der gute Karlus. Slavek benahm sich ungestüm, geradezu verrückt. Er konnte unerwartet morgens um zehn auftauchen, nachdem er sich irgendwie von der Arbeit davongeschlichen hatte. Er pfiff oder rief gar nach mir, oder er forderte einfach ein Mädchen hinterm Tor auf, ins Büro zu gehen und mich zu holen. Ich mußte eine Ausrede erfinden, um für eine Minute verschwinden zu können. Er wollte dann, daß ich mit in die Stadt ging, und manchmal klappte es sogar.

In der Stadt aber mußte man bei ihm mit allem rechnen. Ich war immer noch recht schüchtern und wollte mich nicht einmal auf offener Straße bei einem Mann unterhaken. »Komm, nimm meinen Arm!« forderte mich Slavek auf. »Wenn nicht, gehe ich auf den Händen, mitten hier durch die Innenstadt!« Und wenn ich mich weigerte – was ich nur einmal tat – hopp! stand er prompt auf seinen Händen! Ich zupfte ihn am Mantel, er kam wieder auf die Beine, und ich hakte mich bei ihm ein. Er zog mich eng an seine Seite. Und ich verspürte jenes sonderbare, berauschende Gefühl einer jungen Liebe, das vielleicht selbst Küsse und enge Umarmungen noch übertraf, jenes sanfte und zugleich aufregende Prickeln in allen Gliedern, wenn man Arm in Arm miteinander geht.

Dort auf der Straße in Linz erinnerte ich mich plötzlich an jene Zeit, als Alla und ich uns gegenseitig fragten, ob wir schon einmal etwas für einen Mann »empfunden« hätten. Jetzt hätte ich ihr wirklich eine Antwort geben können.

Aber wo waren sie geblieben, Alla und Milla, daß ich zu ihnen hätte laufen und sagen können: »Alles, was bisher passiert ist, sind Kindereien gewesen. Erst jetzt weiß ich, wie es wirklich ist, und was es heißt, etwas zu empfinden.«

Und als müsse der Schmerz meine Liebe aufwiegen, mußte ich nun wieder ununterbrochen an die Daheimgebliebenen denken. Wie es ihnen dort in Hrebenko wohl ging? Was hatte man mit ihnen gemacht? Es war, als starre man in eine stockfinstere Nacht hinein und lausche auf ein Lebenszeichen.

Als einmal ein Transport aus Galizien mit Ukrainern aus der Gegend von Lemberg eintraf, riskierte ich ein paar allgemeine Fragen.

»Wie ist es denn bei euch zu Hause?«

»Schlimm.«

Und mit einem stechenden Schmerz in der Brust fragte ich weiter: »Und was ist mit den Juden?«

»Keiner mehr dort. Alle liquidiert. Auch ihre Häuser – alles verbrannt.«

Ich traf Slavek täglich. Er war ein wilder Bursche, ein Bohemien. Mir wäre ein mehr bürgerlicher, solider Mann wie Karlus lieber gewesen. Karlus war stets gut gekleidet; er trug sogar Manschettenknöpfe. Slavek hingegen hatte immer ungebügelte Hosen und eine sonderbare Jacke mit einem Schlitz im Rücken an. Sein verrückter, ausgebeulter Hut saß schräg auf seinem Kopf, so daß eine Locke heraushing. Karlus kam stets pünktlich. Auf Slavek mußte man manchmal eine Stunde warten, ein andermal kam er eine Stunde zu früh. Doch gerade das gefiel mir an ihm.

Ich nörgelte und protestierte, ich warf ihm vor, er bringe mich in Schwierigkeiten, und doch jubelte ich innerlich, wenn er wieder einmal unerwartet auftauchte. Mehr als einmal pfiff er mich aus dem Bett, wenn bereits das Licht gelöscht worden war.

Dann schlich ich mich unter der Gefahr hinaus, den unerbittlichen Zorn des Weißrussen auf mich zu ziehen, der manchmal mit seiner Taschenlampe die Betten kontrollierte. Clava hatte er bereits erwischt und gemeldet, sie wäre angeblich mit einem Österreicher namens Hans befreundet. Sie war darauf zur Gestapo zitiert worden, hatte sich aber mit den Worten herausreden können, jedermann wisse, daß ihr Freund Hans Tscheche sei. Doch trotz alledem ließ ich mich nicht abschrecken. Sobald Slaveks Pfiff ertönte, sprang ich auch schon aus dem Bett!

Slavek brachte mir auch keine Geschenke, wie sie Nina von Karlus erhielt. Er war nicht aufmerksam, sondern herrisch wie ein Diktator. Er begann mir Vorschriften zu machen, was und wie ich mich anzuziehen hätte und wie ich meine Haare tragen sollte. Pfui, diese polnische Bauernfrisur! Ich müsse mir das Haar aus der Stirne herauskämmen wie es in der Tschechei Mode war. Na also! Das mache mich gleich weiblicher. Dann wollte er wissen, warum ich mich eigentlich nicht schminkte. Warum benützte ich keinen Lippenstift wie eine richtige Frau?

Das rührte an meine heiligsten Prinzipien. Schon als kleines Mädchen hatte ich mir geschworen, nur »ich selbst« zu sein. Auch Tauba und noch ein paar andere Mädchen aus unserem Freundeskreis hatten sich dies zur Maxime gemacht und jeglichen Gebrauch von Kosmetika als verabscheuenswürdig verdammt. Ein Mann sollte eine Frau so lieben, wie sie geschaffen war. Das war unser Credo. Wir mokierten uns über Milla, wenn sie mit Rouge auf den Wangen in die Schule kam, und wer ihr Verhalten nachmachte, wurde umgehend zur dummen Gans erklärt. Wir allein hatten Bildung und Niveau!

Im übrigen hatte ich mich schon immer gefragt, wozu ich denn bei meinem gesunden, natürlichen Teint Kosmetika brauchte?

Aber Slavek ließ mir keine Ruhe. Kein Wunder, daß ich so prüde war. Ich hatte ja sogar Angst vor ein bißchen Lippenstift! Er konnte auch Nina für seinen Feldzug gewinnen. »Was ist schon dabei? Schminke dich doch ein bißchen!«

»Ein Mann muß eine Frau so lieben, wie sie ist«, verkündete ich. »Ich will keine Maske aus Schmiere und Fett tragen.«

»Sei doch nicht so stur, Katinka!« lachte sie. »Sei wie du bist, aber füge hie und da noch etwas hinzu.«

Eines Sonntags, als wir zu viert einen Ausflug machten, holte Slavek plötzlich einen Lippenstift aus der Hosentasche, hielt mich fest und schmierte mir damit unter dem Gejohle der anderen die Lippen an. »Da! Vielleicht wird jetzt endlich eine Frau aus dir!« Er hatte es sich ja von Anfang an ganz unverhohlen zum Ziel gesetzt, eine »Frau« aus mir zu machen. Und ebenso unverhohlen hatte ich ihm meinen Standpunkt dazu klargemacht. Wenn er mit mir gehen wollte, mußte er soviel Verständnis für mich aufbringen.

Warum eigentlich, fragte ich mich. Worauf wartete ich denn? In die geordnete Lebenswelt meiner Kindheit, wo ein Mädchen damit rechnen konnte, daß es sich verlieben und dann heiraten würde, konnte ich ohnehin nie mehr zurückkehren. Auch die Regelung, die ich von Kindesbeinen an verinnerlicht hatte, daß mein Leben als Frau erst mit meinem Ehemann beginnen würde, trat nun für mich außer Kraft.

Freilich, in Hrebenko hatte ich ganz selbstverständlich daran geglaubt, daß man nur aus Liebe heiratete, und daß eine Liebe mit der Ehe besiegelt wurde; und deshalb waren mir die festen Regeln in Sachen Liebe durchaus nicht prüde erschienen. Jetzt aber war ich verunsichert. Wenn ich wirklich verliebt war, mußte ich ehrlicherweise auch nachgeben. Und doch vermochte ich es nicht. Vielleicht klammerte ich mich dabei an die letzten Reste, die ich noch von zu Hause in mir trug. Nachzugeben erschien mir wie ein Eingeständnis, daß meine Mutter tot war.

Des öfteren unternahmen wir Ausflüge in die Berge und blieben dort über Nacht. Jedesmal redete ich Slavek schon im voraus ins Gewissen: »Slavek, ich möchte nicht, daß du enttäuscht bist. Wenn du glaubst, dort oben sei alles anders, können wir gleich hierbleiben.«

Er versprach dann natürlich, sich zu beherrschen, und ich wußte genau, daß er versuchen würde, mich umzustimmen.

Einmal machten wir uns auf den Weg zur Feuerkugel. Der Tag war traumhaft schön; die Sonne schien so warm, daß wir unsere Mäntel ausziehen mußten, obwohl am Berg noch Schnee lag und der Gipfel völlig verschneit war.

Es gab zwar eine Seilbahn, doch es hatte sich eine so lange Schlange gebildet, daß es aussah, als müsse man drei Stunden anstehen.

»Komm!« rief mir Slavek zu und begann wie eine Gemse den Berg hinaufzuklettern. Wir folgten ihm, obwohl wir dafür eigentlich nicht richtig angezogen waren. Er hüpfte und sprang vor uns her und kam plötzlich wieder heruntergesaust, um mich an der Hand mit sich hinaufzuzerren. Bald hatten wir die Schneegrenze erreicht. »Los, weiter, weiter!« kommandierte er. Er zog mich in den Schnee hinein, bis ich die Schuhe voller Schnee hatte; dann lief er zurück und holte die anderen. Wir tobten im Schnee wie kleine Kinder, rieben uns gegenseitig das Gesicht ein, machten eine Schneeballschlacht und hüpften in knöcheltiefe Verwehungen hinein.

Plötzlich tauchte Slavek auf einem riesigen Felsbrocken knapp unterm Gipfel auf. Er trat bis an die Kante direkt über uns, breitete weit seine Arme aus und rief: »Ich bin ich, Slavek, der Herr des Universums.«

Auf die Idee konnte nur Slavek kommen, ein Zwangsarbeiter in einem fremden Land, der hinter Stacheldraht lebte.

Lachend stapften wir mit unseren dünnen Schuhen und Kleidern durch den Schnee, bis wir den Gipfel erreichten. Wir zogen unsere patschnassen Schuhe und Strümpfe aus, und die Männer massierten uns Mädchen die Füße; danach saßen wir in der Sonne. Später tranken wir im Berggasthof Kaffee und tanzten. Und als wir mit der Seilbahn zu Tal fuhren, sangen wir alle zusammen ein Lied; doch ich hörte aus dem Chor nur Slaveks kräftige, vor Leben vibrierende Stimme heraus. Alle sahen uns an. Wir hatten an diesem sonnigen Nachmittag Farbe bekommen, unsere Gesichter glühten – wer hätte uns nicht für vier restlos glückliche Menschen gehalten!

Abends nahmen wir uns zwei Zimmer in einem Gasthaus, und weil Nina den Schein der Unschuld wahren wollte, geschah dies im stillen Einvernehmen, daß ich mir mit ihr ein Zimmer teilte und die Männer das andere nahmen. Vor dem Schlafengehen machten wir noch einen Spaziergang durch die dunklen Felder, wobei sich Nina und Karlus absetzten.

Slavek und ich aber kämpften.

Ich hatte etwas Ähnliches erst einmal zuvor erlebt. Nicht lange nachdem die Russen in Hrebenko einmarschiert waren, und ich meine Ausflüge nach Lemberg machte, um Papas Wodkavorrat wieder aufzufüllen, hatte mich und meinen Sack voller Wodkaflaschen einmal ein Feldwebel in einem Kleinlastwagen mitgenommen. Ich war mit einem weiteren Mitfahrer hinten aufgestiegen. Unterwegs hat mich dieser plötzlich gepackt, und ich habe mich gewehrt. Wortlos und mit geradezu gelassener Zielstrebigkeit hat er seine Stärke ausgespielt, und es war, als gäbe es ein ungeschriebenes Gesetz für unseren Kampf, das einem Mann erlaubte, ein Mädchen zu überwältigen, wenn er nur kräftig genug dafür war. Ich wehrte mich mit Händen und Füßen, und als der Lastwagen ins Schlingern kam, gelang es mir irgendwie, mich aus seinem Griff zu befreien, und ich versuchte abzuspringen. Erst in diesem Moment entfuhr mir ein Schrei. Der Fahrer hielt an und kam nach hinten, um nach dem Rechten zu sehen. Er lachte und forderte seinen Kameraden auf, mich in Ruhe zu lassen und mit ihm nach vorne ins Führerhaus zu kommen. Damit war die Sache erledigt. Ich hatte den Vorfall nie zu Hause erzählt, sondern Mama erklärt, die Kratzer auf meinen Armen und im Gesicht kämen von tiefhängenden Ästen, die der Lastwagen gestriffen habe. Danach war ich auf mein Zimmer gelaufen, denn zu dieser Zeit bewohnten Tauba und ich noch unser Zimmer im dritten Stock. Ich verkroch mich in mein Bett, zitterte und weinte, denn damals war mir zum ersten Mal bewußt geworden, was es hieß, eine Frau zu sein. Tauba kam und streichelte mich, doch ich brachte es nicht fertig, ihr zu sagen, was geschehen war. Erst spät in der Nacht erfuhr sie es von mir. Sie schloß mich in die Arme, und schwesterlich hielten wir uns aneinander fest.

Doch der Kampf, den ich jetzt mit Slavek führte, war anders. Diesmal kämpfte ich gegen einen Mann und zugleich gegen mich selbst. Ich rang mit mir in meinem Inneren, und meine Wut auf mich selbst machte mich ihm gegenüber nur noch aggressiver. Mit aller Kraft schlug ich zu, bis er mich losließ.

Daraufhin sahen wir uns für einige Tage nicht mehr. Ich ärgerte mich außerdem auch darüber, daß Slavek noch eine ganze Reihe anderer Mädchen hatte. Unter den Fremdarbeitern galt er als großer Schürzenjäger. Man behauptete sogar, er habe Affären mit einigen durchaus angesehenen Linzerinnen, und wenn er es nicht mit verheirateten Frauen oder mit den Lagermädchen trieb, ging er zu Prostituierten.

Eines abends entschloß ich mich, darüber mit Nina und Karlus zu reden. »Katja«, sagte Karlus, »du kannst dir sicher sein – und ich kenne Slavek gut –, daß er noch zu keinem

Mädchen eine solche Beziehung hatte wie zu dir. Bei Slavek ging es bisher immer nur ums Bett. Wenn ein Mädchen willig war, schön; wenn nicht, dann eben eine andere am nächsten Tag.«

»Und warum habt ihr mich mit ihm zusammengebracht, wenn ihr schon wußtet, was er für einer ist?«

»Weil sich auch ein solcher Mann nach einer dauerhaften Beziehung sehnt.«

Ich war den Tränen nahe, und am liebsten wäre ich zu Slavek gerannt, egal wohin. »Karlus«, fuhr ich jedoch fort, »was hat es zu bedeuten, daß Slavek manchmal, wenn du und er uns spät abends zum Lager gebracht habt, nicht mit dir zu eurer Unterkunft geht?«

»Tja, er geht dann eben seiner Wege«, erwiderte Karlus und sah mir direkt in die Augen: Es hatte keinen Sinn, noch länger die Naive zu spielen.

Am nächsten Tag grübelte ich angespannt und unruhig darüber nach, ob Slavek trotz seiner Affären mit all den anderen Frauen unter unserer augenblicklichen Trennung ebenso litt wie ich.

So sahen wir uns also wieder. Hand in Hand schlenderten wir unseren gemeinsamen Weg entlang, der uns fort vom Lager und der Stadt in die Felder hinaus führte. Als wir stehenblieben und uns umarmten, konnte ich mich in meiner Verstörtheit und Hilflosigkeit nicht mehr zurückhalten und machte im Vorwürfe.

»Na und? Glaubst du etwa, ich bin aus Holz?« versetzte er. Dann nahm er mich bei den Schultern und fuhr fort: »Warum sollte ich denn zu dir kommen, wenn ich nur das eine wollte, das ich bei dir sowieso nicht bekomme?« Er schlug sich mit der Hand vor die Stirn. »Ach, Slavek! Mußtest du dich gerade in so eine Katinka, so einen kleinen ukrainischen Dickkopf verlieben?«

Die ganze Nacht gingen mir auf meinem Feldbett diese Worte durch den Kopf, die mehr bedeuteten als ein geflüstertes »Ich liebe dich«. Denn mit diesen Worten hatte er sich selbst seine Liebe eingestanden, zu Katinka, einem kleinen ukrainischen Dickkopf. Ich stellte mir Slavek und Katinka als Paar vor: Er stand dort, in den Wäldern, und umarmte sie. Und sie verschmolzen zu einem Wesen. Slavek und Katinka. Katinka. Nicht Eva. Und plötzlich fiel es mir wie Schuppen von den Augen, warum ich ihm gegenüber die letzte Hemmung nicht überwinden konnte. Es war das Geheimnis, das zwischen uns stand, der Umstand, daß er mich nur als Katinka kannte und nicht als die Eva, die ich in Wirklichkeit war.

Ich fühlte in mir einen nicht mehr zu bändigenden Drang, ihm die Wahrheit zu sagen, ihm zu gestehen, daß ich Jüdin sei. Was ich nicht einmal Nina und Clava anvertraut hatte, das mußte Slavek wissen, was immer auch daraus werden mochte. Es durfte keine Lüge mehr zwischen uns stehen.

Während ich diesen Kampf mit mir selber ausfocht, gab es bedrohliche Zwischenfälle in meinem täglichen Leben. Eines Tages sagte ein polnischer Arbeiter mit lauter Stimme, während ich seine Personalien aufnahm: »Sie sprechen ja tadellos polnisch, aber das ›R‹, das sprechen Sie so aus, wie es die Juden tun.«

Ich stotterte, daß ich aus Posen stammte und daß man das »R« dort so ausspräche.

»Komisch«, sagte er, »seit wann redet man so in Posen?«

Plötzlich kam mir zum Bewußtsein, daß ich einen großen Fehler begangen hatte. Wenn er jetzt im Lager herumerzählte, daß ich aus Posen käme, was dann? In den Akten war vermerkt, daß ich aus der entgegengesetzten Ecke von Polen stammte. Ich richtete es sofort so ein, daß er in einer auswärtigen Fabrik beschäftigt wurde und damit möglichst weit vom Schuß war.

Inzwischen beschäftigte mich aber immer wieder und immer mehr der Gedanke an Slavek und das Bedürfnis, ihm mein Geheimnis anzuvertrauen. Es war ein großer und gefährlicher Entschluß, aber es mußte sein. Ich nahm mir vor, daß es ein besonderer Tag sein solle, an dem ich es ihm mitteilte, ich zog mir dafür sogar ein neues Kleid an, das ich mir selbst geschneidert hatte. Und als ich ihn dann traf, sah ich das Leuchten in seinen Augen.

»Du bist ja geradezu eine Modepuppe«, sagte er strahlend. »Das müssen wir feiern. Gehen wir in die Rosenstube tanzen!«

»Nein«, sagte ich, »wir wollen spazierengehen.« Und kaum waren wir draußen außerhalb der Stadt in einer kleinen Lichtung, da blieb ich stehen, nahm ihn bei den Schultern und sah ihm in die Augen: »Slavek, ich muß dir etwas sagen. Gerade weil du mich liebst, kann ich es nicht länger verheimlichen.«

»Was ist denn los?« fragte er erstaunt. »Ist etwas passiert?«

»Nein, es ist nichts passiert, ich muß dir nur etwas sagen, Slavek.«

»Du machst ja ein Gesicht, als ob du jemanden umgebracht hättest«, sagte er.

Ich zögerte noch eine Sekunde, dann sagte ich: »Ich – ich bin Jüdin.«

Er schien gar nicht erschüttert. Er schüttelte nur den Kopf und sah mich einen Augenblick lang an. Dann sagte er: »Na und?«

»Aber Slavek ...«

»Wenn schon. Was liegt mir daran, ob du eine Jüdin bist?«

Er sah die Tränen in meinen Augen und legte seine Hände auf meine Schultern. »Jetzt habe ich dich doppelt so lieb. Denn jetzt weiß ich, daß du mich wirklich liebst, Katya.«

»Ich heiße nicht Katya«, flüsterte ich, »mein richtiger Name ist Eva.«

»Eva«, wiederholte er leise, als er so meinen Namen nannte, überflutete mich ein namenloses Gefühl des Glücks. Lange saßen wir auf einem Baumstamm und hielten uns an den Händen, während ich ihm die Geschichte meiner Familie, meiner Erziehung und meiner Flucht erzählte. Er hörte sich alles an und prägte mir ein, daß ich ihn sofort verständigen müsse, falls mir eine Gefahr drohe.

Ich wußte, daß bei den Tschechen eine Art von Untergrundbewegung existierte, daß sie einen kleinen Radioempfänger hatten, mit dem sie ausländische Nachrichten abhörten. Aber wie konnten sie, wie er behauptete, jemandem wie mir im Notfall helfen, einer Jüdin, die sich in Händen der Nazis befand?

»Doch«, beteuerte Slavek, »es gibt Mittel und Wege.« Wir könnten in die Tschechoslowakei fliehen und uns zu seinen Eltern durchschlagen. Vielleicht sollten wir uns gleich auf den Weg machen, ohne noch länger zu warten.

»Nein, nein«, entgegnete ich. Das würde sie nur auf uns aufmerksam machen. Bisher war alles gut gegangen. Je mehr Zeit verging, desto geringer wurde die Gefahr, daß noch etwas schiefging. Und gerade jetzt hatte sich die Kriegslage etwas entspannt. Plötzlich fing er an zu lachen.

Ohne zu wissen, warum, mußte ich einfach mitlachen. Ich war überglücklich.

»Jetzt begreife ich erst, Evinka«, sagte er.

»Was begreifst du?«

»Das Sprichwort, das es bei uns gibt: ›Jüdische Mädel haben die dicksten Schädel‹.«

Ich zog meine Hand weg. Er legte seinen Arm um mich. Wieder mußte ich mitlachen. Das war ein Kompliment. Ich erwies mich also doch noch als eine gute jüdische Tochter.

Die nächsten Tage und Wochen waren unbeschreiblich schön. Wie zärtlich Slavek mit mir umging! Ein bisher ungekanntes Feingefühl zeigte sich in seinem Verhalten, und alle bemerkten es. Eines Abends, als wir zu viert ausgegangen waren, sagte Nina beim Zu-Bett-Gehen zu mir: »Weißt du, Katja, was immer du Slavek auch bisher bedeutet hast, jetzt ist er wirklich in dich verliebt. Er kommt mir vor wie einer, der kurz vor seiner Hochzeit steht.«

Die Zärtlichkeit in ihrer Stimme verriet mir, daß sie dabei an ihren eigenen Mann dachte, von dem sie so selten sprach. Sie hob ihren Blick und sagte mit unbeschwerterem Tonfall: »Er hat sogar mit der Fummelei aufgehört, nicht wahr?« Sie hatte recht. Slavek hatte aufgehört, mich in dieser Hinsicht unter Druck zu setzen. Und ich für meinen Teil kümmerte mich nicht mehr um seine Beziehungen zu anderen Mädchen. Es bedeutete mir plötzlich nichts mehr. Ich hatte meinen Frieden. Für zwei Tage war Slavek nach Wien gefahren, um sich um verschiedene Papiere für die Tschechei zu kümmern. Als er zurückkam, brachte er ein Geschenk für mich mit. Er ließ mich zappeln; was es wohl war? Päckchengröße hatte es offensichtlich nicht. Schließlich griff er in seine Jackentasche und zog ein paar zusammengefaltete Zettel heraus. Es waren Kleiderkarten! Auf ein solches Geschenk konnte nur Slavek kommen! Es entbehrte zwar nicht einer gewissen Komik, doch im Grunde war es genau das Richtige. Er hatte sein ganzes Geld auf dem Schwarzmarkt für diese vier Kleiderkarten ausgegeben, für die man jeweils einen Meter Stoff bekam. Da man Stoffe nur zum Flicken und Ausbessern kaufen durfte, erhielt man von jedem Muster nur einen Meter.

Ich ging in Linz von einem Textilgeschäft zum anderen und erstand in drei Läden je einen Meter desselben eleganten, schwarzen Stoffes. Im vierten tauschte ich meinen letzten

Coupon für eine rote Seidenbordüre ein. Abend für Abend vertieften wir Mädchen uns in Jacquelines Modezeitschriften, bis wir uns schließlich für einen Schnitt entscheiden konnten. Ich nähte so sorgfältig, als sollte es mein Hochzeitskleid werden. Und ich war mit dem Resultat meiner Arbeit rundum zufrieden: das Kleid war umwerfend! Jacqueline versicherte mir, daß in Paris Schwarz stets in Mode war, und eine Spur Rot als Kontrast gut zu meinen Wangen paßte. Mir blieb sogar noch genügend Stoff für einen Hut übrig, der mein neues Kleid perfekt ergänzte.

Ich hatte mich beeilt, noch rechtzeitig für ein besonderes Ereignis mit dem Nähen fertig zu werden: Wir wollten übers Wochenende zu viert Anya besuchen.

Slavek war nicht mehr zu bändigen. Überall verkündete er, seine Katja sei die schönste Frau von Bindermischel, und ich mußte für ihn am Tor wie ein Photomodell posieren, während er Schnappschüsse von mir machte.

Und dann kam der Tag, an dem wir alle zu Anya fuhren. Wir verbrachten einen lustigen, sorglosen Abend mit allen guten Dingen, die das ländliche Leben auch in schweren Zeiten bietet: Braten und Würste, echter Kaffee, Sahne und reichliche Vorräte von Bier und Apfelwein.

Slavek erzählte die neuesten Hitler-Witze und Anekdoten von den Schwierigkeiten, die die Deutschen jetzt überall an der Front und zu Hause hatten. Wir sangen, tanzten und waren glücklich.

Als es spät wurde, wurden Witze über die Betten gemacht. Anya lachte ein klein wenig boshaft und sagte, für sie gäbe es kein Problem. Sie schliefe auf dem Sofa. Und was die zwei großen Betten anginge, so könnten wir wirklich nicht sagen, daß sie zu wenig Platz böten.

Während wir uns auszogen, schickten wir die Männer aus dem Zimmer. Ich wußte immer noch nicht, wie das Ganze arrangiert werden sollte. Bisher war alles so gut gegangen, ich war so glücklich mit Slaveks Liebe, mit der Liebe meiner Freunde, daß es mir vorkam wie eine Hochzeitsfeier. Niemals mehr würde ich es so gut haben wie heute.

Vielleicht hätte alles seinen natürlichen Verlauf genommen, wenn wir Einzelzimmer gehabt hätten.

Anya legte sich hin auf ihr Sofa und wünschte uns vergnügt eine gute Nacht. Jetzt kehrten die Männer zurück, sie hatten ihre Schlafanzüge an. Nina sah mich mit ruhigem Blick an, ein klein wenig Mitgefühl war darin, setzte sich auf das eine Bett und sagte: »Karlus und ich werden hier schlafen. Ist das so richtig, Katarina?«

Ich hatte ein Gefühl der Enttäuschung: Nein, es war durchaus nicht richtig so. Das war kein Anfang. Warum hatte alles nicht anders kommen können? Dabei war ich zum Teil dankbar, daß es so gekommen war, weil ich mich nun für eine richtige Heirat aufbewahren konnte. Denn an eine richtige Heirat in einer beruhigten Welt dachte ich auch jetzt noch. Ich konnte einfach nicht anders.

Und so lagen wir die ganze scheußliche Nacht nebeneinander.

Er flüsterte: »Eva«, ich schloß seine Lippen mit meinen Fingern, er biß mich hinein, ich zog sie weg.

Im Bett nebenan schlief Nina in den Armen von Karlus, und bald hörten wir auch ihn leise schnarchen.

Mit Slavek führte ich einen stillen Kampf. Nein, nein, nicht so, nicht hier. Ich stellte mich schlafend, aber ich spürte sein Wachsein; er sagte bittere Dinge zu mir, er war verärgert, dann wurde er wieder zärtlich; ich begehrte ihn, ich versuchte in seinen Armen zu schlafen, aber ich spürte, wie ihn das quälte, und drehte mich wieder weg. Dann versank ich in einen Halbschlaf und träumte schrecklich. Und dann war ich wieder ganz wach und hörte jedes kleinste Geräusch im Haus, hielt aber meine Augen geschlossen und tat, als ob ich schliefe, weil Slavek mit offenen Augen neben mir lag und eine Zigarette rauchte.

Am nächsten Morgen waren wir beide befangen, kühl und reserviert. Krampfhaft versuchten wir, uns fröhlich und ausgelassen zu geben und den anderen unsere Begeisterung über das gute Frühstück vorzuspielen. Danach machten wir einen Spaziergang durch die Wiesen und Felder, wobei wir uns so gut wie nichts zu sagen hatten. Wir tauschten Banalitäten über das Wetter und die schönen Bäume aus. Am meisten tat es mir für Anya leid, die sich solche Mühe gegeben hatte. Ich hoffte sogar, Slavek würde mit ihr flirten. Doch alle gute Laune war dahin. Wir schoben es auf unsere Müdigkeit. Schließlich ging unser Zug. Ich lud Anya ein, mich möglichst bald in Bindermischel zu besuchen.

Auch im Zug kramten Slavek und ich vergebens nach Worten. Etwas war zwischen uns getreten. Ich fing sogar an, mir im Geiste Entschuldigungen auszudenken und ihm zu erklären, ich wisse, daß ich mich entscheiden müsse, aber aufgrund meiner Erziehung ... doch ich schwieg.

Als wir uns in Bindermischel am Tor verabschiedeten, sagte Slavek, er habe erst in zwei Tagen wieder Zeit, und ich entgegnete, bei mir ging es nicht vor dem Wochenende. Und dabei wurde mir wie früher jeder Tag, an dem ich ihn nicht sah, zur Qual; ich verzehrte mich vor Sehnsucht.

Und eines Tages, als wir uns nach der Arbeit verabredet hatten, und ich auf ihn wartete, kam er einfach nicht. Ich redete mir ein, es wäre klug gewesen, mich ihm nicht hinzugeben, denn mit Liebe hätte das bei ihm ohnehin nichts zu tun gehabt. Und dann ging ich in die Baracke, legte mich ins Bett und weinte. Plötzlich war alles bedeutungslos geworden; nicht erwischt zu werden, zu überleben, bis zum Kriegsende auszuharren – dieser ganze entsetzliche Lebenskampf erschien mir wie eine lächerliche Farce, alles verblaßte vor der einzig bedeutenden Tatsache, daß ich verliebt war und meinen Geliebten nicht hatte halten können.

Als Karlus am nächsten Tag Nina abholte, rief er mir zu, er müsse mir etwas Wichtiges sagen. Ich ging mit ihr zum Tor. Slavek sei für ein paar Tage nach Wien gefahren, erkärte Karlus, und habe ihn gebeten, es mir zu sagen.

Die Tage vergingen, und Slavek kam nicht zurück. Nach einiger Zeit fragte mich ganz nebenbei eine Büroangestellte, ob ich Slavek schon im Krankenhaus besucht habe.

Ich fiel aus allen Wolken. Was, sagte sie, das wisse ich gar nicht? Sie habe einen Freund im Linzer Krankenhaus besucht, und Slavek dort gesehen – ja, mitten hier in Linz. Nein, nein, nichts Ernsthaftes; er habe sich angeblich sein Bein verletzt.

Ich stellte Karlus zur Rede. Ja, sie hatte die Wahrheit gesprochen, gab er zu. Slavek wollte nicht, daß ich mir Sorgen um ihn machte, aber er hatte sich tatsächlich bei einem Sturz das Bein verletzt und lag im örtlichen Krankenhaus.

Ich beschloß, ihn sofort zu besuchen.

Es war zwar kein Besuchstag, doch ich erspähte Slavek durch den Zaun im Hof. Er schien wirklich Probleme mit seinem Bein zu haben. Ich rief ihm, und Slavek kam halb humpelnd an den Zaun.

»Was ist denn passiert? Warum mußte ich mir diese Geschichte über Wien aufbinden lassen?«

Er sah mich mit einem sonderbaren Blick an, etwas verlegen und doch amüsiert. »Tja, ich bin ... gefallen«, sagte er und lachte. »Noch ein paar Tage, und ich bin wieder gesund.«

Plötzlich spürte ich, wie ich errötete. Ich hatte verstanden. Ich erinnerte mich, wie oft er mir erklärt hatte, er sei schließlich nicht aus Holz.

Ich glühte vor Zorn über Slavek, über mich, über die Natur des Menschen und über die Bedingungen, unter denen wir leben mußten. Alles war so widerwärtig. Weshalb wurde selbst die schönste Seite des Lebens so verunstaltet? Ich fühlte mich, als hätte ich meine Hand ungewollt in etwas ekelhaft Schmieriges gesteckt.

Ich sagte ihm, ich hätte verstanden, und daß es mir leid täte. Dann ging ich nach Hause.

Eines Morgens unterbrach mich Clava bei der Arbeit und sagte: »Slavek wartet bei der Brücke auf dich.«

Genau wie früher! Mich trotz allem wieder mitten in der Arbeit holen zu lassen! Dennoch ging ich zu Herrn Seifert, unserem Chef: »Mein Freund ist in Wien gewesen; er war eine Zeitlang krank und ist gerade zurückgekommen. Er würde mich gerne für ein paar Minuten sehen und wartet auf der Brücke.«

Herr Seifert blickte mich an wie jemand, der sich im Umgang mit Frauen auskannte. »Na schön, Katja, geh zu und triff dich mit deinem Freund.«

Mit gespielter Gelassenheit ging ich auf Slavek zu. »Na, wie war's«, fragte ich sarkastisch, »in Wien?«

»Ach, es war gräßlich.« Slavek lachte.

»Und was macht das Bein? Besser?«

»Ja, ich bin völlig kuriert«, erwiderte er. So ging es noch ein paar Minuten hin und her, bis er sich nicht mehr beherrschen konnte und loswetterte: »Katja, du weißt genau, was los war. Du kannst mich doch nicht wegen einer solchen Lappalie verlassen!«

Also versuchten wir es noch einmal. Wir trafen uns; wir gingen spazieren; doch es war nicht mehr wie früher. Eines Abends sagte ich ihm, es sei wohl besser, wenn wir uns nicht mehr träfen. Er schwieg.

Danach verließ ich wochenlang mein Zimmer nur noch, um zur Arbeit zu gehen. Sogar bei den Mahlzeiten wollte ich alleine sein. Ich weigerte mich, mit Nina und Clava auszugehen und schlug alle Verabredungen, die sie für mich arrangierten, ab. Schließlich ließ ich mich eines Abends doch überreden, als die ganze Clique – Karlus, Nina, Clava und Hans, der Tscheche – zusammen ins Centralkino ging. Anschließend, im Café, trafen wir Slavek zusammen mit anderen Leuten an, unter denen auch zwei Mädchen waren. Er kam kurz an unseren Tisch und unterhielt sich eine Zeitlang ziemlich förmlich mit uns. Dann verabschiedete er sich und ging zu seiner eigenen Gruppe zurück. Die beiden Mädchen waren sehr hübsch...

Die Wintermonate verbrachte ich in einer Art von seelischer Lähmung. Aber dann geschah etwas, das mir scharf ins Bewußtsein rief, daß ich mich nicht länger mit den Scherben meiner zerbrochenen Liebe, sondern wieder mit den harten Realitäten meiner Situation zu beschäftigen hatte.

Eines Tages rief mich der Lagerführer Seifert zu sich und eröffnete mir, daß die Gestapo mich zu sprechen wünsche. Und zwar noch am selben Tag um 15 Uhr.

In den zwei Stunden, die mir bis dahin verblieben, rasten tausend Gedanken, Mutmaßungen und Befürchtungen durch meinen Kopf.

Konnte Slavek mich verraten haben, oder hatte er vielleicht in einem unbedachten Augenblick einem anderen Mädchen etwas von mir und meiner Identität erzählt? Nein, nein, das war unmöglich. Konnte die Episode mit dem polnischen Arbeiter, der sich über mein jüdisches »R« gewundert hatte, Folgen gehabt haben? Oder steckte das bösartige weißrussische Ehepaar hinter der Sache?

Ich quälte mich, ohne eine Antwort zu finden. Dann sagte ich mir, daß alle diese Überlegungen nutzlos und gefährlich seien. Ich mußte ruhig und frei von jeder Nervosität bleiben, wenn ich mich bei der Gestapo einstellte. Aber konnte ich das?

Das Gebäude befand sich im Zentrum von Linz und sah nicht düsterer aus als andere Bürohäuser. An der Tür nannte ich meinen Namen und sagte, daß Herr Kroll mich hierher bestellt habe. Nach telefonischer Rückfrage wurde ich zu einem Zimmer im zweiten Stock gewiesen. Es roch nach Fußbodenöl in dem Haus. Ich ging langsam die Treppe hinauf und fühlte, daß meine Beine immer schwerer wurden.

Ich hatte Angst, eine furchtbare, tierische Angst. Ich hätte schreien mögen, fliehen in panischer Furcht. Aber ich ging weiter, Stufe für Stufe.

Auf dem Treppenabsatz blieb ich einen Augenblick stehen. Dann ging ich weiter. Die Dielen knarrten unter meinen Schritten. Ich suchte die Zimmernummer, die man mir gesagt hatte. Eine Tür stand halb offen, und ich sah in diesem Zimmer eine Reihe von Männern stehen. Sie standen bewegungslos und schweigend mit dem Gesicht zur Wand.

Mein Herzschlag stockte, ich fühlte den Puls in meinen Schläfen hämmern, und ich bewegte mich nur wie ein Automat weiter. Mechanisch suchten meine Augen die Zimmernummern ab. Da war es. »Abteilung für Fremdarbeiter« stand an der Tür. Ich klopfte und wartete eine Sekunde, bis jemand »Herein« rief.

Ich öffnete zaghaft die Tür, schloß sie hinter mir und blieb stehen.

Zwei junge Männer saßen hinter ihren Schreibtischen. Es dauerte eine Weile, bis einer von ihnen aufblickte. Diese Sekunden wurden mir zur Ewigkeit.

»Treten Sie näher«, sagte er, und es klang gar nicht unfreundlich. Ich ging die wenigen Schritte bis zu seinem Schreibtisch.

»Setzen Sie sich doch«, lächelte er.

Ich setzte mich und verstand nicht, was hier vorging. Dann begannen die Fragen.

Mein Name sei also Katarina Leszczyszyn? Ja! Ich sei im Registrationsbüro des Durchgangslagers beschäftigt? Ja! Seit wann? Richtig, seit neun Monaten. Und ich wohne in der Personalbaracke? Ja!

»Buchstabieren Sie Ihren Namen doch einmal!« sagte er plötzlich. Ich tat es. Er nickte.

»Sie wohnen mit zwei Frauen in jener Baracke zusammen?«

Ich nickte.

»Clava Kriloff und Nina Ilanova?«

Ich nickte wieder.

»Wenn ich richtig orientiert bin, sind Sie mit Nina eng befreundet?«

»Ja.« Meine Stimme klang gepreßt. Es würgte mich im Hals, und eine schreckliche Sekunde lang verdächtigte ich Nina. War es möglich, daß sie etwas über mich ausgesagt hatte? Wenn ja, wollte ich lieber sterben, als in einer solchen Welt weiterleben.

Aber ich mußte mich wieder auf die Fragen des Gestapomannes konzentrieren. Was wußte ich über Ninas Lebensgeschichte? Wo kam sie her? Was hatte sie früher gemacht? Und plötzlich fiel es mir wie Schuppen von den Augen: Es handelte sich nicht um mich, es handelte sich um Nina.

Was konnten sie bloß mit Nina im Schild führen?

»Wußten Sie, daß sie Jüdin ist?«

Ich starrte ihn mit offenem Mund an. Nina eine Jüdin? Meine Verblüffung war echt, denn diese Vorstellung hielt ich für absurd. Und doppelt absurd erschien mir die Situation, in der ich – eine Jüdin – mich befand.

»Wir haben gute Gründe für unseren Verdacht«, fuhr

Herr Kroll fort, »und wir glauben, daß Sie uns helfen können, den Dingen auf den Grund zu kommen.«

Ich? Ich sollte ihnen helfen? Ich unterdrückte einen Schauder des Ekels. Aber vielleicht hatten sie nur einen vagen Verdacht. Vielleicht hatte sie jemand denunziert. Aber wie konnte jemand auf die Idee kommen, an Nina jüdische Merkmale zu entdecken? Sie hatte goldblondes Haar, blaue Augen, einen zarthellen Teint und eine so ruhige, beherrschte Art, die der allgemeinen Vorstellung von einem Juden kraß widersprach.

Aber das goldene Haar war gefärbt. Ich hatte sie oft beim Färben beobachtet und mir nichts dabei gedacht, denn blondes Haar wird ja leicht stumpf.

Ob ich ihnen nicht helfen wolle, setzte Herr Kroll das Gespräch fort und wies darauf hin, daß ich für eine solche Aufgabe besonders geeignet sei. Wir gingen doch oft zusammen aus, auch mit den jungen Männern, und ich könne sie leicht beobachten, ohne daß sie etwas davon merke.

Mein erster Impuls war, ihnen zu sagen: »Das ist doch barer Unsinn, natürlich ist sie keine Jüdin, da ist doch nichts zu schnüffeln und zu spionieren.« Aber dann würden sie wahrscheinlich jemand anders auf die Fährte setzen.

Sollte sie aber wirklich eine Jüdin sein, dann mußte ich alles tun, um ihr zu helfen, und das hätte ich auch für jeden anderen getan. Falls ein Risiko damit verbunden war, mußte ich es eben auf mich nehmen. Aber wie mir schien, bedeutete gerade dieser Auftrag eine Art Schutz für mich.

»Natürlich habe ich die beste Gelegenheit, sie zu beobachten«, erklärte ich. »Wenn sie wirklich eine Jüdin ist, dann werde ich das schon merken. Bisher ist mir zwar nichts Derartiges aufgefallen, aber ich habe ja auch nicht darauf geachtet. Darf ich wissen, was für Material schon gegen sie vorliegt?«

»Nein«, bedauerte Herr Kroll, »das würde Ihnen auch nicht weiterhelfen.« Aber er freue sich, daß ich seinen Vorschlag annehme, denn das sei eine sehr wichtige Aufgabe, weil alle Juden Kommunisten seien.

»Ich weiß«, sagte ich.

Also erledigt, meinte Herr Kroll und klappte den Aktendeckel zu. Ich solle ihm einen wöchentlichen Bericht mit genauen Einzelheiten meiner Beobachtungen zustellen.

Ich sagte »Heil Hitler!« und ging.

Ich ging zu Fuß ins Lager zurück. Ich wollte den Augenblick hinausschieben, in dem ich Nina gegenüberstehen würde, und überlegte mir, ob ich ihr das Vorgefallene anvertrauen solle, ob es besser sei, zuerst mit ihrem Freund Karlus zu sprechen, oder ob ich das Ganze für mich behalten solle.

Offensichtlich hatte die Gestapo nur einen unbestimmten Verdacht. Hätten sie echte Beweise in der Hand, dann würden sie mich nicht als Spürhund angesetzt haben. Und woher sollten sie jetzt noch Beweise bekommen? Karlus hatte uns gerade erst die letzten Nachrichten zugeflüstert: Der Krieg in Rußland begann sich zu wenden, die Deutschen hatten sich bei Stalingrad festgefahren. Die Russen gingen zum Gegenangriff über, um den Feind aus dem Land zu treiben. Ninas Heimatort war schon befreit und zurückerobert. Das bedeutete, daß die Gestapo dort nicht mehr nachforschen konnte.

Nina war zu Hause, in unserem Zimmer, als ich ankam. Schon von weitem hörte ich sie mit Clava russisch plappern. Als ich eintrat, wurde ich in das Gespräch einbezogen. Clava war wieder einmal in der Klemme, sie war einen ganzen Monat »über ihre Zeit« und wollte sich in die Hände einer mehr geschäftstüchtigen als verantwortungsvollen »weisen Frau« begeben. Nina schimpfte, sie würde Gesundheit und Leben riskieren, und ich tat ein Gleiches, geradeso als ob ich eine lebenserfahrene Frau sei.

Wenn ich Nina so ansah, schien mir, daß sie wie eine typische Russin aussah, ohne alle Züge meiner Rasse. Seltsamerweise erleichterte mich das.

Niemand schien etwas davon zu wissen, daß ich zur Gestapo gerufen worden war. Herr Seifert war diskret gewesen.

Eine Woche lang rührte ich mich nicht, und dann verfaßte ich einen langen, sehr ausführlichen Bericht.

Ich gehe mit großer Vorsicht zuwege, schrieb ich, um bei der betreffenden Person keinen Verdacht zu erregen. Ich halte sie jedoch unter ständiger Beobachtung und berühre bei unseren Unterhaltungen Themen, die sie dazu verleiten könnten, sich zu verraten. Bis jetzt liege jedoch noch kein Beweis vor. Wenn sie wirklich Jüdin sei, dann stelle sie sich sehr raffiniert an. Ich werde jedenfalls meine Bemühungen fortsetzen.

Ich wurde noch einmal in das Gestapobüro bestellt. Kroll ging mit mir Zeile für Zeile meines Berichtes durch.

Ein Umstand machte mir Mut: die Gestapo schien sich davor zu hüten, eine falsche Anschuldigung zu erheben. Sie wollten es unter allen Umständen vermeiden, einen Arier als Juden zu bezeichnen.

»Was ist nun Ihr Eindruck?« fragte mich Kroll.

Ich war sehr versucht zu sagen: »Ich bin ganz sicher, daß sie keine Jüdin ist.« Andererseits wollte ich, daß sie eine solche Erklärung von mir als eine endgültige und unumstößliche Tatsache ansehen sollten, so daß sie von weiteren Nachforschungen absehen würden.

Darum sagte ich, daß ich noch mehr Zeit brauche. Sie sagten mir, ich solle meine Beobachtungen fortsetzen und ihnen schlüssige Beweise nach der einen oder anderen Seite hin bringen. Ich überlegte mir, womit ich sie noch weiter hinhalten konnte, und kam zu dem Schluß, daß mir nur ein

Weg offenblieb: ich mußte Nina die Wahrheit sagen. Gleichzeitig aber setzte sich in mir die fixe Idee fest, daß ich ihr vorher die Wahrheit über mich selber anvertrauen müsse.

Hätte ich ihr nicht einfach sagen können: »Nina, die Gestapo verdächtigt dich, eine Jüdin zu sein?«

Ich könnte ihr diese Warnung zukommen lassen, ohne mein eigenes Geheimnis zu lüften und ohne sie damit zu belasten. Aber mir schien, genau wie seinerzeit bei Slavek, daß ich mich nicht verstellen durfte, sondern einer mir so vertrauten Person die Wahrheit offenbaren mußte. Ich wollte mit ihr ganz allein sprechen. Auch Clava durfte nicht dabeisein. Ich wählte einen Sonntagvormittag, den wir eigentlich auf einer Landpartie verbringen wollten. Während Clava das Frühstück aus der Kantine holte, sagte ich zu Nina: »Ich muß etwas Dringendes mit dir besprechen. Laß uns beide hierbleiben.«

»Gern, Katinka«, sagte sie. Sicher glaubte sie, daß ich wegen meiner unglücklichen Liebschaft mit ihr reden wollte.

Clava brachte das Frühstück und sagte: »Los, los, anziehen, wir wollen doch raus ins Grüne.«

Wir sagten, wir seien zu müde und wollten uns lieber noch ausschlafen. Sie zuckte die Achseln und ließ uns allein.

In unseren Nachthemden saßen wir auf den Betten. »Also schieß los, Katinka«, sagte Nina. »Hast du Kummer?«

»Nein, Nina«, sagte ich, »ich muß etwas sehr Wichtiges mit dir besprechen, aber es muß unter uns bleiben, was auch immer geschieht. Auch dann, wenn wir uns zanken sollten.«

Sie lachte, denn wir hatten uns schon oft genug wegen irgendwelcher häuslicher Kleinigkeiten gezankt. »Also, was ist es, Katja?«

Und wie seinerzeit bei Slavek sagte ich ganz unvermittelt und ohne lange Vorrede: »Nina, ich bin eine Jüdin.«

Sie lachte, aber jetzt in einem merkwürdigen Tonfall.

Ziemlich laut, wie über einen nicht besonders geschmackvollen Scherz. »Dafür sind wir zu Hause geblieben – für solch einen albernen Witz?«

»Nina, es ist die Wahrheit. Über so etwas scherzt man nicht.«

Sie sah mir in die Augen, ich sah ihr goldenes Haar, ihre hellblauen Augen, ihre weichen, regelmäßigen Züge dicht vor mir, dann warf sie den Kopf zurück und lachte wieder laut auf.

»Glaub mir doch, Nina«, flehte ich sie an, »glaub mir doch, denn es geht um Leben und Tod.«

Ich erzählte ihr meine ganze Lebensgeschichte.

Sie lachte nicht mehr, aber sie hatte jetzt einen anderen Ausdruck. »Ich soll also glauben, daß du eine Jüdin bist. Kannst du jiddisch sprechen?«

»Natürlich«, sagte ich. Aber im selben Augenblick erschrak ich, denn ich hatte nie wirklich fließend jiddisch gesprochen. Außerdem hatte ich in den letzten zwei Jahren versucht, jedes Wort, jede Betonung abzulegen und zu vergessen.

Nina legte ihre Hand auf den Tisch. »Wie heißt das?«

»*Tish*«, sagte ich.

»Das ist doch deutsch.«

»Es heißt genauso im Jiddischen. Jiddisch ist dem Deutschen sehr verwandt«, sagte ich, »das mußt du doch wissen. Du bist doch Philologin. Hast du denn niemals Jiddisch in Rußland sprechen hören?«

Daraufhin änderte sie ihre Taktik. »Wenn du wirklich bist, was du sagst, dann mußt du dich in jüdischen Religionsdingen auskennen?«

»Gewiß«, sagte ich, »obgleich ich niemals eine strenggläubige Jüdin gewesen bin.« Ich wußte jedoch über die hohen Feiertage Bescheid und beschrieb sie.

Ich merkte, wie der Ausdruck in ihren Augen sich veränderte. »Am Sederabend versammelt sich die ganze Familie um einen Tisch«, fuhr ich fort, »die Großeltern, die Vettern, alle. Während der Zeremonie tritt das jüngste Kind vor und stellt die vier vorgeschriebenen Fragen. Mein kleiner Bruder Yaacov tat das oft. ›Warum ist diese Nacht verschieden von allen anderen Nächten ...?‹«

Ich konnte nicht fortfahren. Tränen erstickten meine Stimme. Und gleichzeitig schluchzte Nina auf und drückte mich an sich. »Ich auch«, flüsterte sie, »ich auch, Katja, ich auch.«

Und dann erzählte auch sie mir ihre Geschichte.

Sie war sich in früheren Zeiten selbst kaum bewußt gewesen, Jüdin zu sein, denn unter den Sowjets wurden religiöse Bräuche kaum eingehalten, und die alten Traditionen verschwanden immer mehr. Die Eltern hatten immer nur russisch gesprochen und jiddisch höchstens dann, wenn die Kinder das Gespräch nicht verstehen sollten. Sie hatte einen Russen geheiratet, einen Nichtjuden, und der Ehe entsprang ein kleines Mädchen namens Svetlana. Ihr Mann fiel im Krieg, und sie kehrte mit dem Kind ins Elternhaus zurück. Aber als die Deutschen durch die Ukraine marschierten und alle Juden liquidierten, nahm sie Svetlana und flüchtete in eine andere Stadt. Mit ihrem Trauschein, ihrem arischen Namen und ihrem goldblonden Kind hoffte sie unentdeckt zu bleiben.

Aber ein Bekannter ihrer Familie, der sich zu einem bösartigen Antisemiten gewandelt hatte, erkannte sie eines Tages auf der Straße, und aus Angst vor der Denunziation floh sie weiter, in eine andere Gegend. Das Baby war von zarter Gesundheit gewesen. Der Mangel an richtiger Pflege und Nahrung und die Anstrengungen mehrfacher Flucht hatten das Kind erschöpft und an Lungenentzündung erkranken lassen. Es starb im Alter von vier Jahren.

Aus dem Koffer unter ihrem Bett holte Nina eine Handvoll goldener Locken, ein paar Puppen und Spielzeug, die letzte Erinnerung an die kleine Svetlana. Weinend sank sie mir in die Arme.

Und nun berichtete ich Nina von meiner Vorladung zur Gestapo und was sich dort ereignet hatte. Sie konnte sich nicht erklären, wie der Verdacht gegen sie aufgekommen war. Aber eins war gewiß: Es gab hier niemanden, der ihre Lebensgeschichte kannte. Wir setzten uns hin und arbeiteten gemeinsam einen neuen Bericht aus, in dem ich Einzelheiten ihrer Kindheit und Erziehung niederschrieb, und zwar solche Angaben, die die Gestapo davon überzeugen würden, daß sie keine Jüdin sei. Wir verwandten dabei alle persönlichen Daten, die sich auf die Familie ihres Mannes bezogen.

Und dann überlegten wir uns jede Situation, die sich für eine von uns eines Tages ergeben könnte. Was wäre etwa, wenn die Deutschen mich eines Tages verdächtigten? »Falls sie mich je verhaften sollten«, sagte ich, »dann werden sie ganz gewiß meine Berichte über dich wieder hervorholen und behaupten, daß alles erfunden und erlogen sei. Aber, Nina, selbst wenn sie dir ein schriftliches Geständnis zeigen und behaupten, ich hätte es geschrieben, glaube ihnen nicht!«

An jenem Sonntag, nachdem wir uns ausgeweint und unsere Lebensschicksale sozusagen verschmolzen hatten, überfiel uns ein wunderbares Gefühl des Glücks und des Friedens.

Ich setzte meine Berichte an die Gestapo fort. Jedesmal ging ich einen Schritt weiter. Zunächst sagte ich noch: »Obgleich ich gewiß zu sein glaube, daß sie keine Jüdin ist, so kann ich es doch vorläufig noch nicht mit hundertprozentiger Sicherheit behaupten.« Und schließlich schrieb ich dann, daß ich meiner Sache sicher sei. »Wir sind geradezu Busenfreundinnen geworden, und sie hat mir ihre ganze Lebensgeschichte bis ins kleinste hinein anvertraut. Ich bin jetzt absolut gewiß, daß an der gegen sie erhobenen Beschuldigung kein wahres Wort ist.«

Wir warteten in angstvoller Spannung. Aber ich wurde nicht wieder vorgeladen, um über Nina zu berichten, noch wurde sie jemals zur Gestapo bestellt. Offensichtlich hatten sie meinen Bericht akzeptiert und den Fall zu den Akten gelegt.

Unser Kreis schloß sich jetzt noch dichter zusammen. Nina wußte nun, daß auch Anya Jüdin war, und Karlus wußte über uns alle Bescheid. Clava zogen wir nicht ins Vertrauen.

Noch aufgeregter, noch gespannter als zuvor verfolgten wir jetzt die Kriegsereignisse und die kleinen Landkarten der Kriegsschauplätze, die Karlus auf Zigarettenpapier zeichnete, um sie sofort nachher zu verbrennen.

Auch sonst schien die Wendung der Dinge anzuhalten. Die Alliierten besiegten Rommel in Nordafrika. Die Russen waren wieder auf dem Vormarsch. Ob sie auch Hrebenko besetzen würden?

Aber in diesem Sommer stand mir eine unangenehme Überraschung bevor. Der Personalchef der Hermann-Göring-Werke setzte sich in den Kopf, daß er mich in seinem Büro brauche. Ich hatte schon häufig dort zu tun gehabt wegen verschiedener Fremdarbeiter und ihrer Familienverhältnisse, Urlaubsgesuche, Stellungswechsel und so weiter. Und manchmal war ich auch schon von Herrn Lautermann direkt beauftragt worden, schnell einen gelernten Schweißer oder einen sonstigen Spezialarbeiter aufzutreiben. Er hatte sich anscheinend im Lauf der Zeit überzeugt, daß ich eine tüchtige Bürokraft sei, an allem interessiert und immer gut gelaunt – also das Muster einer Sekretärin. Ich hatte mir einfach zuviel Mühe gegeben. Herr Lautermann erklärte, daß ich für die Hermann-Göring-Werke wichtiger sei als für das Durchgangslager, und da er mehr Einfluß hatte als Herr Seifert, veranlaßte er ohne weiteres meine Versetzung. Das schlimmste war dabei, daß ich von Nina und Clava getrennt wurde, denn von nun an mußte ich auf dem Fabrikgelände wohnen.

Eine Ablehnung meinerseits war ausgeschlossen. Ich sollte auf dem Gelände ein Einzelzimmer bekommen, sobald eines frei wurde. In der Zwischenzeit brachte man mich im allgemeinen Schlafsaal mit vierzig anderen Frauen unter.

Sowohl im Schlafsaal als auch im Büro spürte ich sofort eine gewisse Veränderung der Atmosphäre. Sie war animalischer und hektischer und mit einer fühlbaren Spannung unterdrückter Sexualität geladen. Es schien, als ob all diese Männer und Frauen, die kein normales Leben führten, in eindeutigen Redensarten ihre Triebe abreagieren wollten.

Auf der Bettstelle neben mir hauste ein pummeliges polnisches Mädchen, das vom ersten Augenblick an über nichts anderes redete als über das Liebesleben der anderen Zimmergenossinnen und die mich, kaum daß wir uns kennengelernt hatten, unverblümt fragte, »mit wem ich ginge«. Ob ich schon einmal mit einem Deutschen befreundet gewesen sei? Das sei hier gang und gäbe, und ich brauche da gar keine Angst zu haben. Außerdem lasse sich sehr viel mehr aus einem Deutschen herausholen als aus einem armen Fremdarbeiter. Sie erzählte mir, daß ihr deutscher Liebhaber einer der Lagerwachen sei und hier aus Linz stamme. Er habe sie einmal mit zu seinen Eltern genommen, die sie abscheulich behandelt hätten. Außerdem sei sie im dritten Monat schwanger und wisse nicht, was sie tun solle, denn wenn die Geschichte herauskomme, dann würde nicht nur sie, sondern auch er verhaftet werden.

Ich mußte unter allen Umständen so schnell wie möglich aus diesem Schlafsaal weg und erinnerte meinen Chef täglich an sein Versprechen, mir ein Einzelzimmer zu besorgen. Aber vorläufig rührte sich noch nichts.

Im Personalbüro arbeiteten sieben oder acht Angestellte. Während der ersten Tage registrierte ich mit höchster Nervenanspannung jedes Wort, jeden Blick, denn eine neue Arbeitsstelle brachte neue Gefahren mit sich, und neue Kollegen konnten sich als neue Feinde erweisen.

Außer dem Chef gab es nur noch zwei Männer. Der eine war ein Slowene namens Brata, dessen übertriebene Höflichkeit mich mißtrauisch machte.

Der zweite war ein Deutscher und wurde für mich auf ganz andere Weise zu einem Problem. Er war nämlich ein unverbesserlicher, fast krankhafter Schürzenjäger. Er machte sich nichts daraus, ein Mädchen vor allen anderen im Büro zu umarmen und zu küssen. Als Kommentar pflegte er dazu zu sagen: »Für einen Mann meiner Art ist das nur natürlich. Ich halte es sogar für meine Pflicht.«

Vom ersten Tag an war er hinter mir her. Er scherzte: »Ich muß meiner Frau von Ihnen erzählen. Dann ist sie nicht mehr mißtrauisch, dann weiß sie Bescheid.«

Mir war diese Mentalität fremd und widerlich, aber was sollte ich machen?

Er konnte mit keinem Mädchen sprechen, ohne seinen Arm um ihre Taille zu legen. Dagegen konnte man schwerlich protestieren, aber nach ein paar Tagen fing er an, mich ernstlich zu belästigen. Er pflegte sich auf die Lehne meines Stuhls zu setzen und mich zu küssen. Ich stieß ihn mit aller Kraft von mir, obgleich ich dabei eine belustigte Miene bewahren mußte. Max, so hieß das Ekel, machte schon Andeutungen, daß er mich besuchen würde, sobald ich mein eigenes Zimmer hätte.

Der Chef, Herr Lautermann, war ein arroganter, bürokratischer Nazi, der von uns peinliche Pflichterfüllung verlangte. Wenn auf einer Schreibmaschinenseite ein einziger Buchstabe verbessert war, mußte die Seite neu getippt werden – und das geschah manchmal mehrere Male – bis er sie akzeptierte. Auf diese Marotten stellte ich mich eben ein und legte ihm keinen Brief vor, der nicht voll und ganz seinen Wünschen entsprach. Dann pflegte er zu strahlen: »Fabelhaft, diese Katja.«

Am zweiten Tag meiner Tätigkeit in den Hermann-Göring-Werken rief mich Slavek an und fragte mich, ob ich mit ihm mittagessen wolle. Ich hatte ihn seit einem halben Jahr nicht mehr gesehen. »Warum nicht?« erwiderte ich. »Aber wenn du mit mir mittagessen willst, mußt du hierher kommen.«

Auf dem riesigen Fabrikgelände gab es mehrere Kantinen für die Beschäftigten. Slavek entgegnete, in seiner Abteilung hielte man sich strikt an die Arbeitszeiten, und bis er bei mir auf der anderen Seite der Fabrik ankäme, wäre seine Mittagspause vorbei. In Abteilungen wie meiner hingegen, behauptete er, sei man da nachsichtiger – gegenüber Mädchen ohnehin.

Ich sagte nein; ich sei erst seit kurzem da und wollte mir keine unerlaubten Freiheiten herausnehmen. »Komm du zu mir.«

»Ein andermal vielleicht«, sagte er und legte auf.

Ich hatte große Sehnsucht, ihn wiederzusehen, und doch konnte ich mich nicht überwinden, ihm nachzugeben. Vielleicht wollte ich insgeheim immer noch, alles müsse so ablaufen wie zu Hause. Wenn dort einem Mädchen von einem Heißsporn der Hof gemacht wurde, und sie entschlossen war, ihn zu bändigen, gab sie sich einfach stolz und abweisend. Slavek aber fehlte mir über alle Maßen. Mein Gesicht war schmal und spitz geworden, und ich nahm am Leben um mich keinen Anteil mehr. Seitdem ich mit Slavek Schluß gemacht hatte, hatten Clava und Nina immer wieder Verabredungen für mich eingefädelt, und ab und zu war ich auch mit ihnen ausgegangen. Doch von den Männern hatte mich nie einer interessiert, und in letzter Zeit hatte ich alle Einladungen abgelehnt.

Slavek rief noch einmal an. Und wieder konnten wir uns nicht über die Kantine einigen. Verärgert sagte er schließlich: »Ich kann nicht zu dir kommen, und damit basta!«

Ich dachte an früher, als es ihm sogar gelungen war, vormittags zu mir zu kommen, und erwiderte: »Wenn dir wirklich etwas daran liegt, mit mir mittagzuessen, schaffst du es auch, hierher zu kommen.«

Dann legte ich auf. Mit diesem albernen Gezänk endete unsere Beziehung.

An meinen einsamen Abenden kehrte ich des öfteren nach

Bindermischel zurück, und Nina versuchte mich dann mit einem russischen Liebeslied zu trösten.

> Weine nicht, weine nicht, kleine Katushinka,
> Weine nicht, weine nicht, allerliebstes Kind.
> Wie oft wird es im Leben ganz unerwartet Winter,
> Doch eines bleibt gewiß: der Frühling kommt bestimmt.
> Dann drehn wir uns im Tanze durch die Straßen wie der Wind,
> Drum denk' dran, Katushinka, der Frühling kommt bestimmt!

Im Büro machte ich gute Fortschritte, und zwar in solchem Maß, daß selbst meine panische Angst vor der Gestapo geringer wurde. Es geschah jetzt sogar von Zeit zu Zeit, daß ich für irgendwelche Dolmetscherdienste dorthin bestellt wurde.

Ich war jetzt in der Lage, das Gebäude ohne Panik im Herzen zu betreten. Die Pförtner kannten mich, und ich konnte ohne weiteres zur Fremdarbeiterabteilung hinaufgehen und in das Büro des Chefs, Herrn Müller, eintreten. Er war ein Mann in den mittleren Fünfzigern, von adrettem Aussehen, mit dem Gebaren eines gutsituierten Geschäftsmannes. Er hatte nichts Furchterregendes an sich. Wenn ich eintraf, pflegte er sich immer genüßlich in seinen Sessel zurückzulehnen und zu sagen: »Also, Katja, nun erzählen Sie mal, was der Kerl da will.«

Dann überreichte er mir einen Brief, den der Zensor zurückgehalten hatte. Meist handelte es sich um Nahrung, um die Kinder, um Probleme des täglichen Lebens. Oft befanden sich in diesen Briefen eines Ehemannes an seine Frau Mitteilungen persönlichster und intimster Art, die ich mich zu übersetzen scheute. Er merkte es aber dann und sagte: »Aha, Katja. Sie erröten ja. Nun übersetzen Sie aber mal ganz genau.«

Manchmal gab es versteckte Andeutungen über die Luftangriffe. »Am Himmel sind jetzt häufig viele Wolken, und wir hatten kürzlich mehrfach Hagelstürme. In der letzten Woche zum Beispiel hagelte es fast in unsere Baracke hinein.« Solche Stellen übersprang ich, und zwar ohne zu erröten.

Aber eines Tages kam mir zum Bewußtsein, daß ich meine Zuversicht nicht übertreiben durfte. Immer war ich von Gefahren umgeben.

Eines Nachmittags spazierte ich mit zwei anderen Mädchen vom Büro im Fabrikgelände umher. Hinter uns war eine Gruppe von Jungen, die Bemerkungen über uns machten und zu flirten versuchten. Es war eine rüde Gesellschaft, in der Hauptsache Polen, und wir spazierten weiter, ohne sie zu beachten. Plötzlich begann einer von ihnen mir nachzurufen: »Katja ist eine Jüdin!«

Ich hörte nicht darauf und ging weiter, schwätzte und lachte.

Aber im nächsten Moment fing er wieder an: »Katja ist eine Jüdin, schaut sie nur an, jeder muß es sehen, bestimmt ist sie eine Jüdin!«

Diesmal wandte ich mich ihm zu. »Wenn du mit diesen Beschimpfungen nicht aufhörst, beklage ich mich bei der Gestapo!« Mit offenem Mund blieb er stehen, seine kleinen Augen glitzerten tückisch.

»Woher soll ich wissen, daß du keine bist? Mit so schwarzem Haar, wie du es hast, siehst du genau aus wie die jüdischen Mädchen in unserer Stadt.«

»Idiot!« Ich ging weiter.

In den nächsten Tagen hörte ich Gerüchte. Der Kerl verbreitete im ganzen Lager, ich sei Jüdin. Ich war überzeugt, daß es nur eine Vermutung von ihm war, denn er kam aus einer ganz anderen Gegend als ich. Aber ich durfte das Geschwätz nicht weitergehen lassen. Ich mußte sofort etwas tun.

Am nächsten Tag hatte ich einige Akten zur Gestapo zu bringen. Herr Müller begrüßte mich, lächelnd wie immer. »Willkommen Katja, du bringst frische Luft mit herein.«

Als ich ihm meine Mappen übergab, sagte ich: »Herr Müller, darf ich Sie etwas Persönliches fragen?«

»Natürlich.« Er war ganz zu meinen Diensten. Und so erzählte ich ihm, daß ein polnischer Lümmel mich ärgere, indem er »Judenmädel« hinter mir herrief. Das sei beleidigend und entsetzlich unangenehm. Ich bat, ihn ins Büro zu rufen und zu bestrafen.

Wenige Tage später hörte ich, daß der Junge tatsächlich zur Gestapo gerufen und ermahnt wurde, seine Beleidigungen zu unterlassen. Danach sah ich ihn nicht mehr.

Für einige Zeit hatte ich mich in Sicherheit gewähnt, hatte überhaupt nichts über Juden gehört. Aber jetzt, nach diesem gefährlichen Ereignis, war die ganze Sache wieder brennend geworden. Und bald folgte ein zweiter Zwischenfall.

Ein ukrainischer Arbeiter begegnete mir oft, wie zufällig. Nur mehrten sich diese Zwischenfälle von Tag zu Tag. Er war ein außergewöhnlich großer Mensch mit einem eigenartigen Lächeln.

Ich war mir sicher, daß ich ihn schon irgendwo außerhalb der Fabrik gesehen hatte. Vielleicht im Kino? Oder in einem Café? Und dann fiel es mir ein: Wir waren uns in den Gängen des Gestapohauses mehrmals begegnet. Bald wiederholten sich unsere »zufälligen Begegnungen« täglich, manchmal sogar öfter am Tag. Er blieb stehen und schwätzte ein bißchen mit mir, aber es war alles durchaus normal – ein junger Mann, der versuchte, mit einem Mädchen anzubändeln. Vielleicht war ich überängstlich – vielleicht war es wirklich nichts anderes. Ich gab mir alle Mühe, nett mit ihm zu sein, ihn nicht zu meiden, ja sogar dort aufzutauchen, wo er hoffen konnte, mich zu treffen. Aber mir war nicht wohl zumute, als unser kleiner Flirt immer länger dauerte, denn ein Ukrainer würde die kleinsten Unregelmäßigkeiten im Gebrauch seiner Sprache bemerken.

Er hatte mich wiederholt in sein Zimmer eingeladen, schließlich gab ich lächelnd nach. »Gut, wenn ich eine Freundin mitbringen kann?«

Wenn das sein müsse, sagte er, werde er einen seiner Freunde für sie einladen. Und welche ich denn mitbringen wolle? Die Blonde?

Es war klar, er wußte genau Bescheid über mein Leben und kannte sogar die Mädchen, mit denen ich befreundet war.

»Nein«, antwortete ich, »die Kleine kommt mit.«

Er lächelte sein seltsames Lächeln.

Ich bat Clava mitzugehen und sagte ihr, es handle sich um eine Verabredung mit einem jungen Mann, aus dem ich mir nicht allzuviel machte, den ich aber nicht einfach abschieben könne.

Er hatte ein Zimmer in einer der Baracken, und ein zweiter Ukrainer war bei ihm.

Als wir eintraten, waren wir überwältigt. Ein großer Tisch war mit wohlgefüllten Platten und ungeöffneten Flaschen beladen. Es war alles da: Wodka, Kirschwasser, Wein, Kognak, gebratene Gans – es war ein Festmahl, wie es selbst meine liebe Dienstherrschaft, die Eberhardts, niemals hätten auftreiben können. Ein solches Fest würde einem gewöhnlichen Arbeiter einen Jahreslohn auf dem schwarzen Markt kosten. Es gab nur eine einzige Stelle, der das alles zur Verfügung stand und die das arrangiert haben mußte: die

Gestapo. In meinem Gehirn läutete es Alarm. Blitzschnell ging ich die Ereignisse der letzten Tage durch. Ich fand nichts. Sollte der junge Pole etwas gewußt haben? Sollte er bei der Gestapo ...? Nein! Er konnte nichts wissen ... Sollte Nina ...?

Fast schämte ich mich meiner Gedanken.

Ich mußte mich zusammenreißen. Ich gab mich äußerst vergnügt, trank sofort zwei Wodka und tat, als ob ich bereits beschwipst sei. Ich sang, ich schwatzte ...

Die beiden Männer schienen mich für sehr dumm zu halten. Sie begannen sofort, scheinbar nebensächliche Fragen über meine Heimat, meine Schulzeit, meine Herkunft zu stellen. Ich antwortete, als wenn ich ein bißchen angeheitert sei, achtete daber darauf, keine Frage zu umgehen und mir nirgends zu wiedersprechen. Für die Trunkenheit hatte ich ein gutes Beispiel: Clava war nach kurzer Zeit richtig beschwipst, und da sie keine Ahnung hatte, was vorging, benahm sie sich sehr natürlich.

Nach einer Weile änderte mein Gastgeber seine Taktik. Er schien einzusehen, daß er so nicht weiterkam.

»Du trinkst ja gar nichts, Katja«, sagte er und lächelte. Dieses hämische Lächeln steigerte meine Angst ins Ungeheure.

»Mir wird schlecht davon«, sagte ich und merkte, daß meine Hände zitterten.

»Nur von dem bißchen Schnaps?« fragte er zweideutig.

Bevor ich antworten konnte, lachte Clava gurrend auf.

»Du bist ja ein ganz Schlimmer«, sagte sie zu dem anderen Mann, der sich dicht neben sie gesetzt hatte und ihr ins Ohr flüsterte.

Mein Gastgeber warf einen eigenartigen Blick zu den beiden hinüber, dann wandte er sich mir zu, und das gefährliche Lächeln erschien wieder auf seinem Gesicht.

»Nur von dem bißchen Schnaps?« wiederholte er.

»Ich bin nicht daran gewöhnt«, sagte ich und lallte ein bißchen.

»Sonst bist du aber an ganz andere Dinge gewöhnt«, sprach er weiter, und sein Lächeln wurde flacher, unbarmherziger.

»Wenn es sein muß, trinke ich noch einen«, sagte ich. »Aber Sie sind an allem schuld, was ich dann sage und tue.« Ich lachte schrill auf.

Er goß mir einen Kognak ein und prostete mir zu. Ich verschüttete dabei ein bißchen von dem Getränk und stellte mich betrunken. Er schien es mir zu glauben und versuchte es auf andere Weise.

»Du bist ein nettes Mädchen, Katarina«, sagte er. »Du hast so schöne Augen.« Er rückte ganz dicht an mich heran, legte seinen Arm um mich und versuchte mich zu küssen. Ich wehrte mich, aber ich durfte auch nicht übertreiben.

Der Freund unseres Gastgebers beklagte sich über Clava: »Mit ihr ist nichts anzufangen, sie ist völlig betrunken.«

Ich benutzte die Gelegenheit, tat ein bißchen ernüchtert und sagte: »Dann müssen wir gehen, das kann ich nicht verantworten.«

Ärgerlich widersprach mein Gastgeber. Wollten wir denn nicht bei ihnen bleiben?

»Clava ist betrunken«, sagte ich, »und ich habe ihr vorher versprochen, dafür zu sorgen, daß sie sicher heimkommt.« Was mich betraf, verschanzte ich mich hinter einer anderen Ausrede. Ich sagte, ich sei verliebt, und mein Freund sei sehr eifersüchtig. So verabschiedeten wir uns. Die Männer hatten den etwas erregten und doch bezähmten Blick wie immer nach einem abgeschlagenen Angriff.

So schien es wiederum, als ob ich durchgekommen sei, und endlich bekam ich auch mein eigenes Zimmer. Herr

Lautermann hielt sein Versprechen und verschaffte mir einen Raum weit weg vom allgemeinen Schlafsaal. Es war ein Zimmer, das ich abschließen konnte und in dem ich nicht gezwungen war, immer das lustige, vergnügte ukrainische Mädel Katja zu spielen.

Mein Zimmer war klein, aber es war ein Ofen darin, ein richtiges Bett, ein Tisch und ein Toilettentisch. Für mich bedeutete es den Gipfel des Reichtums. Ich hatte ein Zuhause! Selbst die eindeutigen Vorschläge von Max störten mich nicht, jetzt, wo ich mein eigenes Heim hatte. Ich lachte nur, wenn er etwas von mir wollte, und brachte es fertig, ihn loszuwerden, indem ich ihn erinnerte, daß hier überall Fenster seien und daß es ihm, einem Deutschen, übel ergehen würde, wenn man ihn mit einer Ausländerin erwische.

Die nächsten Tage schwelgte ich. Ich dachte an nichts anderes, als mein Heim hübsch zu gestalten.

Wenn ich morgens zur Arbeit ging, mußte ich durch das ganze Werksgelände gehen. Dabei entdeckte ich etwas, was ich vorher nicht bemerkt hatte. Eine seltsame Gruppe von Gefangenen arbeitete unablässig an den Wegen herum. Ihre Köpfe waren kahlgeschoren. Sie trugen eine gestreifte, pyjamaartige Kleidung und wurden von einem SS-Mann bewacht.

Ich wußte nicht, was für Menschen das waren. Ich spürte nur, es waren keine gewöhnlichen Gefangenen, und vom ersten Moment an fühlte ich mich zu ihnen hingezogen.

Es war jetzt spät im Herbst. Der Sommer 1943 war vergangen. Die zweite Front war noch nicht gekommen, und die alliierten Angriffe in Italien schienen von den Deutschen aufgehalten worden zu sein. Es sah so aus, als ob das Leben, wie wir es führten, endlos weitergehen würde. Es gab Tage mit kaltem Regen, Hagel, Schmutz und scharfen Winden. Ich war gut angezogen. Wenn ich morgens zur Arbeit ging, trug ich die eleganten Stiefel, die Herr Eberhardt mir besorgt hatte, einen imitierten schwarzen Pelzmantel und einen schwarzen Hut, den ich mir selbst angefertigt hatte. Aber jedesmal, wenn ich an den Gefangenen in ihren groben Baumwollpyjamas vorbeikam, schämte ich mich.

Ich begrüßte sie jeden Morgen. Sie antworteten im Chor und mit solcher Freude, daß ich wußte, mein Gruß war das einzige menschliche Wort, das sie den ganzen Tag über hörten. Manchmal warf ich ihnen Zigaretten zu oder blieb stehen, um ein harmloses Wort mit ihnen zu wechseln. Aber eines Tages kam der SS-Mann zu mir. »Es ist verboten, mit ihnen zu sprechen«, sagte er. Und seitdem wagten sie nicht einmal mehr, guten Morgen zu wünschen.

Eines Tages, als der SS-Mann in lebhafter Unterhaltung etwas abseits stand, gelang es einem der Gefangenen, mir zuzuflüstern: »Sie können sich nicht vorstellen, was Sie für uns bedeuten. Jeden Morgen, wenn wir Sie sehen, ist es wie Sonnenaufgang für uns.«

Die Luftangriffe nahmen an Heftigkeit zu. Manchmal erfolgten zwei an einem Tag. In der Fabrik gab es eine besondere Anordnung: Wenn die Sirenen ertönten, mußte jeder Arbeiter sein Handwerkszeug mit in den Luftschutzkeller nehmen. Wir Mädchen mußten also unsere Schreibmaschinen herumschleppen.

Dabei war es nicht so, daß wir im Luftschutzkeller weiterarbeiten mußten. Im Gegenteil, dort herrschte meist eine ausgelassene Stimmung. Man sang, man flirtete, und Männer wie Max wurden aufdringlich. An einem Nachmittag kam Max zu mir und flüsterte: »Draußen ist's schon dunkel. Nach der Entwarnung bringe ich dich nach Hause.«

Sogar Herr Lautermann war verwandelt an diesem Tag. Er stand dicht bei mir, redete, machte mir Komplimente, und als endlich entwarnt wurde, sagte er: »Ich bringe dich nach

Hause.« Max beobachtete uns mit bösen Augen. Obwohl der Chef selbst mich heimbringen wollte, hatte ich Angst, Max würde einen Weg finden, sich zu rächen. Deswegen sagte ich zu Herrn Lautermann: »Leider war schon jemand anders so liebenswürdig, mich heimbringen zu wollen!«

»Wir werden ihm schon entwischen«, antwortete mein hochgestellter Chef.

»Aber ich muß meine Schreibmaschine nach oben bringen«, wandte ich ein.

»Das mache ich schon«, sagte er, und bevor ich wußte, was geschah, hatte Herr Lautermann meine Maschine ergriffen, rannte die Treppe hinauf und stand, nach Atem ringend, an meinem Tisch. Er setzte die Maschine ab, nahm mich an der Hand und zog mich mit sich. Als wir bei meiner Tür ankamen, fühlte ich den Arm meines Gebieters um mich.

»Katja, haben Sie Angst vor mir?«

»Nein«, sagte ich, »aber ich bin in jemand verliebt.« Daraufhin ließ er mich frei. Ich sagte noch »gute Nacht«.

Die Atmosphäre gefiel mir nicht mehr. Katja, das vergnügte Mädchen mit dem eigenen Zimmer, schien einen Wettbewerb auszulösen. Wer würde der Glückliche sein? Ausgeschlossen, daß es keinen gäbe. Die Männer umschwärmten mich, ich hörte sogar wieder von Slavek. Aber ich wollte ihn nicht mehr sehen. Jedermann wußte, daß er mit einer kleinen französischen Prostituierten in Linz zusammenlebte.

So ging es bis Weihnachten. Da die Männer – Ninas Karlus und Clavas Hans – für die Feiertage heim nach Prag fuhren, beschlossen wir Mädchen, eine Gesellschaft für uns selbst zu geben, und zwar an Neujahr, aus Anlaß meines einundzwanzigsten Geburtstags. Es war der Tag, den Alla Blumenfeld und ich zu Hause immer gefeiert hatten. Es sollte nur eine kleine Gesellschaft werden, Nina, Clava und ich.

Anya hatten wir eingeladen. Sie sollte am Silvesterabend eintreffen. Wir verbrauchten alle unsere Bezugsscheine, kauften auf dem schwarzen Markt, und Nina brachte es unter Einsatz aller ihrer Hilfsmittel sogar fertig, eine Flasche Champagner zu ergattern. Aber Anyas Zug kam an – ohne sie.

Es war eine Enttäuschung, aber wahrscheinlich hatte man sie im letzten Moment gebeten, dort zu bleiben und die Kinder zu hüten. Immerhin hätte sie ja ein Telegramm schicken können.

So feierten wir denn zu dritt. Es war sehr lustig und so herzlich, wie es nur sein kann, wenn keine Männer dabei sind. Wir wurden ein bißchen beschwipst und unterhielten uns ziemlich frei. Die Mädchen begannen mich mit meiner Jungfräulichkeit aufzuziehen. Aber zuerst würden sie mir jetzt einmal zeigen, wie man raucht.

Ich hatte es noch nie probiert, und da es entsetzlich schwierig war, Zigaretten zu bekommen, war ich froh, daß ich nicht den Wunsch danach verspürte. Aber jetzt wollte ich natürlich alles probieren. Ich hustete, versuchte es wieder, und schließlich rauchte ich eine ganze Zigarette mit tränenden Augen, während Nina augenzwinkernd sagte: »So wird es dir mit allem gehen, Katinka, was du noch nicht probiert hast; zuerst wirst du schreien, aber dann wirst du es gern tun.«

Ich lachte, bis ich vor Husten beinah erstickte. So jung war ich. Ich hoffte, Anya würde am nächsten Tag erscheinen. Aber sie kam nicht.

Es kam auch keine Nachricht von ihr.

Ich schrieb ihr einen langen, vergnügten Brief über unsere Feier. Tage vergingen, aber es kam keine Antwort – und das von Anya, der Ordentlichen, die Briefe immer sofort beantwortete! So schrieb ich noch einmal, und als auch auf einen dritten Brief keine Antwort kam, wußte ich, daß etwas schiefgegangen war. Vielleicht war sie krank? Ich hatte sie noch niemals angerufen. Jetzt riskierte ich es. Die Gutsherrin war am Apparat. Ich fragte, ob ich Anya sprechen könne.

»Die Anya ist nicht hier.«

»Ist sie krank?« fragte ich.

Sie antwortete genau wie das erstemal: »Die Anya ist nicht hier.« Wann sie denn zurückkäme? Zum drittenmal der gleiche steife Satz und adieu.

Ich war aufs äußerste erschreckt. Was sollte ich tun? Hinfahren? Eiligst fragte ich Nina um Rat. Sie sagte, ich dürfe unter keinen Umständen dort in Erscheinung treten, bevor ich nicht von Anya gehört hätte. Wahrscheinlich wäre es sogar gefährlich, noch einmal zu schreiben. Ich könnte nichts tun als warten und auf ein Lebenszeichen hoffen.

Nach einigen weiteren Tagen wurde die Situation unerträglich. Nina und ich diskutierten jede Möglichkeit und kamen zu dem Schluß, daß es am ungefährlichsten sei, noch einmal anzurufen.

Das war weniger faßbar als ein Brief.

Und so telefonierte ich nochmals mit der Gutsherrin.

»Könnte ich Anya sprechen?«

»Anya ist nicht hier«, und schon hatte sie abgehängt.

Nun gab es keinen Zweifel mehr. Sie war verhaftet.

Aber wie? Und wo war sie? Dauernd sah ich vor mir, wie man sie meinetwegen quälte, weil sie mich nicht preisgeben wollte.

Trotz meiner vielfachen Besuche bei der Gestapo wußte ich nicht, wie sie vorgingen. Ich hatte nur einmal gesehen, wie Männer gegen eine Wand standen, aber das war ja nur der Anfang. All die fürchterlichen Gerüchte, die ich gehört hatte, verdichteten sich nun zu Erlebnissen.

Ich hörte meine Mutter, die traurig sagte: »Eva, Eva,

warum hast du nicht auf mich gehört. Ich habe dir doch gesagt, ihr beiden dürft nicht zusammen sein, ihr dürft euch nicht einmal schreiben.«

Im Büro spielte ich immer noch die vergnügte, sorglose Katja. Aber wie viele Tage blieben mir noch? Vielleicht lebte Anya schon gar nicht mehr. Vielleicht hatten sie sie erschossen oder verschickt, wie sie es eben machten – irgend jemand verschwand, und aus war es. Ein Tod irgendwo, an einem unbekannten Platz war eine Auflösung ins Nichts, als ob man niemals gelebt hätte. Endlich kam ein Lebenszeichen von Anya. Ich hatte die ankommende Post zu sortieren, und als ich an diesem Morgen die Briefe verteilte, sah ich unter den sauberen Briefumschlägen mit den aufgedruckten Absendern einen zerknitterten, schmutzigen Brief. Ich zog ihn heraus. Er war adressiert an Katarina Leszczyszyn. Der Name war mit Bleistift in Druckbuchstaben geschrieben. Ein Absender war nicht angegeben.

Ich öffnete den Brief. Er war von Anya. Sie schrieb mit Bleistift auf einem Notizbuchblatt. Es klang, als ob sie romantischen Erinnerungen nachhinge: »Hier sitze ich in einem kleinen Zimmer. Durch das Fenster hoch oben fällt nur ein Lichtstrahl. Ich denke an meine Kindheit zu Hause und wie wir als kleine Mädchen immer zusammen waren, da ja unsere Eltern Tür an Tür lebten. Wie wir immer in derselben Klasse saßen und jeden Sonntag zusammen in die Kirche zu Vater Piotr gingen ...«, und so ging es weiter mit vielen Einzelheiten über Vater Piotr und seine kleine Nichte Danusia.

Ich verstand, denn wir alle hatten uns ja daran gewöhnen müssen, unseren Briefen einen doppelten Sinn zu geben. Anyas Brief bedeutete nichts anderes, als daß sie im Gefängnis war, daß sie alle diese Details bei den Befragungen angegeben hatte. Sie hatte geleugnet, daß sie Jüdin sei, sie hatten sie meinetwegen gefragt, und sie hatte auch geleugnet, daß ich Jüdin war.

Aber sicher würde man jetzt in den Städten, die wir als unsere Heimat angegeben hatten, Nachforschungen anstellen, und entsetzlicherweise war der deutsche Rückzug kurz vor Hrebenko zum Stillstand gekommen. Und so würde die Gestapo dort alles finden, was sie über uns wissen wollte. Es war nun sicher, daß ich zum Untergang verurteilt war. Es handelte sich nur noch um eine Galgenfrist von höchstens einem Monat. Ein bitterer Fatalismus bemächtigte sich meiner. Wir konnten uns drehen und wenden, wie wir wollten, sie hatten uns immer in der Hand. Zwei Jahre lang hatten wir uns gequält und uns selbst verleugnet, uns eingebildet, wir könnten ihnen entgehen, wir könnten es überleben. Aber sie waren entschlossen, jeden Juden umzubringen, und so würden sie schnüffeln und suchen, bis sie auch Menschen wie Anya und mich fänden. Und Nina?

Wenn sie mich holten, würden sie sicher nach Nina fragen. Aber ich würde leugnen. Und wenn sie mir jeden Fingernagel einzeln herausziehen würden, ich würde Nina nicht verraten.

In dieser Stimmung, in Erwartung des Entsetzens, fühlte ich, daß jede Stunde Leben ein Triumph für mich war. Aber wenn ich nur noch eine kurze Zeit zu leben haben sollte, so wollte ich alles kennenlernen, was das Leben geben kann. Alles. Ich wollte nicht länger warten.

Es hätte Slavek sein sollen. Mein ganzes Wesen schrie nach Slavek, und es hätte in einer anderen Zeit sein sollen, weil ich ihn so sehr begehrte. Ich hatte seinem Wunsch nicht nachgegeben, denn eigentlich soll man sich doch nur dem Mann hingeben, mit dem man sein ganzes Leben verbringen will, und da war ich bei Slavek nicht sicher gewesen.

O Mutter, ich habe es ja so versucht! Ich wollte eine gute

Tochter bleiben. Aber jetzt, jetzt wünsche ich, ich hätte meiner und Slaveks Leidenschaft nachgegeben. Seit mehr als einem Jahr hatten Slavek und ich uns entfremdet. Dann hatten Karlus und Nina Hans gebracht – ja, wieder einen Hans. Und wieder einen Tschechen. Er war groß, trug eine Brille, war ein guter Unterhalter und wie Karlus rücksichtsvoll, aufmerksam, herzlich. Nach mehreren Kinobesuchen und Ausflügen hatte ich mir gesagt: Ja, ich mag ihn gut leiden, und es ist doch besser, jemanden zur Begleitung zu haben und nicht immer der Einzelgänger unserer Gruppe zu sein. Ich wußte, daß er verheiratet war. Manchmal klagte er über seine Frau, die darauf bestand, daß er ihr jeden Pfennig schickte, den er verdient hatte. Doch ich setzte mich darüber lachend hinweg und sagte: »Hör auf, dich bei mir über deine Frau zu beklagen; schließlich bist du mit ihr verheiratet.«

In meiner Verzweiflung und in dem sicheren Bewußtsein, daß ich dabei war, meine letzte Karte auszuspielen, brauchte ich einen Vertrauten in meiner Nähe, und so kam Hans ein paarmal allein zu mir. Wir küßten uns, er hielt mich in seinen Armen und fühlte, daß ich unruhig wurde, ohne natürlich die Ursache zu ahnen. Hans war anders als Slavek. Er drängte sich mir nicht auf, und dafür war ich ihm dankbar. Ich begann mir einzureden, daß ich mich zu ihm hingezogen fühle.

Und dann sagte Hans eines Tages – nicht wie ein Mann, der ein naives Mädchen verführen will, sondern als reifer Mensch zu einem anderen reifen Menschen: »Katja, warum versagen wir uns einander?«

Ich war froh, daß er nicht ahnte, daß dieser Gedanke mich dauernd peinigte, denn wenn ich auch Vertrauen zu ihm hatte und er einer von uns war, so bedeutete er für mich doch nicht so viel wie Nina und Karlus.

So stand es zwischen uns, als ich die Vorladung zur

Gestapo erhielt. Diesmal nicht zu Müller, ja nicht einmal in seine Abteilung. Der Name des Mannes, der mich sprechen wollte, war mir unbekannt.

Ich nannte meinen Namen beim Eingang und wurde ins dritte Stockwerk geschickt, anstatt ins zweite. Dort kam ich in ein Büro, das viel eindrucksvoller war als das von Herrn Müller. Es war größer und hatte einen Erker. Ein Konferenztisch stand da und ein Sofa. Fünf Männer waren im Zimmer, alle in Zivilkleidung, und keinen von ihnen hatte ich je vorher gesehen.

Der eine, der hinter dem Schreibtisch saß, war mittelgroß, hatte scharfe Augen und das Haar streng zur Seite gekämmt. Vor ihm lag ein Aktenstück. Er öffnete es.

»Kennen Sie Esther Warshawsky?«

Ich wiederholte den Namen: »Warshawsky? Esther? Ich kann mich wirklich nicht erinnern. Soll das jemand sein, den ich bei der Arbeit getroffen habe? Aber ich komme mit tausend Leuten zusammen.«

»Kennen Sie Esther Warshawsky?« wiederholte er in demselben geschäftlichen Ton.

»Ich versuche nachzudenken, vielleicht können Sie mir sagen, wo ich diese Person getroffen haben sollte« – ich wollte es nicht ganz ableugnen.

»Versuchen Sie, sich zu erinnern«, sagte einer der Männer auf dem Sofa.

Ich wartete einen Augenblick. »Ich kann den Namen nicht unterbringen.«

Bange, entsetzliche Sekunden.

»Sie ist eine Freundin von Ihnen.«

Ich lächelte: »Das ist unmöglich, denn ich kenne die Namen meiner Freundinnen.«

Der Chef nahm ein Foto aus dem Akt und gab es mir.

»Das ist Esther Warshawsky.«

Es war ein Bild von Anya, die Flechten um den Kopf gewunden, so wie sie heute aussah. Es war sicher auf dem Gutshof aufgenommen worden, wahrscheinlich ohne daß sie es wußte. Ich studierte es einen Augenblick. Dann lachte ich laut: »Das ist ein Irrtum, natürlich kenne ich sie, sogar sehr gut, aber was soll das heißen: Esther Warshawsky? Ihr Name ist Anya Ozymok.«

Der Chef sagte immer noch gleich ruhig: »Ihr wirklicher Name ist Esther Warshawsky. Sie ist Jüdin.«

Empört brach ich los: »Das ist eine Verleumdung, ich kenne Anya von Kindheit an. Unsere Eltern wohnten nebeneinander, wir gingen in dieselbe Schule, wir beichteten zusammen bei Vater Piotr. Ich erinnere mich sogar an einen lustigen Pakt, den wir als kleine Mädchen schlossen; wenn Anya nicht genug Sünden zu bekennen hatte, trat ich ihr ein paar von meinen ab.«

Und ich wob alle die Einzelheiten, die Anya mir geschrieben hatte, in meinen Bericht ein, aber so, daß es nicht auffiel, fügte einiges hinzu, ließ anderes weg, so daß unsere Geschichten nicht zu sehr übereinstimmten. Ich merkte, wie der Chef ab und zu in das Aktenstück blickte, wahrscheinlich um Namen und Angaben, die ich machte, mit dem zu vergleichen, was Anya ausgesagt hatte.

Wie konnte jemand eine solch schreckliche Anklage gegen Anya vorbringen, fragte ich immer wieder. Es muß böse Absicht von jemandem auf dem Gutshof sein, jemand, der sich an ihr rächen wollte. »Sie wissen ja, wie es ist, wenn ein Mädchen allein sein will, und Anya ist sehr wählerisch in ihrem Umgang. Eine ganze Menge Männer waren immer hinter ihr her, aber sie wollte mit keinem von ihnen etwas zu tun haben. Sicher hat einer von denen sie aus purer Gemeinheit angezeigt.«

Sie hörten mir zu. Dann lehnte der Chef sich über den

Tisch, nahm das Foto aus meiner Hand, drehte es um und gab es mir zurück: »Lesen Sie das.«

Auf der Rückseite war der Stempel des Polizeibüros von Hrebenko. In deutlicher kleiner Schrift war dort Anyas wirkliche Geschichte aufgezeichnet, der Name ihrer Eltern, sogar die Tatsache, daß sie während der russischen Besetzung bei der Post gearbeitet hatte.

Für einen Moment war ich erschlagen, aber dann wußte ich, es gab nur eines: festbleiben!

»Was für ein entsetzliches Versehen«, sagte ich. »Diese blöden Provinzpolizisten, wie können sie so fahrlässig mit einem Menschenleben umgehen! Aber die polnische Polizei ist halt so, richtige Idioten. Sie können ja kaum lesen. Weiß Gott, aus welcher Akte sie das Zeug da abgeschrieben haben.«

Ich wurde immer wütender. Wie es nur möglich sei, das Leben eines Menschen auf solche Art und Weise in Gefahr zu bringen! Ich begann zu schreien, dann faßte ich mich wieder: »Ich weiß, ich darf hier nicht so brüllen, und Sie können mich festnehmen, wenn Sie wollen. Aber wenn ich sehen muß, wie so etwas passiert, mit einem Menschen, den ich mein Lebtag gekannt habe ...«

Ich merkte, daß ich sie beeindruckt hatte.

Jetzt begannen einige der anderen Fragen zu stellen. Aber sie waren alle nicht feindlich gesinnt. Ich fühlte, daß es etwas für sie bedeutete, daß ich die zuverlässige Katja war, eine gute Arbeiterin, die man hier bei der Gestapo kannte, ein ernsthaftes Mädchen, das nie in Unregelmäßigkeiten verwickelt war. Der Chef hatte seine Augen die ganze Zeit auf mir ruhen lassen: »Katja, wir schenken Ihnen eine Menge Vertrauen. Es würde sehr ernsthafte Folgen für Sie haben, wenn dieses Vertrauen ungerechtfertigt wäre.«

»Wie kann ich etwas Falsches über mein eigenes Leben aussagen?« fragte ich.

Wir starrten einander an. Er schob eine Zigarettenpakkung zu mir. Eigentlich wollte ich eine nehmen, aber obwohl man mir äußerlich nichts anmerkte, spürte ich, daß ich innerlich zitterte, und hatte Angst, meine Finger könnten mich verraten, wenn ich die Zigarette anzündete.

»Ich rauche fast nie«, sagte ich.

Das Foto wurde von einem zum anderen gereicht, jeder drehte es um und las die Bemerkungen auf der Rückseite. Der Chef rieb sich das Kinn und sagte: »Sie behaupten also, daß die Polizei dort unten einen Fehler gemacht hat?«

»Ja, ich kann Ihnen nichts anderes sagen. Sie haben zu entscheiden«, antwortete ich.

Er nickte, sah mich immer noch an und forderte mich auf, hinauszugehen und im Gang zu warten.

Ich lehnte mich gegen die Wand. Meine Gedanken überstürzten sich. Sollte ich jetzt rennen, hinausrennen, in der verzweifelten Hoffnung, zu entkommen? Aber wenn ich das tat, bedeutete es für Anya den sicheren Tod.

Plötzlich öffnete sich die Tür wieder. Ich wurde zurückgerufen. Sie lächelten nicht, sie sahen aber auch nicht drohend aus. In seinem sachlichen Ton verkündete der Chef, daß sie übereingekommen seien, mein Zeugnis anzuerkennen und Anyas Freilassung zu empfehlen. Wie betäubt bedankte ich mich und hoffte nur, sie würden nicht merken, daß ich am liebsten hinausgerannt wäre, aus Angst, sie könnten mich durchschauen.

Sie machten sogar ein paar Scherze mit mir, bevor ich gehen durfte. Draußen überfiel mich eine Art von Triumph, ich fühlte, daß ich alles erreichen konnte – alles! Ich hatte die Gestapo an der Nase herumgeführt, ich hatte Anya gerettet. Mich würden sie niemals erwischen! Diese Männer waren doch nicht so unbesiegbar, wie es immer hieß. Vielleicht hatte ich meinen eigenen Schutzengel, vielleicht besaß ich eine besondere Kraft? Ich war erregt, alles in mir raste, zitterte, tanzte. Ich hatte eine Schlacht gewonnen. Es war, als befände ich mich plötzlich auf einer höheren Lebensebene.

Im Büro sah jeder, daß mich etwas Besonderes bewegte. »Katja, was ist denn mit dir los? Bist du verliebt?«

Ich eilte in mein Zimmer, um meine Aufregung zu verbergen. Aber ich konnte nicht allein bleiben. Ich mußte mit jemandem sprechen. So ging ich nach Bindermischel zu Nina. Ja, ich hatte sogar die geheime Hoffnung, daß das Schicksal es heute so gut mit mir meinte, daß es mir auch Slavek über den Weg schickte. Endlich war ich bei Nina. Aber dort in der Baracke konnten wir nicht reden. Während sie mich zurückbegleitete, erzählte ich ihr, was geschehen war. Ein Gefühl des Triumphes beherrschte mich. Zweimal hatte ich die Gestapo zum Narren gehalten. Einmal wegen Nina und jetzt wegen Anya.

Aber als ich meine Geschichte beendet hatte, überkam mich ein Gefühl der Leere. Ich hörte mich sagen: »Ich hoffe nur, daß es wirklich vorüber ist und daß sie nicht ein Foto von mir nach Hrebenko schicken.«

»Nein, nein, sicher werden sie es nicht tun«, antwortete Nina, und wir versuchten uns einzureden, daß alles gut würde. Aber wir wußten, daß die Gestapo es doch tun würde; wir versuchten nur, den Augenblick unseres Triumphes zu verlängern, und beschlossen, zur Feier des Tages ins Kino zu gehen. Karlus und Hans kamen mit. Anschließend kamen alle mit zu mir, und ich bot ihnen ein Glas Wein an.

Hans hatte natürlich keine Ahnung, was geschehen war, aber er spürte meine Erregung, und als er und die anderen weggingen, flüsterte er mir zu: »Ich komme nachher zurück.«

So würde es also in dieser Nacht geschehen. Ich fühlte es.

Ich trank noch mehr Wein, um mich in meiner waghalsigen Stimmung zu halten. Ich sagte mir, daß ich Hans wirklich gut leiden könne, daß er im Gegennsatz zu Slavek ein reifer Mann sei, und ich sagte mir, daß Hans es ehrlich meine, während Slavek mit seinem romantischen Gerede nur ein Ziel verfolgte: mich zu besitzen. Ich sagte mir, daß das Ende meines Lebens wahrscheinlich nahe sei und daß ich jetzt allmählich erfahren hatte, daß nicht alles so kommt, wie man es wünscht; man muß das Leben nehmen, wie es sich bietet.

Hans kam zurück. Er nahm mich in die Arme, und ich ließ alles mit mir geschehen – alles.

Ich wollte mich nicht betrogen fühlen, wollte mir nicht eingestehen, daß das Leben mich gezwungen hatte, auf all das zu verzichten, was ich mir für diesen Augenblick erträumt hatte. War es nicht seltsam, daß ich so lange einem Phantom nachgehangen hatte, sogar dem Phantom eines unbekannten Mannes? Plötzlich glaubte ich zu wissen, daß dieser Mann eigentlich vom Zufall gewählt wurde, weil er in dem Augenblick da war, in dem ich fürchtete, sterben zu müssen, ohne erfahren zu haben, was es heißt, Frau zu sein.

Hans war zärtlich, er war feinfühlig, und ich verlor mich in meinen Sinnen und wartete auf jene beseligende Ekstase, jene Offenbarung, von der jedes Mädchen träumt. Und Hans flüsterte leise: »Du, du wir werden doch zusammen leben. Katinka, Katja, Geliebte ...«

Der Name traf mich wie ein Schlag. Katja ... Er wußte ja nicht einmal jetzt, wer ich war. Slavek! Ja, für Slavek wäre ich Eva gewesen. Daß ich mich sogar in diesem Augenblick verstellen mußte!

Was hier geschah, das erlebte Katja, Katja, das lebensvolle ukrainische Bauernmädel. Oh, sie war freier als ich, und einen Augenblick bildete ich mir ein, meine Mutter sähe und bedauerte mich.

Aber so war es nun einmal in dieser Welt. Was ich getan

hatte, hatte ich getan. Und dann war ich nur verwirrt und überrascht, daß es schon vorbei war, daß das alles sein sollte.

Nina wußte am nächsten Tag Bescheid – ohne zu fragen. Ich kam mir vor wie ein naives, dummes Mädel, das nicht einmal wußte, ob wirklich etwas passiert war.

In den Wochen, die darauf folgten, vergaß ich fast die Gefahr, in der ich ständig schwebte. Aber bald kam die alte Angst wieder. Sie wurde stärker, bedrohlicher. Jetzt, so redete ich mir selbst ein, würde etwas geschehen.

Warum kamen sie nicht und holten mich? Ich war ja fertig, ich war bereit. Tag für Tag wartete ich, und jeden Tag dachte ich an Anya. Was hatten sie mit ihr getan? Sie wollten doch ihre Freilassung befürworten. Aber kein Wort, kein Lebenszeichen von ihr kam. Sie hatten mich überlistet, sie spielten mit mir. Sie würden Anya so lange festhalten, bis sie meine Vergangenheit durchforscht hätten, und dann wäre es mit uns beiden zu Ende.

Die maßlose Spannung machte mich körperlich krank. In meinen Achselhöhlen bildeten sich Geschwüre, die nicht heilen wollten. Der Doktor sagte, sie säßen tief und müßten operativ entfernt werden. Als ich in den Operationssaal gebracht wurde, merkte ich, daß man mich chloroformieren wollte. Panik ergriff mich. Sicher würde ich unter dem Einfluß des Äthers reden, und dabei würde alles herauskommen. Vielleicht würde ich sogar jiddisch sprechen. Ich würde Anya preisgeben, wenn sie überhaupt noch eine Chance hätte, und ich würde vielleicht Nina verraten.

Ich versuchte, die Schwestern und den Arzt bei den Vorbereitungen zu unterbrechen. Ich sagte, ich wolle nicht betäubt werden. Ich habe nicht gewußt, daß das nötig sei. Aber nein, erklärte mir der Arzt, diese Operation könne er nicht mit örtlicher Betäubung durchführen, und überhaupt operiere er lieber, wenn der Patient chloroformiert sei. Mein

Entsetzen wuchs, der Chirurg glaubte, ich hätte Angst. Er war an so etwas gewöhnt und versicherte mir, daß viele Menschen Angst vor der Bewußtlosigkeit hätten, das sei eine normale Reaktion. Aber ich brauche mich nicht zu fürchten, in wenigen Stunden sei ich wieder bei Bewußtsein.

Die Schwester drückte die Maske fest auf mein Gesicht. Ich versuchte, nicht zu atmen, versuchte mit aller Kraft, bei Bewußtsein zu bleiben, und dann, als ich merkte, daß ich langsam bewußtlos wurde, wünschte ich mir nur den Tod.

Ich hatte genug, genug von diesem Leben, und nur das Letzte, der Tod, stand mir noch bevor. Einen Moment lang wollte ich weinen, ich bemitleidete mich.

Würde ich beim Erwachen Gestapogesichter über mir sehen? Nur die Schwester war da, sonst niemand. Alles war wie zuvor. Dann gab es eine schöne Überraschung. Ein Brief von Anya kam. Er steckte in einem sauberen Umschlag des Gutes Steinkeller. Anya schrieb, sie sei wieder zu Hause. Ich möchte doch kommen und sie besuchen.

Natürlich mußte der Brief vorsichtig gehalten sein, aber ich vermißte Anyas Wärme darin. Jedenfalls tat es gut, zu wissen, daß die Gestapo meinem Zeugnis geglaubt, ihr Wort gehalten und Anya freigelassen hatte. Aber die ganze Geschichte war immer noch entsetzlich beunruhigend.

Am Wochenende fuhr ich zu ihr.

Als der Zug in die kleine Station Leoben einfuhr, stand Anya genau auf derselben Stelle wie bei meinem ersten Besuch. Aber es war nicht mehr dieselbe Anya. Ihr Gesicht war verkniffen. Sie sah grau aus. Ihre Augen lagen tief in den Höhlen, und ihr Blick flatterte unstet. Sie stand ganz steif, als ich sie umarmte, und ich hörte sie leise flüstern: »Sprich um Gottes willen jetzt nichts. Wir werden überwacht.«

Anya nahm mir mein kleines Köfferchen aus der Hand, und wir gingen nebeneinander über den Bahnsteig auf die

Sperre zu. Sie plapperte harmloses Zeug vor sich hin, und ich war immer in Versuchung, mich umzudrehen. Ich spürte eine Gefahr. Ich spürte einen fremden Blick in meinem Rücken. Wir gingen durch die Sperre, und ich hatte die Möglichkeit, mich einmal unauffällig umzusehen. Aber ich konnte niemanden entdecken. Schließlich waren wir in Anyas Zimmer und wurden wieder wir selbst. Mit leiser Stimme berichtete sie mir alles. Die ganze Geschichte war durch einen Landarbeiter, einen Polen von zu Hause, verursacht worden. Sie konnte sich zwar nicht erinnern, ihn jemals dort gesehen zu haben, aber nach allem, was sie erzählte, war es klar, daß er aus der Gegend von Hrebenko stammte. Ein ekelhafter Kerl, ein übler, hinterlistiger Säufer. Er heftete sich an ihre Fersen, folgte ihr überallhin, belästigte sie mit Anträgen und drohte schließlich, sie zu verraten. »Du bist eine Jüdin, ich weiß es, du bist von Hrebenko und kannst mir nichts vormachen.« Und wenn sie sich ihm nicht hingäbe, würde er sie bei der Gestapo anzeigen.

Wochenlang verfolgte er sie. Sie konnte keinen Schritt aus dem Haus tun, ohne ihm zu begegnen. Er sprach sie immer wieder an, schmeichelte, drohte, lockte...

Aber sie gab nicht nach. Sie durfte nicht nachgeben, selbst wenn sie es gewollt hätte. Damit wäre sie ganz in seiner Hand gewesen, damit hätte sie ihm bestätigt, daß er recht hatte.

Eines Abends hatte er ihr wieder aufgelauert und versuchte, aufdringlich zu werden. Sie wehrte sich und schlug ihm ins Gesicht.

Ein bösartiges Grinsen verzog seinen Mund.

»Du hast mich geschlagen«, sagte er hämisch, »mich geschlagen! Jetzt bist zu reif. Bis jetzt habe ich dich geschont, bis jetzt habe ich geschwiegen. Aber nun ist Schluß. Vielleicht gefallen dir die Gestapomänner besser als ich – ich werde es dir zeigen ...« Was blieb ihr anderes übrig, als zu sagen: »Also los, du Idiot. Zeig mich an.«

Wochen vergingen, nichts geschah, und Anya glaubte schon, er habe nichts unternommen. Aber eines Morgens um sieben Uhr standen zwei Gestapoleute vor ihrer Tür...

Sie wurde nach Grumming gebracht. Natürlich leugnete sie alles ab. Sie ohrfeigten sie, bis sie dachte, der Kopf würde ihr zerspringen. Sie steckten sie in Einzelhaft, verhörten sie wieder und wieder, traktierten sie mit Fausthieben, warfen sie gegen die Wand...

Ich litt körperlich mit ihr. Würde ich durchhalten, wenn mir so etwas passierte? Ja, sie hatten sie meinetwegen befragt. Seit wann sie mich kenne? Warum wir uns so oft besuchten? Und so hatte sie die Geschichte über unsere Kindheit erfunden. Schließlich hörten die Vernehmungen auf, sie blieb im Frauengefängnis und hatte keine Ahnung, was mit ihr geschehen würde.

Es war ein gewöhnliches Gefängnis: Diebinnen, Prostituierte, ein paar politische Gefangene, unter letzteren eine Russin, mit der sie sich angefreundet hatte. Zwei Monate vergingen, dann wurde die Russin entlassen, und Anya konnte ihr den Brief mitgeben, der mich gewarnt hatte.

Aber wie hatte sie nur die Schläge ausgehalten?

»Ich wußte, daß die Gestapo keinen Beweis hatte, solange sie mich schlugen. Deswegen sagte ich immer wieder, daß alles Erpressung sei, daß jener Pole mich zwingen wolle, mit ihm zu schlafen, und aus Gehässigkeit die Geschichte erfand, ich sei Jüdin – und du mußt eines wissen, Katja: Sie wollen auf keinen Fall einen ›Arier‹ beschuldigen, Jude zu sein.«

Aber ich wußte nur zu gut, daß es für sie viel ärger gewesen wäre, wenn ihnen ein Jude als Arier entkäme. Sie würden alles daransetzen, um unsere Geschichten zu überprüfen. Nein, nein, die Angelegenheit war noch nicht zu Ende.

Ich berichtete Anya über meine Vorladung bei der Gestapo und wie ich mich entschlossen hatte, auf jeden Fall durchzuhalten. Anya lachte leise auf. »Katja, du hast dich nicht im geringsten geändert.« Und ich konnte ihr wirklich nicht erzählen, wie sehr ich mich inzwischen geändert hatte, denn alles, was ich tat und was mir widerfahren war, während Anya im Gefängnis war und auf den Tod wartete, erschien mir so banal, so unwichtig. Und doch konnte ich es nicht über mich bringen, nicht von meinem Erlebnis zu sprechen, gleichsam als wollte ich Anyas Verständnis erzwingen.

»Wenn wir wirklich in Gefahr sind – und sie können uns jeden Tag holen – möchtest du da nicht auch alles erlebt haben, was es überhaupt gibt?« fragte ich.

Zum erstenmal traten Tränen in Anyas Augen: »Ich verstehe dich, Katja. Während ich im Gefängnis saß, habe ich gedacht, wenn es nur jemand gäbe, den ich lieben könnte.« Sie schwieg und fragte nach einer Weile: »Siehst du Slavek noch?«

»Nein«, antwortete ich, »ich habe ihn seit einem Jahr nicht mehr gesehen.«

Sie berührte meine Hände. »Wenn du wirklich jemanden liebst, auch wenn er Christ ist ...«

Jetzt heulte ich auch – »Nein, nein, Anya« – ich konnte es ihr nicht sagen, ich schämte mich zu sehr, daß es geschehen war – ohne Liebe.

Am nächsten Morgen gingen wir durch die frühlingsfrischen Felder und suchten uns zu geben, als ob nichts geschehen sei.

Es dauerte nur noch ein paar Wochen, bis die erwartete Vorladung eintraf. Als ich eines Tages vom Mittagessen zurückkam, lag die Nachricht da, die Gestapo habe telefoniert. Ich solle um zwei Uhr dort erscheinen.

Ich war in einer seltsamen Gemütsverfassung. Eine bleierne Ruhe überkam mich; ich konnte kaum noch denken.

Bei der Anmeldung nannte man mir eine Zimmernummer. Es war nicht die Abteilung für Fremdarbeiter, auch nicht die im dritten Stock, wo ich das vorige Mal gewesen war. Ich stieg die Treppen hinauf, fand das Zimmer und öffnete die Tür, diesmal mit dem sicheren Gefühl, daß es endgültig sei.

Es war ein Zimmer wie alle anderen, zwei junge Leute saßen darin. Der eine hinter dem Schreibtisch fragte kurz: »Sie sind Katarina Leszczyszyn?«

»Ja.«

Dann fragte er nach Geburtsort, nach meinem Alter, nach anderen Einzelheiten.

Ich antwortete.

Plötzlich schrie er: »Du bist verhaftet, du bist eine Jüdin und Spionin für die tschechische Untergrundbewegung. Du hast dich in die Hermann-Göring-Werke eingeschlichen, um Informationen über unsere Geheimwaffen zu erhalten, die du an den Feind weitergegeben hast.«

Völlig verstört schrie ich: »Aber ich war ja niemals in der Fabrik selbst!«

Dieser Vorwurf war wirklich absurd. Warum das alles? Wenn sie wußten, daß ich Jüdin bin, was brauchten sie dann noch mehr?

Der Mann schrie mich an: »Zwei Jahre lang hast du uns an der Nase herumgeführt und uns etwas vorgemacht über Nina Ilanova, deine Komplizin.«

»Nein! Nein!« schrie ich, »Sie können mich schlagen, mich verprügeln, aber die Wahrheit bleibt die Wahrheit. Ich bin keine Spionin, ich weiß nichts vom tschechischen Untergrund. Ich habe niemals versucht, in die Hermann-Göring-Werke zu kommen, der Geschäftsführer selbst hat mich angefordert und bestand darauf, daß ich dorthinkomme. Warum fragen Sie nicht Herrn Lautermann?«

»Ihr seid alle Spione, Ihre Komplizin Ilanova ist Spionin und Jüdin dazu, und ihr Liebhaber Karlus ist auch ein Spion!« Tödliche Furcht packte mich. Dadurch, daß ich verheimlicht hatte, Jüdin zu sein, hatte ich alle meine Freunde in Gefahr gebracht; nur durch mich hatten sie den Faden gefunden, der sie zu Karlus führte, vielleicht sogar zu Slavek und zu all den tapferen Menschen, die trotz aller Gefahren mitten im Munitionszentrum für die Freiheit arbeiteten. Ich wußte nicht, was sie taten, vielleicht hatten sie nur ein Radio und hörten fremde Sender. Aber vielleicht war es mehr. Vielleicht trieben sie Sabotage bei der Herstellung von Granaten und Waffen oder vermittelten wichtige Nachrichten. Ich wußte ja nichts Genaues über die mysteriöse tschechische Untergrundarbeit. Wenn nur Nina nicht in Gefahr geriet! Mein Glück hatte schon so lange angehalten, zwei ganze Lebensjahre! Jetzt war es vorbei. Sicher hatten sie Nachrichten über mich, wahrscheinlich sogar ein Foto, das in Hrebenko bestätigt worden war, genauso wie bei Anya. Ich fühlte, mein Tod war sicher, aber ich wollte keine anderen in meinen Untergang hineinziehen.

»Ich weiß nichts von Spionen!« sagte ich. »Und über Nina habe ich nur die Wahrheit gesagt. Sie ist keine Jüdin.«

Und in diesem Augenblick hatte ich eine Eingebung: Wenn ich mich selbst aufgäbe, wenn ich die Wahrheit über mich sagte, bevor sie ihre Beweise bringen könnten, dann würden sie auch das glauben, was ich über die anderen sagte. Und verzweifelt schrie ich:

»Die einzige wahre Beschuldigung ist die, daß ich Jüdin bin. Ja, ich bin Jüdin, und mein richtiger Name ist Eva Korngold!« So – nun war es zu Ende. Es kam mir vor, als ob ich die ganze Zeit über gewußt hätte, was geschehen würde, und als ob ich auf diesen Augenblick gewartet hätte.

Wenn ich jetzt zurückdenke, glaube ich fast, daß dieses Gefühl daran schuld gewesen ist, daß ich kapitulierte. Denn es war wie ein Zwang, sich dem Verhängnis zu fügen – vielleicht wußten die Gestapomänner von solchen Gefühlen. Sie kannten ja das Spiel, sie hatten es oft genug gespielt. Zweimal hatte ich sie hereingelegt, weil ich wußte, daß ich durchhalten würde. Ich hatte ihnen trotzen können, solange ich mein Leben für andere riskierte, aber in dem Moment, als ich das Leben anderer für mich einsetzen sollte, war ich verloren. Und trotz allem, trotz des Bewußtseins, daß ich verloren sei, kam, als ich meinen Namen hinausschrie, ein anderes Gefühl in mir hoch, ein großes Gefühl des Sieges.

Ich hatte mich aus eigenem freiem Willen aufgegeben, mit vollem Bewußtsein. Ich hatte nicht nach Stunden härtester Qualen winselnd zugegeben, daß ich Jüdin sei. Ich war froh, daß es vorbei war.

Aber sie wischten mein Zugeständnis einfach beiseite, dieses schreckliche Zugeständnis, das die Jahre des Versteckteins beendete: »Du lügst immer noch, du lügst, was die Tschechen betrifft, du lügst über Nina!«

Ich hatte meine Kraft wiedergefunden: »Wenn Sie mich zwingen wollen, Lügen zu erzählen, gelingt Ihnen das sicher«, schrie ich sie an. »Wenn Sie mich lange genug prügeln, werden Sie erreichen, daß ich lüge. Aber wenn Sie die Wahrheit wissen wollen, solange ich noch imstande bin, sie zu sagen – hier ist sie: Ich bin Jüdin, Nina nicht!«

»Was, du hast über Nina die Wahrheit gesagt? Und wie war es mit Anya Ozymok? Esther Warshawsky? War das vielleicht auch die Wahrheit?«

Ich schwieg.

»Wir haben sie wieder eingesperrt. Und diesmal hat sie gestanden, wenigstens halb.« Er lachte. »Sie hat zugegeben, daß sie Jüdin ist, aber sie behauptet, sie sei getauft und deswegen habe sie das erstemal geleugnet. Hast du vielleicht auch eine so hübsche Geschichte zu erzählen?« schrie er mich an.

»Nein«, antwortete ich. Innerlich weinte ich. Wie mußten sie Anya gequält haben, was mußten sie ihr alles angetan haben, um sie so weit zu bringen! Und immer hatte sie dabei versucht, mich zu schützen, hatte versucht, ihre Geschichte so zu erzählen, daß sich zu meiner Schilderung keine Widersprüche ergaben.

»Nein«, sagte ich noch einmal, »ich bin nicht getauft, ich bin ganz und gar jüdisch.«

Das Verhör ging weiter. Wer gehörte zur tschechischen Untergrundbewegung? Wo trafen sich die Mitglieder? Wo hatten sie ihren Geheimsender?

Ich konnte nur wiederholen, daß ich nichts, nichts, nichts wußte.

Abwechselnd brüllten sie mir die gleichen Fragen ins Gesicht. »Du willst nichts wissen und hast dich immer mit den Tschechen herumgetrieben?« Er zählte die Namen auf: Slavek, Karlus, Hans. »Warum hast du dich *nur* mit Tschechen abgegeben?«

Ich erwiderte, ich könne sie gut leiden. Sie seien kultivierter als die anderen Fremdarbeiter. Sie seien eben meine Freunde.

»Freunde ist gut, mit jedem einzelnen von ihnen hast du geschlafen.«

Ach, wenn sie doch nur endlich anfangen wollten, mich zu prügeln, mich gegen die Wand zu werfen, mich mit den Fäusten zu schlagen, wie sie es mit Anya getan hatten. Aber sie taten es nicht, und das Warten darauf, während sie mich anschrien und beschimpften, kam mir beinah noch schlimmer vor. Jetzt begannen sie nach meiner Familie zu fragen.

Ich sagte, soweit ich wüßte, seien sie alle von den Deutschen vergast worden.

Plötzlich standen die beiden auf und befahlen mir, mit ihnen zu kommen. Im Gang begegneten uns verschiedene Leute, die mich kannten, die oft mit Katja gelacht und geschwatzt hatten. Jetzt gab es kein »Heil Hitler«. Sie gingen vorbei, blickten zur Seite. Mit mir war es aus.

Würden sie mich jetzt in das große Zimmer stellen, mit dem Gesicht zur Wand? Stimmte es, daß die Erschießungen manchmal hier im Keller vorgenommen wurden? Jetzt waren wir wieder in der Abteilung für Fremdarbeiter. Sie führten mich in Herrn Müllers Büro.

Dort stand er wartend. Er blieb stumm, bis die beiden gegangen waren. Dann brach er los: »Katja, Katja, was hast du gemacht! Warum hast du nur irgend etwas zugegeben?«

Ich starrte ihn an und brach innerlich zusammen. Ich war mir so gescheit vorgekommen. Dabei hatte ich mir mein Geständnis durch ihr Geschrei und ihre hemmungslosen Anklagen entreißen lassen. Die ganze Zeit über hatten sie überhaupt nichts gewußt. Sie hatten mir ja kein einziges Dokument, keine einzige Fotografie gezeigt. Sie hatten nicht einmal meinen wirklichen Namen gewußt, und ich selbst hatte mich verraten. Dabei war vielleicht Hrebenko jetzt schon gar nicht mehr in deutschen Händen. Hätte ich mich nicht selbst aufgegeben, dann wäre ich in Sicherheit.

Herr Müller sprach ärgerlich weiter. »Wenn dieser verdammte Pole nicht gewesen wäre, hättest du hier als Katja siebzig Jahre alt werden können. Wärst du nur vorher zu mir gekommen und hättest mir Bescheid gesagt, dann hätte ich dir sicher helfen können. Du hättest doch wissen müssen, daß ich dir helfen will!«

Wieso hätte ich das sicher wissen sollen? Wie sollte ich annehmen können, daß einer von ihnen wie ein Mensch handeln würde? Leise sagte ich: »Wenn das so ist, können Sie mir denn jetzt nicht noch helfen? Lassen Sie mich doch hinausgehen in den Waschraum.«

Unklare, wilde Gedanken schwirrten mir durch den Kopf: Wir waren im zweiten Stock, vielleicht konnte ich mich durch das Waschraumfenster hinunterlassen, in den Hof springen, weglaufen.

»Es ist zu spät«, sagte Herr Müller, »ich kann nichts mehr tun.« Er ließ mich niedersitzen, gab mir eine Zigarette. Wenn er wirklich Mitgefühl hatte, so müßte er doch jetzt sagen, was mit mir geschehen würde. Ich bettelte: »Herr Müller, können Sie mir nicht sagen, was man mit mir vorhat, werden sie mich erschießen oder hängen?«

Ein ganz dünnes Lächeln glitt über sein Gesicht: »Weder das eine noch das andere!«

»Aber ich weiß, daß die Juden getötet werden!«

»Ich werde dich in ein Arbeitslager schicken«, antwortete er.

Es war, als ob noch ein kleines bißchen Katarina in mir sei und als ob diese Katarina sich erlauben durfte, nach dem Schicksal der Jüdin Eva zu fragen.

»Können Sie mir sagen, wohin ich kommen werde?« – »Nein.« »Wenn Sie zu entscheiden haben, wo ich hinkomme, darf ich Sie dann um eines bitten: nicht nach Polen.«

»Warum nicht?«

»Schon als ich noch zu Hause war, wußte ich, daß alle, die man in die polnischen Lager schickt, getötet werden.«

»Davon weiß ich nichts.«

»Und wenn schon nach Polen, dann bitte nicht nach Oswiecim«, sagte ich, denn dieser Name hatte einen noch schrecklicheren Klang als Belzec.

Irgend etwas änderte sich in ihm. Es sah so aus, als wollte er seine Hand nach mir ausstrecken. »Nein, nein, nicht dorthin!« Und dann kam er einen Schritt näher, sah immer noch so aus, als ob er mich berühren möchte, es aber nicht wagte, und sagte: »Gib die Hoffnung nicht auf. Eines Tages wird der Krieg enden, wie alle Kriege geendet haben. Dann wird man die Gefangenen austauschen, wie es immer war, und dann wirst du vielleicht heimkehren können. Versuche nur eines: gesund zu bleiben. Das ist das Wichtigste im Lager, und laß uns hoffen, daß du durchkommen wirst.«

Ich wußte, das war der Abschied.

»Möchtest du etwas mitnehmen?« fragte er noch. »Deine Sachen sind hierher gebracht worden.« Vielleicht wollten sie mich also doch nicht umbringen. Warum sollten sie sich sonst um meine Sachen kümmern?

Ich versuchte herauszufinden, was Herr Müller wirklich meinte.

»Ich glaube nicht, daß ich irgend etwas davon brauchen werde«, sagte ich und sah ihm dabei fest in die Augen. Seltsamerweise fiel mir im selben Moment wieder Herrn Eberhardts Unmut darüber ein, daß ich den Männern zu forsch in die Augen blickte, wie fern das nun alles war! Ob die Eberhardts die Wahrheit über ihre Katja erfahren würden? Ganz Linz mußte es wissen.

»Stell dir vor! Diese Katja war die ganze Zeit eine Jüdin!« Und die Eberhardts würden ihren Bekannten kopfschüttelnd versichern: »Nicht zu fassen, sie war fast ein Jahr bei uns, und wir haben nicht den geringsten Verdacht geschöpft!«

»Zieh dir wenigstens frische Kleider an«, sagte Herr Müller mit Nachdruck.

Vielleicht sollte ich also doch überleben, und wenn ich überlebte, würde die Welt eines Tages alles erfahren, was ich durchgemacht hatte. »Nur eines hätte ich gerne«, sagte ich, »mein Tagebuch«. Er schien nicht einmal überrascht. Offensichtlich kannten sie mein Tagebuch bereits. Wie gut, daß ich vorsichtigerweise meine Geheimnisse mit nur mir bekannten Symbolen verschlüsselt hatte. »Ja, ja, Katja«, erwiderte er, »wenn wir es übersetzt haben, schicke ich es dir«.

Merkwürdig, daß ich seinen Worten fast uneingeschränkt Glauben schenkte, und sie als ein weiteres Hoffnungszeichen auffaßte.

Dann kehrten die beiden Gestapoleute zurück. Sie führten mich durch die Stadt. In kurzer Entfernung vom Gestapohauptquartier war das städtische Gefängnis. Dort lieferten sie mich ab. Ich befand mich in einer großen Zelle mit einem Dutzend anderer Frauen und war so mit meinem Schicksal beschäftigt, daß ich kaum bemerkte, als zum erstenmal der Schlüssel einer Gefängniszelle hinter mir umgedreht wurde.

Die Frauen in der Zelle bestürmten mich mit Fragen. Jeder Neuankömmling war zumindest eine Unterbrechung der Langeweile. Da war ein deutsches Mädchen, das eingesperrt worden war, weil es sich mit einem Fremdarbeiter eingelassen hatte; dann gab es ein paar Diebinnen, Schwarzhändlerinnen, politische Gefangene.

Eine ältere Frau flüsterte mir zu, vorsichtig in meinen Äußerungen zu sein, weil sich ein Spitzel in der Zelle befände.

Nach einigen Tagen kam meine Eskorte wieder und brachte mich zur Gestapo zurück. Würde es mir jetzt so ergehen wie Anya? Die hatten sie ja auch in ein Gefängnis gesteckt und sie zum Verhör herausgeholt.

Ich wurde zweimal vorgeführt, beide Male nahm ich mir vor, stark zu bleiben. Würde ich aushalten, was Anya ausgehalten hatte? Die Art und Weise, wie die anderen Frauen mich ansahen, als sie mich hinausführten, sprach für sich: Wie wird sie aussehen, wenn sie zurückkommt? Wird sie noch ihre Zähne haben? Wird ihr Gesicht entstellt sein? Wird sie noch gehen können, oder wird man sie hierherschleifen?

Ich versuchte solche Bilder zu verbannen, aber bei der

Gestapo wartete ich von Frage zu Frage, daß es anfinge. Es waren immer die gleichen Fragen.

»Wer war Mitglied der tschechischen Untergrundbewegung?« »Warum hast du über Nina nicht die Wahrheit gesagt?« »Bildest du dir ein, du könntest sie beschützen?«

Warum fragten sie nur, wenn sie alles wußten? Ich leugnete einfach. Herrn Müllers Worte klangen in meinen Ohren. »Katja, warum hast du überhaupt etwas zugegeben?«

Die Prügel, auf die ich wartete, kamen nicht. Vielleicht hatte Müller dafür gesorgt.

Dann, als sie mich zum drittenmal vorführten, sagten sie zu mir, ich solle meine Sachen bei der Aufseherin holen. Mehrere Frauen sagten mir Lebewohl. Die ältere Frau fragte mit hoffnungsvoller Stimme: »Frei?«

Ich schüttelte den Kopf.

»Wohin kommst du?«

Ich zuckte die Schultern, und in diesem Moment schien sogar sie hinter einer Wand zu verschwinden. Denn wer wußte, wohin ich ging? Würden sie mich jetzt erledigen?

Diesmal marschierten meine Begleiter steif neben mir her.

Wiederum kamen wir zur Gestapo, diesmal ging es durch einen Seiteneingang hinein. Wir schritten durch einen langen Flur, eine Tür wurde an dessen Ende geöffnet. Ich stand vor einer Treppe, die abwärts führte. Also würde es im Keller geschehen. Ich zog jeden Atemzug bewußt ein, als wäre es mein letzter. Durch meinen Körper rann ein Prickeln der Erregung. Es war wie in der Nacht, als ich auf Hans gewartet hatte und wußte, daß in einem bestimmten Augenblick ein Teil meines Lebens beendet sein würde. Nur fühlte ich jetzt noch die Angst, daß ich den tatsächlichen Moment meines Todes versäumen könnte. Wenn sie mich von rückwärts erschießen würden, jetzt auf der Treppe, würde ich keine Zeit haben, meinen Tod bewußt zu erleiden. Ich wäre tot, bevor... Aber nein, auf die Art machten es die Russen, nicht die Nazis!

Am Fuß der Treppe stand ein Wärter. Meine zwei Begleiter übergaben mich ihm, drehten sich um, und ich hörte ihre Schritte, als sie die Treppe wieder hinaufstiegen. Der Wärter schritt mir voran, öffnete eine Tür, und ich hatte kaum Zeit, in dem schwachen Licht, das vom Korridor hereinfiel, den Umriß der kleinen Zelle wahrzunehmen. Er schob mich hinein und drehte den Schlüssel um.

War ich blind geworden? Nirgends war der geringste Lichtschein, nicht einmal unter der Tür. Langsam setzte ich meinen Koffer ab und blieb stehen, in der Hoffnung, daß meine Augen sich an die Dunkelheit gewöhnen würden. Aber die Finsternis war vollkommen. Ich führte meine Hand ans Gesicht, tastete es ab, hielt die Finger dicht vor die Augen, ich starrte, daß mir die Augen weh taten. Ich sah nichts. Ich dachte an Anya: Das hatte man ihr nicht angetan. Ihre Zelle hatte hoch oben ein kleines Fenster gehabt. Vorsichtig tastete ich umher, fühlte die Wand ab, fand eine Bank und setzte mich darauf.

War das mein Ende? War das der Tod? Ich hatte Angst, mich auf der Bank auszustrecken. Plötzlich hatte ich fürchterlichen Durst. Ich tastete mich wieder zur Tür, rief und schrie. In dem geschlossenen Raum tönte meine Stimme schrecklich laut.

Ich hämmerte gegen die Tür, bis meine Fäuste schmerzten. Nichts geschah. Wollten Sie mich einfach hierlassen, bis ich verhungert war?

Ich legte mich nieder, schloß die Augen. Wenn ich nur schlafen könnte. Aber das gelang mir nur minutenweise. Einmal schreckte ich auf und hatte das Gefühl, geschlafen zu haben. Jetzt mußte es Morgen sein. Sicher war schon eine ganze Nacht vergangen, und bestimmt war es Morgen, denn ich hatte solchen Durst nach Kaffee. Nach etwas Warmem.

Wieder versuchte ich zu rufen, wieder schlug ich an die Tür. Nichts. Dann wartete ich wie zuvor.

Ich versuchte, an meine Familie zu denken, an meine Freunde, aber kein Bild stellte sich ein, nur immer wieder quälend das eine: der Augenblick bei der Vernehmung, als ich zugegeben hatte, Jüdin zu sein. Es war, als wollte ich die Szene rückgängig machen, anders handeln. Nur leugnen, nur leugnen. Dann wurde ich apathisch. Nichts fühlen, nichts denken, das war das beste, so würde ich am längsten aushalten. Aber warum den Todeskampf verlängern? Wenn ich jetzt mein Leben beenden könnte, würde ich es tun, denn jetzt war ich gewiß, daß man mich hier zum Sterben eingeschlossen hatte.

Und während ich in diesem schwarzen Loch eingekerkert war, fühlte ich, wie ich mit Slavek sprach. Slavek, warum bin ich so dumm gewesen, so unnachgiebig? Wie schön hätte es mit uns werden können. Und noch einmal durchlebte ich die Nacht meiner Entjungferung, als wäre es mit Slavek geschehen. Dann sah ich mich im Krankenhaus und sehnte mich danach, einfach alles loszulassen, zu enden wie in einer Narkose, in der alle Kämpfe und alle Ängste aufhörten; und mir war, als müsse ich nur meine geballten Fäuste öffnen, und das Leben würde aus ihnen entweichen.

Doch plötzlich packte mich eine glühende Wut. Nein, nein, ich würde auch dies hier überstehen, wenn ich nur stark blieb! Irgendwann würden sie mit der festen Überzeugung die Tür öffnen, mich tot aufzufinden, doch ich würde leben und mit geballter Lebenskraft an ihnen vorbeispringen! Ja, ich würde wieder nach draußen gelangen.

Schließlich vernahm ich ein Geräusch inmitten der endlosen Stille und Finsternis. Es drang selbst durch die dicken Wände des Gestapo-Kellers bis zu mir durch. Fliegeralarm!

Ein zweifacher Strom von Freude und Dankbarkeit durchfloß mich. Zum einen verspürte ich eine unendliche Erlösung: noch war ich mit dem Leben in Verbindung. Und zugleich erfaßte mich der Triumph der Rache: Sie wurden getötet, zerschmettert, flüchteten in Luftschutzkeller, von denen keiner so tief und so sicher war wie dieser; und in meinen phantastischen Vorstellungen bildete ich mir ein, dieser Luftangriff sei stärker und vernichtender als alle zuvor; die Bomben würden sämtliche Schutzbunker in ganz Linz dem Erdboden gleich machen, die gesamten Hermann-Göring-Werke würden in Schutt und Asche gelegt werden, und am Ende würde aus dem Holocaust nicht ein Mensch lebend hervorkriechen – außer mir. Ich allein würde aus diesem tiefen Bunker ans Licht treten und leben. Ich würde durch ihre toten Straßen gehen und ... Bei diesem Gedanken erfaßte mich eine plötzliche Sorge: Was wäre dann mit Nina? Und mit Slavek? Und Karlus? Wollte ich nun immer noch den Himmel um eine solche Rache anflehen?

Stunden später hörte ich das Zeichen für Entwarnung.

Und nach unendlich langer Zeit wurde schließlich die Tür geöffnet.

Das fahle Licht im Gang kam mir wie ein heller Sonnenstrahl vor. Meine beiden Gestapoleute standen draußen. Es fiel mir sofort auf, daß sie ihre Mäntel bei sich hatten.

»Komm«, sagten sie.

Ich starrte sie an. – »Nimm deine Sachen!«

Ich nahm meinen Koffer und meine Tasche, folgte ihnen die Treppen hinauf. Wir gingen in das Zimmer, wo sie mich zum erstenmal verhört hatten. Ein Brett mit Kaffee und Brot stand auf dem Tisch. Sie sagten, ich solle essen.

Ich weiß nicht, wie viele Tage verflossen waren, seitdem ich zuletzt etwas gegessen hatte. Aber obwohl ich irrsinnig hungrig war, mühte ich mich, anständig zu essen. Ich versuchte den Kaffee; es war eine bessere Art von Ersatz. Eine einzige Frage bewegte mich, und nicht einmal die, was jetzt mit mir geschehen würde. Ich wollte nur wissen, wie viele Tage inzwischen verflossen waren. Jetzt war es Morgen.

»Welches Datum haben wir heute?« fragte ich.

»Den 2. 5.«, sprach einer vor sich hin, als ob er meine Frage nicht beantworte.

Das konnte doch nicht stimmen. Dann wäre ich ja nur über Nacht in dieser Zelle gewesen. Konnte ich die Zeit nicht mehr richtig berechnen? Der eine der beiden sagte: »Wir gehen auf eine Reise, du wirst mit niemandem unterwegs sprechen, auch nicht mit uns. Wenn wir über die Straße gehen, muß alles normal erscheinen. Verstanden? Und versuch nicht wegzulaufen.« Er machte eine schnelle Bewegung und hatte eine Waffe in der Hand. »Damit du Bescheid weißt!« Blitzschnell verschwand die Pistole wieder. Für einen Moment hatte ich das Gefühl, in einem Film mitzuspielen.

»Komm jetzt!«

Wir gingen hinaus auf die Straße. Jeder Vorübergehende mußte denken: Das ist eine gut angezogene junge Frau, die mit zwei Freunden spazierengeht. Einer von ihnen trug meinen Koffer. Ich selbst trug meine Tasche, die ich immer dabeigehabt hatte, wenn ich zu Herrn Müller ging. Jetzt enthielt sie meine Toilettenartikel.

Wir gingen zum Bahnhof und bestiegen den Zug nach Wien. In unserem Abteil saß niemand außer uns. Meine beiden Begleiter schwiegen. Ich dachte nur an Flucht – vielleicht auf dem Bahnhof in Wien? Vielleicht könnte ich dort in der Menge verschwinden. Dann könnten sie nicht schießen …

Aber brachten sie mich denn nach Wien? Würde Anya auch dort sein? Sollten wir zusammen hingerichtet werden?

Als wir ankamen, stieg der eine vor mir aus, der andere dicht hinter mir. Sie nahmen mich in die Mitte und gingen ganz eng neben mir. Wir mußten aussehen wie wirklich gute Freunde. Und dann hörte ich eine Stimme: »Hallo, Katja!«

Es war einer der Tschechen aus Linz. Er lachte mir zu. Ihm schien alles ganz normal vorzukommen.

Ich antwortete »Hallo«. Zu meinem Erstaunen schloß er sich uns an und fragte: »Na, kleiner Ausflug in die Großstadt?«

»Ja«, antwortete ich und wußte nicht, was geschehen würde, da man mir verboten hatte zu sprechen.

Meine Wächter drängten mich weiter. Wir wandten uns einem anderen Bahnsteig zu. »Also leb wohl!« sagte ich zu dem Tschechen und hatte das Gefühl, ich sage das Wort zum letztenmal. Er antwortete auf deutsch: »Auf Wiedersehen!«

Kein Mensch war auf dem Bahnsteig. Auf der einen Seite stand ein Zug, völlig leer und noch ohne Lokomotive. Wir setzten uns in einen der 2.-Klasse-Wagen und warteten schweigend. Ungefähr eine Stunde später begannen Reisende einzusteigen, aber keiner betrat unser Abteil. War es reserviert, oder wußten die Leute etwas? Oder war es nur Zufall?

Es gab einen kleinen Stoß, als die Lokomotive angekuppelt wurde, und bald darauf begann der Zug sich zu bewegen. Wo würde er mich hinführen? Ich hatte das Gefühl, nur mein Körper würde transportiert, nicht ich selbst, mein Körper würde zur Stätte der Hinrichtung gebracht.

Aber warum, warum irgendwo hinfahren und mit so viel Kosten, mit diesen beiden Wächtern?

Ich saß still und rauchte. Vor meinen Augen sah ich das Bild meiner Hinrichtung. Man würde mich in einen kleinen Hof führen, hinter einem Gebäude wie das der Gestapo in Linz. Da stand das Exekutionskommando, nur ein kleines. Man würde mir befehlen, meinen Kopf hochzuhalten. Meine letzten Worte sollten lauten: »Nieder mit Hitler!« Aber war da nicht noch etwas anderes, das ich in diesem Moment ausrufen sollte? Natürlich! Das *Schma*. Das *Schma Jissroël*. Diese Worte pflegten Juden in ihrer Sterbeminute zu sprechen. Merkwürdig, ich hatte mich schon so sehr von meiner Religion entfremdet, daß sich dieser Gedanke nicht mehr von selbst einstellte, sondern daß ich mein Gedächtnis anstrengen mußte, um mich an den genauen Wortlaut zu erinnern. *Schma Jissroël, Adonai Elohenu Adonai Echod.* Sollten dies wirklich meine letzten Worte sein? Gerade meine?

Man rief in seinem Todesschrei das aus, wofür man bereit war zu sterben. Ich erinnerte mich an Geschichten aus dem Hebräischunterricht, patriotische Legenden über die Inquisitionszeit, über Juden, die mit ihrem letzten Atemzug, nach wochenlangen Folterqualen und festgebunden auf dem bereits lodernden Scheiterhaufen, das *Schma* ausriefen. Aber ich? Mir hatte niemand seinen Glauben aufzuzwingen versucht. Im Gegenteil. Selbst die Juden, die bereit waren, zu konvertieren, hatte man zu ihrer eigenen Rasse zurückgeprügelt; und selbst diejenigen, die ihren Namen geändert, Christen geheiratet und sich bewußt vom Judentum abgewendet hatten – selbst ihnen hatte man den gelben Judenstern angeheftet. Der Ausruf *Schma Jissroël* hatte nichts mehr von jenem letzten, siegreichen Aufbäumen wie zur Zeit der Inquisition. Aber was hatte dann noch einen Sinn? Sollte ich ausrufen: Mörder! Bestien! Sollte ich schreien: Ihr seid längst besiegt! Ihr könnt mich erschießen, aber auch eure Tage sind gezählt! Oder schlicht: ich bin Jüdin, Jüdin, Jüdin! bis meine Stimme im Blut erstickte. Ich bin eine Jüdin, und ihr werdet uns niemals vernichten! Mein Volk wird weiterleben, wenn eure Städte längst zerstört sind und Hitler tot ist und euer Nazi-Reich vergessen!

Aber war das nicht dasselbe? War das nicht das *Schma?*

Nein, bei mir würde es ein Aufschrei der Rache sein, und was bedeutete ein Todesschrei, der nur ein Racheschrei war? Das war gewiß nicht der eigentliche Sinn von *Schma Jissroël*, und vielleicht hatte ich nicht einmal das Recht, diesem letzten Bekenntnisschrei einen rachsüchtigen Beiklang zu geben, denn was bedeutete schon Rache im Angesicht des Todes?

War denn alles, was ich erlitten hatte, völlig sinnlos gewesen? In den letzten Wochen hatte ich versucht, alles zu erhaschen, was mir das Leben noch zu bieten hatte, und in meiner Hast war ich betrogen worden. Das Leben ließ sich nicht erjagen und erzwingen. Das würden diese Peiniger wohl nie begreifen. Nur durch eigenes Erleben hätte ich im Laufe der Zeit den Rest erfahren können, das Lebensgefühl als Frau, als Gattin und als Mutter, umgeben von einer heranwachsenden Familie; so wie meine Mutter gelebt hatte.

Und als sich die Räder des Zugs in Bewegung setzten, hatte ich das Gefühl, zu guter Letzt doch noch auf einen Sinn und eine Wahrheit hinter all diesem Grauen gestoßen zu sein und zu wissen, warum die Nazis nicht siegen konnten. Denn auch sie versuchten, dem Leben ihren Willen aufzuzwingen, sich zu den Herren über Leben und Tod zu machen, und das konnte nicht sein. Denn Gott war der Herr. Und so wie ich als Schülerin einst mit völligem Unverständnis vor der Mathematik gesessen war, aber beharrlich versucht hatte, mich darauf zu konzentrieren, bis ich plötzlich spürte, daß mir ein Licht aufgegangen war, und ich förmlich sah, wie man Brüche miteinander multiplizierte – so hatte ich auch jetzt, als ich alle meine Gedanken zusammennahm, wieder das Gefühl, als gehe mir ein Licht auf, als könne ich fast ins Antlitz Gottes blicken – und ich verstand, weshalb ein Jude das *Schma* ausrief. Denn weiter konnte ein Mensch, der sich bemühte, die Welt zu verstehen, nicht mehr kommen, als einzusehen, daß sich das Leben nicht zwingen läßt, daß es ein großes Ganzes bildet, eine einzige, fließende Bewegung, und daß es sich nicht verändern läßt, nicht einmal durch die größten Pläne und Machenschaften des Menschen. Das meinten wir, wenn wir sagten, Gott sei die Alleinigkeit.

Nun konnten sie meinen Leib ruhig verschleppen und mit mir tun, was sie wollten. Es spielte keine so große Rolle mehr.

Der Zug verringerte die Geschwindigkeit. Wir näherten uns einer Stadt. Aber welcher? Plötzlich schreckte ich aus meinen Vorstellungen auf und fühlte meinen Willen, mein Leben, fühlte den Wunsch, lieber auf der Flucht umzukommen, als zur Schlachtbank geführt zu werden.

Der Zug fuhr noch langsamer. Ich stand auf und sagte, ich müsse in den Waschraum gehen. Ich schritt den Korridor hinunter. Vielleicht konnte ich zum Waschraumfenster hinausspringen. Aber einer meiner Begleiter folgte mir und stellte seinen Fuß zwischen die Tür. Geschlagen kehrte ich mit ihm ins Abteil zurück. Der Zug hielt, zwei Soldaten kamen ins Abteil. Sie saßen uns gegenüber, jung und vergnügt. Sie sahen mich an, machten sogar Bemerkungen. War ich allein oder mit diesen beiden Männern?

Ich hätte ihnen gern meine Lage klargemacht, aber ich durfte ja zu niemandem sprechen. Der eine von ihnen wandte sich an mich: »Hat das Fräulein etwas dagegen, wenn ich das Fenster aufmache?« Ich lächelte nur und schüttelte den Kopf. Jetzt bot er mir eine Zigarette an. Ich wandte mich an meinen Wächter und fragte: »Darf ich die Zigarette annehmen?«

»Ja«, antwortete der Gestapomann.

Nun wußten die Soldaten, was los war. Sie schwiegen. Ich bekam die Zigarette, schweigend wurde sie angezündet. Sogar miteinander sprachen die beiden jetzt nur noch leise.

Es war eine lange Reise, und heimlich versuchten sie, sich mit mir in Verbindung zu setzen. Als einer der Wächter hinter einer Zeitung verschwand und der andere zum Fenster hinaussah, ballte der eine der beiden Soldaten plötzlich die Faust.

Was sie wohl dachten? Daß ich wegen Schwarzhandels verurteilt sei oder sonst ein gemeines Verbrechen begangen hätte? Ich wollte, daß sie die Wahrheit erführen. So setzten wir unsere Zeichensprache heimlich fort. Wenigstens verging die Zeit etwas schneller, und vielleicht würden sie, wenn sich eine Fluchtmöglichkeit böte, im entscheidenden Augenblick meinen Wächtern im Weg sein.

Ich fragte einen meiner Begleiter, ob ich mich in den Korridor stellen dürfe. Er nickte zustimmend. Der Zug war in voller Fahrt. Ich trat in den Gang hinaus und lehnte den Kopf gegen die Scheibe. Wo waren wir? Die Landschaft hatte sich verändert, die bewaldeten Hügel waren nicht mehr so hoch, alles schien ebener. Dort war ein Fluß, dem die Eisenbahn folgte. Eine Erinnerung wurde in mir wach. Am Fluß standen Trauerweiden, die ich in Österreich nicht gesehen hatte. Waren wir etwa schon in Polen?

Aber warum, warum ließ man eine kleine Jüdin solch einen weiten Weg machen, um zu sterben? Die Deutschen waren doch sonst nicht so verschwenderisch? Dann erinnerte ich mich, wie verzweifelt ich gewesen war, wenn ich bei anderen erleben mußte, daß sie die Wahrheit nicht sehen wollten.

Kurze Zeit, bevor ich Hrebenko verließ, nachdem die ersten Razzien bereits stattgefunden hatten, fuhren die Züge durch Hrebenko. Es waren noch nicht die versiegelten Viehwagen, die bald durch ganz Europa rollen sollten. Es waren gewöhnliche Züge, mit nur ein paar Wächtern. Manche bestanden aus alten Wagen und manche aus Gepäckwagen, die großen Türen weit geöffnet. Drinnen saßen Juden, die nicht einmal schlechter Laune waren. Sie waren gut angezogen, hatten elegantes Gepäck, hatten ihre besten Sachen mit sich genommen und glaubten, sie würden umgesiedelt.

Henig Weiß, dessen Vater früher das Hotel neben dem Bahnhof besessen hatte, unterhielt sich mit ihnen und erzählte uns dann ihre Geschichte. Mit ihrem letzten Geld hatten sie goldene Uhren und andere wertbeständige Dinge gekauft, die sie in ihrer neuen Umgebung wieder verkaufen wollten. So glaubten sie wenigstens. Wir hatten aber von dem polnischen Zugführer gehört, wohin sie kommen würden. Nach Belzec oder in jenes andere Lager, mit dem unweigerlich das Wort »Tod« verbunden war: nach Oswiecim. Henig war außer sich über ihre Unwissenheit. »Wir müssen sie warnen, müssen ihnen Bescheid sagen«, wiederholte er immer wieder. Vielleicht würden dann einige von ihnen die Möglichkeit finden, vom Zug herunterzuspringen und zu flüchten. Was hatten sie denn zu riskieren? So liefen wir ein- oder zweimal an den Zügen entlang und schrien: »Hört doch, man führt euch in den Tod.«

Aber wenn wir versuchten, ihnen klarzumachen, was sie erwartete, antworteten sie: »Aber warum sollte man uns diesen weiten Weg mit einem Zug transportieren, nur um uns nachher zu töten? Nein, nein, wenn es nur das wäre, dann hätten sie uns schon zu Hause umgebracht. Die Deutschen denken dafür viel zu praktisch. Sie würden ihre Eisenbahnzüge nicht für so etwas verschwenden.«

Versuchte ich jetzt nicht, mir das gleiche einzureden? Und hatte nicht auch ich mein bestes Kleid an? Hatte man nicht auch mir gesagt, mich elegant anzuziehen, meinen guten Koffer mitzunehmen?

Dann fand ich eine andere Ausflucht. Ich war ja nicht in einem Massentransport, in einem Viehwagen. Ich reiste in einem bequemen 2.-Klasse-Abteil. Warum sollten sie soviel Umstände mit mir machen, mir zwei Begleiter mitgeben, wenn ich wirklich nur getötet werden sollte? Dann hätten sie mich ja in Wien festhalten können, bis der nächste Transport abging.

Sicher würde mich dieser Zug nicht nach Belzec und auch nicht nach Oswiecim bringen. Ich überlegte, ob wir vielleicht durch meine Heimat Hrebenko kommen würden? Und dann spürte ich, daß es so sein würde. Dort hatte meine Reise begonnen, dort würde sie auch enden. Vielleicht würde ich gerade dort die Möglichkeit finden, vom Zug zu springen.

Plötzlich stand einer der Soldaten neben mir. Er sagte nur ein Wort: »Warum?«

Auch ich sagte nur ein einziges Wort der Erwiderung: »Jüdin.« Ich hörte, wie er tief atmete, es klang nach Mitleid, nach Ablehnung. Er schüttelte den Kopf. Dann stand der Gestapomann an meiner anderen Seite.

Ich fragte: »Sind wir schon in Polen?«

»Ja«, antwortete er.

Und zum erstenmal, seitdem man mich festgenommen

hatte, weinte ich. Wegen meines Schicksals und weil ich dieses Land liebte, wo ich geboren war und wo ich vergehen würde, wie ein Tier im eigenen Wald.

Es dauerte nicht mehr sehr lange. Wir waren nicht durch Hrebenko gekommen oder irgendeinen anderen mir bekannten Ort. Auf einer kleinen Station hielt der Zug, meine Begleiter hießen mich aussteigen. Wir waren die einzigen. In großen Buchstaben las ich auf dem Bahnsteig die Inschrift: »Auschwitz«. Ich hatte diesen Namen noch nie gehört. Vielleicht war es wirklich so, wie Herr Müller gesagt hatte, und ich kam in ein Arbeitslager.

»Ist das das Ende meiner Reise?« fragte ich.

Die beiden sahen sich an. »Kann sein«, sagte der eine.

Wir schritten eine asphaltierte Straße entlang. Diesmal trug keiner meiner Begleiter meinen Koffer. Wir marschierten ein ziemliches Stück, rechts und links leere Felder, nirgends war eine Stadt zu erblicken. Alles schien unheimlich. Da war ich mit zwei Wächtern Hunderte von Kilometern gefahren, irgendwo mitten im Niemandsland aus dem Zug ausgestiegen und marschierte mit zwei jungen Männern auf einer leeren Straße. Und dann sah ich Wachttürme und eine Umzäunung. Der hohe Stacheldraht erstreckte sich auf einer Seite unendlich weit. Hinter ihm sah man Reihen niedriger langer Baracken, wie sie in jedem Lager sind, nur daß diese eine bräunliche Farbe hatten und aus Steinen gebaut waren. Dann hörte ich Militärmusik. Wir näherten uns einem Tor, an dem ein Posten stand. Dahinter sah man einen peinlich sauberen Hof mit kurzgeschnittenen Grasflächen, eine Einzäunung von Bäumen und sogar einige Blumen. Im Hof standen die Gefangenen. Über ihren Köpfen war ein breites Band gespannt mit der Inschrift: *Freude durch Arbeit,* auf einem zweiten Band stand: *Arbeit macht das Leben süß.*

Die Gefangenen marschierten weg, sie sahen gesund und gut aus. Ich war ziemlich erstaunt, aber angenehm enttäuscht. Vielleicht war dieses Lager hier eine Art von Erziehungslager, wohin Herrn Müllers Freundlichkeit mich geschickt hatte. Der große Hof mit den Verwaltungsgebäuden, ringsum die Grasfläche, sah beinah aus wie ein Sanatorium. Und wenn ich zu nichts anderem verurteilt war, als unter Musikbegleitung zu arbeiten, so durfte ich zufrieden sein.

Und so folgte ich in gehobener Stimmung meinen Begleitern ins Aufnahmebüro. Dort saßen zwei junge, hübsche, freundlich aussehende SS-Leute. Sie aßen belegte Brote und tranken Bier dazu. Meine Begleiter begrüßten sie, alle vier gingen in den nächsten Raum, ließen die Tür offen. Ich sah, wie meine Begleiter meine Papiere übergaben. Im nächsten Augenblick kamen sie wieder heraus, gingen an mir vorbei und verschwanden. Die beiden SS-Leute kehrten zurück. Einer blickte auf mich und sagte freundlich: »Hast du Hunger? Willst du ein Bier?«

Ich bedankte mich und sagte, ich hätte im Zug gegessen. Sie beendeten ihre Mahlzeit, dann schlug einer wie nebenbei meine Akte auf, sah mich an und fragte lachend: »Bist du wirklich eine Jüdin?«

»Ja«, antwortete ich.

Er lachte wieder: »Unmöglich.« Dann fragte er den anderen: »Was glaubst du?«

Der zweite sah mich genau an, dann sagte er: »Nein.«

»Nein, wir glauben dir beide nicht«, wiederholte der erste.

»Aber es ist doch so«, sagte ich, »deswegen wurde ich ja hierhergebracht.«

Ich wußte nicht, ob sie sich über mich lustig machten, noch, wie ich mich benehmen sollte. Es war, als ob alles kopfüber ginge.

»Vielleicht bist du nur Halbjüdin?« wollte der erste SS-Mann wissen.

»Nein, ich bin Volljüdin.«

»Vielleicht ist's irgendwo einmal ein bißchen nebenraus gegangen?«

Er sah mich lüstern an.

»Ich bin Volljüdin«, wiederholte ich, »meine Eltern und Großeltern und soweit ich zurückdenken kann, waren alle Juden.«

»Nicht vorzustellen«, sagte er zu seinem Begleiter und nahm das Telefon ab. Gleich darauf erschien ein anderer SS-Mann, er war älter, führte einen großen Hund an der Leine und hatte ein Gewehr.

»Geh mit ihm«, wurde mir geheißen.

Ich ging neben ihm, wir passierten unendlich lange Reihen von Baracken, dann waren wir wieder auf der Straße, rechts und links dürre, braune Felder. Schweigend marschierten wir weiter und weiter. Ja, aber wenn ich nicht in eine dieser Baracken gebracht werden sollte, wo würde er mich hinbringen? Irgendwohin in die leeren Felder, um mich doch noch zu erschießen? Ein paar SS-Leute trafen uns und begrüßten meinen Wächter: »Wer ist denn die Schönheit? Eine Zigeunerin? Du hast mal wieder Glück!«

Es war richtig, so wie ich jetzt mit meiner Sonnenbräune vom letzten Wochenende bei Anya aussah, hätte man mich für eine Zigeunerin halten können, und da fiel mir wieder ein, daß ich gehört hatte, die Nazis wollten die Zigeuner ebenso ausrotten wie die Juden.

Wir marschierten weiter, die Baracken waren weit hinter uns geblieben, wir kamen jetzt in eine Gegend, wo gleichfalls Reihen von niedrigen Steinhütten standen. Aber hier gab es keine Bäume, keine Grasflächen, und als wir ganz nahe an die Gebäude kamen, da hatte ich zum erstenmal das Gefühl von

Unwirklichkeit: Auf den Wegen zwischen den Hütten bewegten sich Gefangene, aber sie glichen nicht im geringsten denen, die ich im ersten Lager gesehen hatte. Ausgemergelt wie Gespenster, mit Fetzen bekleidet, zerrissene Schuhe, manche nur mit einem Schuh – waren das – Frauen? Ja, es waren Frauen! Ihre Köpfe waren rasiert oder das Haar ganz kurz geschnitten; sie bewegten sich in einem völlig apathischen, merkwürdigen Gang – Gespenster!

Wir marschierten zwischen ihnen durch. Alle diese Frauen hatten an ihrer Kleidung Flicken von verschiedener Farbe, die meisten trugen den Davidstern, ein rotes Dreieck über einem gelben, einige hatten andere Flicken, grün, schwarz, rot. Ich wußte nicht, was sie bedeuteten. Manche von ihnen trugen gestreifte Gefängnisanzüge, und sie allein unter all diesen zerlumpten Kreaturen schienen richtig angezogen. Dann bemerkte ich, daß alle Gefangenen auf ihrem Arm eine Nummer eintätowiert hatten. Es war mir unmöglich, mit dem Ganzen fertig zu werden, so unfaßbar überfiel mich dieser Kontrast zwischen den beiden Lagern. Es war, als ob man vor einer Wand ein wunderschönes Bild weggezogen hätte, und jetzt sah man, daß dahinter Würmer krochen. Ein Gefühl bitterer Wut raste durch mich, als ich an die beiden glatten SS-Männer dachte, die vergnügt ihr Bier getrunken und mit mir Späße gemacht hatten, während sie doch wußten, was mich erwartete.

Wir gingen jetzt in ein großes Gebäude, das in der Mitte der Baracken stand. Wir kamen in eine Halle mit Bänken an allen Seiten. Auf diesen Bänken saß eine Reihe von Frauen, sie schienen erst neu angekommen, denn sie wirkten noch wie menschliche Wesen. Obwohl sie, verglichen mit meiner eigenen strotzenden Gesundheit, dünn und verhungert aussahen, waren sie doch normal, wenn auch schäbig angezogen. Mein Wächter mit seinem Hund verließ mich.

Ich sah durchs Fenster. In einiger Entfernung erblickte ich ein großes Gebäude, anscheinend eine Fabrik, mehrere große Kamine ragten in den Himmel.

Wir waren alle still, uns hatte die Furcht befallen, die manchmal eine Gruppe von Menschen erfaßt, die nicht miteinander zu sprechen wagen, obwohl sie wissen, daß sie alle in derselben verzweifelten Lage sind. Ich fühlte jetzt in der Atmosphäre dieses Raums die widerliche Luft des Gebäudes, die mich von dem Moment an umfaßt hatte, in dem ich dieses zweite Lager betreten hatte. Es war ein ganz bestimmter Geruch, verbunden mit einer Dicke der Luft. Draußen hatte ich gedacht, dieser Geruch käme von den kränkelnden, übelriechenden Körpern der Gefangenen, aber er herrschte auch hier im Haus. Ich konnte mir nicht erklären, was es war.

Ein paar Männer in gestreiften Uniformen bewegten sich geschäftig umher. Einer von ihnen näherte sich mir und begann eine Unterhaltung. Ob ich mit den anderen angekommen sei? »Nein«, sagte ich, »allein. Wer sind die dort?«

»Ein kleiner Transport aus Theresienstadt«, antwortete er, als ob dieser Name etwas für mich bedeutete.

»Wie ist es hier?« fragte ich und deutete durch das Fenster. »Sind das dort die Fabriken, in denen wir arbeiten sollen?«

Ein kurzes böses Lachen erfolgte: »Fabriken? Weißt du denn nicht, wo du bist?«

»Doch, in Auschwitz.«

»Weißt du, was Oswiecim bedeutet?«

»Natürlich. Aber auf dem Schild auf dem Bahnsteig stand doch Auschwitz?«

»Oswiecim«, sagte der Mann, »auf deutsch Auschwitz.« Er beobachtete mich scharf, in seinen Augen war ein seltsames Leuchten, als könne er alles sehen, was in mir vorging. Da war vor allem das Gefühl, betrogen worden zu sein. Warum hatten sie mich angelogen, mit mir gespielt, ihren

Spaß getrieben mit eines Menschen letzter Hoffnung? Sogar Herr Müller, der väterliche Herr Müller, auch er hatte mit mir gespielt, denn er hatte mir doch noch versichert: »Nein, nein, du kommst nicht nach Oswiecim.«

Aber trotz all meiner Enttäuschung und meines Entsetzens klammerte ich mich an eine Hoffnung, um weiterleben zu können. Ich hatte doch noch eine Menge Menschen hier umherlaufen sehen, also konnte es doch nicht wahr sein, daß alle vergast wurden.

»Ich dachte, in Oswiecim wird jedermann vergast?«

»Nicht jedermann, es wird eine Auswahl getroffen.«

»Eine Auswahl?«

»Du bist nicht mit einem Transport gekommen. Bei einem großen Transport findet die Auswahl sofort bei der Ankunft statt. Einige werden für Arbeit ausgesondert. Die anderen werden sofort in die Fabrik geschickt.«

Er blickte zum Fenster hinaus auf die hohen Kamine im Hintergrund. Jetzt sah ich den Rauch dort, wie er zum Himmel emporstieg. Aber ich verstand immer noch nicht, ich überlegte nur, ob es das Gas war, das ich gerochen hatte, ob das Gas den Geruch verursachte, der hier die ganze Luft erfüllte. Denn in allen Gerüchten, die bis ins Hinterland gedrungen waren, wußte niemand genau über den letzten Akt des Geschehens zu berichten. Nur das Wort Gas war immer wieder aufgetaucht, und selbst jetzt, als die Kamine vor mir standen, konnte ich nicht begreifen. So schwer ist es für den Menschen, etwas glauben zu sollen, was völlig unmenschlich ist.

»Jetzt sind die Ungarn dran«, sagte der Mann, »jetzt gehen die ungarischen Juden in Rauch auf.« Er sah auf die Frauen, die auf den Bänken saßen. »Wenn nur ein kleiner Transport kommt, dann verzichten sie manchmal auf die erste Auswahl, oder in einem Spezialfall wie bei dir.«

»Ein Spezialfall?«

»Ja, du bist allein gebracht worden, das ist ungewöhnlich.« Seine Augen glitzerten, als er mich von neuem forschend betrachtete. »Aber Auswahlen werden immer wieder getroffen, auch später noch.«

»Auch später noch?« wiederholte ich.

»Sehr oft sind Auswahlen in den Baracken oder wenn jemand krank wird und ins Spital geht.« Sein Ton wurde beinah vertraulich. »Aber ein Mädel wie du braucht sich keine Sorgen zu machen, du siehst prachtvoll aus, du wirst jede Auswahl überstehen. Außerdem kann man sich hier auch manches richten, vor allem, wenn ein Mädel vernünftig ist. Einige von uns Männern haben gute Posten hier, in der Küche, im Vorratslager, eben die, die schon längere Zeit da sind. Selbst in Auschwitz läßt sich einiges arrangieren.«

Ich hatte seine letzten Worte kaum gehört, denn ein Satz von ihm klang mir noch in den Ohren: »... gehen in Rauch auf.« »Was, sagen Sie, geschieht mit den ungarischen Juden?«

Er sah mich fest an: »Da drüben, dort werden die erledigt, die bei der Auswahl nicht durchkommen. Erst Gas, dann werden die Leichen verbrannt. So ist alles hübsch hygienisch.«

Ich konnte den Mann, der all das miterlebt hatte, nicht mehr ansehen. Im ersten Moment hatte ich gespürt, daß er anders war als alle anderen menschlichen Wesen, die ich bis jetzt getroffen hatte. Nun machte mich dieses Gefühl krank, als wäre er selbst ein Teil des mörderischen Geruches, dieses Geruches nach brennendem Fleisch. Ich fragte, wo der Waschraum sei. Er sagte es mir, dann begleitete er mich bis zur Tür: »Brauchst du ein Stück Seife?« fragte er. »Du mußt wissen, hier in Auschwitz-Birkenau tun wir allerlei füreinander. Ein Mann kann viel für eine Frau tun, wenn auch sie etwas für ihn tut. Ich könnte dir ein Stück Seife verschaffen.«

Ich wußte nicht recht, was er wollte. »Sprechen Sie deutlicher, ich verstehe Sie nicht.« Er erklärte sich sehr deutlich.

Hier sogar, sogar hier!

»Danke«, sagte ich; ich hatte ja meine Seife.

Der Mann ging weg.

Ich kam wieder aus dem Waschraum und fand einen Platz auf einer der Bänke. Ich unterhielt mich mit einer Frau, die aus Theresienstadt kam. Sie erzählte mir, das sei ein besonderes Lager, wo Juden aus Österreich, Deutschland und der Tschechoslowakei hingebracht wurden, denen man erzählt hätte, sie würden da unbelästigt leben können. Dafür hatten sie große Summen bezahlt. Aber trotz aller Versprechungen wurden auch von dort aus Transporte weggeschickt, und so war diese Frau hierhergekommen.

Die Nacht war hereingebrochen. Ich streckte mich auf der Bank aus. Allmählich kehrte mein Selbstvertrauen zurück. Ich würde entkommen, ich würde ganz bestimmt von hier entkommen. Dieser Gedanke, diese Überzeugung wuchs in mir, füllte mich völlig aus und scheuchte die ganze grausame Wirklichkeit aus meinen Gedanken. Ich dachte nur an die Möglichkeit des Entkommens und stellte mir wieder alles vor, was ich gesehen hatte. Vom ersten Lager bis zum zweiten Lager war so viel freier Raum. Der erste Teil war, wie ich jetzt wußte, Auschwitz, und dies hier war Birkenau. Es mußte doch möglich sein, in das leere Zwischenland zu entweichen! Ich klammerte mich an diesen Gedanken und ließ keinen anderen aufkommen. Ich schmiedete im Geist phantastische Pläne, verbarg mich in einem Möbelwagen, in einem Karren, Menschen kamen und gingen, Züge kamen und gingen, ich würde entkommen.

Und so verging die Nacht. Früh am Morgen erklang Lärm, Pfeifen, Rufe. »Appell! Appell!« Die Musik begann wieder zu spielen. Ich ging in den Waschraum, es gelang mir sogar, mich zu erfrischen, ich kämmte mein Haar, dann kehrte ich zu meiner Bank zurück. Plötzlich kam eine Frau in gestreifter Gefangenenkleidung in die Halle. »Auf«, schrie sie, »Inspektion!« Sofort standen wir alle regungslos, irgendwie war plötzlich ein neues Wort da: »Kapo«. Jene Frau war ein Kapo, eine Aufsichtsperson, aus den Gefangenen ausgewählt.

Und jetzt kam eine Gruppe von SS-Offizieren herein. Es war vielleicht ein Dutzend aller Altersklassen. Die älteren schienen einen hohen Rang zu haben. Einer von ihnen brüllte: »Hinsetzen!« Wir setzten uns. Die Offiziere wanderten im Raum herum. War dies am Ende die »Auswahl«, die Entscheidung, wer leben und wer sterben sollte?«

Aber sie machten keine Zeichen, sie gingen nur an den Bänken vorbei, äußerten kaum etwas, nicht einmal untereinander, aber als sie zu mir kamen, blieben sie stehen.

Der erste, welcher der Höchstkommandierende zu sein schien, fragte: »Bist du Eva Korngold?«

»Ja.«

Wieso hatten sie nur bei mir angehalten? Wieso wußten sie meinen Namen? Bedeutete das, daß alle anderen verurteilt waren, oder daß nur ich allein verurteilt war? Die Männer starrten mich alle an. Ich erinnerte mich an die ganze Serie von Anklagen, die die SS gegen mich in Linz erhoben hatte: Spionin, Mitarbeit beim tschechischen Untergrund – all das stand ja in meinen Papieren – und jetzt waren sie gekommen, um sich diese gefährliche Person anzusehen. Sie gingen alle weg. Ich wartete. Von der ganzen SS-Gruppe war nur ein Soldat zurückgeblieben. Jetzt sprach er zum Kapo. Sie verschwand, und er blieb bei uns.

Ich konnte die Unsicherheit nicht mehr länger ertragen. Warum war nur ich gefragt worden? So stand ich auf und ging zu dem SS-Mann. Ich war mir nicht bewußt, wie unmöglich mein Vorgehen hier war, wo ein Gefangener keine Frage stellen, ja nicht einmal wagen durfte, einen Höhergestellten anzureden. »Entschuldigen Sie bitte«, sagte ich, »ich würde gern etwas fragen: Wieso sind die Offiziere nur bei mir stehengeblieben, was will man von mir?«

Er blickte mich an, dann lachte er: »Nichts«, antwortete er. »Die Jungs im Aufnahmeraum sagten, daß eine jüdische Schönheit gekommen sei, und die wollten sie alle sehen.«

Ich konnte das alles nicht mehr begreifen. Es war, als ob Menschen zu mir in einer Sprache sprächen, deren Worte ich zwar kannte, deren Sinn aber völlig verkehrt worden war, so daß sie das Gegenteil von dem bedeuteten, was man hörte. Warum sollten Männer, sollten hohe Offiziere sich die Mühe machen, zu sehen, ob ein Mädel hübsch war, bevor sie es in die Gaskammer schickten?

Was nun das Kompliment selbst betraf, so wußte ich, was ihnen aufgefallen war: Ich war elegant angezogen, ich sah noch aus »wie jemand«. Mein Haar, das ich lang trug, war glänzend schwarz. Ich sah um mich. Unter den Frauen aus Theresienstadt war eine ganze Reihe, die schönere Gesichter hatten als ich. Aber alle hatten keinen Glanz mehr, das Leben schien wie vergangen, so daß sie beinah aussahen wie die armen Wesen, die ich im Hof gesehen hatte. Sie waren schon auf dem Weg, genauso zu werden wie jene. Aber ich – ich würde mich niemals so tief sinken lassen.

Ich wunderte mich, daß ich noch die Kraft hatte, so zu denken, daran glauben zu können, daß sie mich nicht vernichten würden. Wie konnte ich glauben, daß ich dort durchkommen würde, wo es allen anderen mißlang? Aber hatte ich nicht Glück im Leben? War es nicht so, als ob ich immer ausgewählt wäre, sogar in der Art und Weise, wie ich hierher gebracht worden war?

Und vorher: Ich war nicht geprügelt worden, man hatte

mich sogar nur erwischt, weil ich einen Fehler gemacht, nicht, weil ich Unglück hatte. Nein, ich mußte an meinen guten Stern glauben, dann würde ich alles überleben. Und wenn alle anderen sterben mußten, wenn auch mein Herz darüber brechen sollte, wenn ich mich auch über meinen Egoismus schämte, ich würde mein Geschick für mich gestalten, frei werden und leben. Und dann wurden wir vorgenommen: zuerst unser Haar. In einem Nebenraum mußten wir uns der Reihe nach auf Stühle setzen und wurden von weiblichen Gefangenen behandelt, die mit Scheren und Haarschneidemaschinen bewaffnet waren. Wie das Haar nachher aussah, hing von der ab, die schnitt. Manche Frauen wurden ganz kahl geschoren, bei anderen ließ man einen federartigen Haarkranz stehen, der ein wenig den Männerfrisuren ähnelte, die nach dem Krieg modern wurden. So war es mit mir. Dann wurden wir in ein anderes Gebäude gebracht. Dort befahl man uns, alles Gepäck abzugeben und uns zum Abduschen auszuziehen. Eine Panik brach aus. Kommt jetzt der letzte Moment? Die Frauen, die in Theresienstadt gewesen waren, hatten dort gehört, wie es in den Todeslagern zuging. Und jetzt sagten sie, es geschehe im Duschraum. Wenn alle nackt drinnen wären, würden die Türen geschlossen, und dann würde anstatt Wasser das tödliche Gas durch die Ritzen gelassen.

Die Unruhe wuchs mehr und mehr, keiner wollte als erster in den Duschraum. Der Kapo schob ärgerlich die Nächststehenden hinein. Dann hörten wir Wasser laufen. Eine nach der anderen gingen wir hinein, immer noch voller Angst, denn in jedem Moment könnte ja die Tür geschlossen und Gas statt Wasser hineingelassen werden.

Aber wir lebten noch, und von Augenblick zu Augenblick wurde dieses Bewußtsein stärker. Dann kamen wir in ein anderes Zimmer. Dort lag ein Haufen von Kleidungsstücken, verschmutzt und zerrissen, herum und ein Berg schiefgetretener, abgenützter, zerlumpter Schuhe.

»Zieht euch an!«

Wir zogen aus dem Kleiderhaufen irgend etwas heraus. Es waren die Überbleibsel der Toten, aber alle guten Stücke waren schon ausgesucht, genauso, wie man vorher unsere eigenen Kleider weggenommen hatte.

Ich fand ein braunes, zerknittertes Kleid und zog es an.

Es hing lose an mir herunter. Ich suchte in dem Haufen Lumpenzeug nach einem Gürtel, fand eine Art Strick, band ihn um mich und hatte ein Gefühl, als ob ich etwas von mir selbst wiedergefunden hätte. Den anderen Frauen ging es genauso, alle schämten sich voreinander, keine war mehr die, die sie vorher gewesen war. Einige versuchten, über ihre Kahlköpfe zu scherzen, aber alles war nur Scham.

Jetzt wurden wir zurückgejagt in die Haupthalle, um die letzte Prozedur über uns ergehen zu lassen, die uns unser Menschentum nehmen sollte. Dort wartete bereits eine Anzahl Frauen in Gefangenenkleidung. Wir, in unseren Lumpen, hatten das Gefühl, daß sie hoch über uns ständen. Jede von ihnen hatte eine Tätowierungsnadel. Wir wurden in einer Linie aufgestellt, um unsere Nummern eingebrannt zu bekommen. Einige der Frauen waren sehr grob, packten den Arm ihrer Opfer, bohrten die Nadel brutal ins Fleisch und machten dicke, auffällige Zahlen am Handgelenk.

Aber mein Arm wurde freundlich angepackt, von einer Frau, deren Haar teilweise wieder nachgewachsen war. Ich fühlte kaum die Nadel, als sie schnell saubere, kleine Zahlen auf meinen Unterarm, nahe am Ellenbogen, schrieb: 81 332. Sollte ich entkommen, wäre diese Nummer leicht zu verbergen. Wiederum kam dieses unvernünftige, beinah verrückte Gefühl über mich, daß ich sogar hier vom Glück begünstigt sei.

Und dieser verdrehte Optimismus hielt an, auch als wir zu den Baracken zurückgeführt wurden. Fünf andere Frauen und ich kamen in Block 9. Der scheußliche Gestank verschlug mir den Atem. Ich sah einen langen, halbdunklen Raum. Auf beiden Seiten waren Bettverschläge, jeder drei Etagen hoch, und auf diesen Verschlägen lagen Kreaturen, die noch elender waren als die, die ich draußen gesehen hatte, spindeldürr, skelettartig, die Gesichter nur Augen. Es waren Gespenster, keine Menschen. Mein Herz wollte aufhören zu schlagen, aber nein, nein, so würde ich niemals aussehen!

In einer abgeteilten Ecke bei der Tür war ein Winkel für die Blockälteste, die über die Baracke herrschte. Sie kam von dort zum Vorschein, eine untersetzte Frau mit Schweinsaugen und einem harten, bösen Gesicht. Martha. Ihrer Aussprache nach war sie eine Slowenin, ich hätte nie geglaubt, daß sie eine Jüdin sei. Sie wies uns unsere Plätze an, einen Teil des obersten Regals für alle sechs. Jede erhielt eine Blechschüssel zum Essen, einen Löffel, und, wenn wir diesen verlieren würden, bellte sie uns an, würden wir keinen neuen bekommen. Wir kletterten auf unsere Höhe hinauf. Auf den unteren Bänken lagen weibliche Gestalten, erschöpft von der Tagesarbeit. Es war schwer, nicht auf eine Hand zu treten oder gegen einen Körper oder ein Gesicht zu stoßen, und Verwünschungen folgten unserer Ungeschicklichkeit. Wir versuchten, auf den Brettern Platz zu finden, aber es war kaum genug Raum da, daß alle ausgestreckt liegen konnten. So mußten sich einige auf die Seite legen. Wir hatten uns noch nicht eingepaßt, als plötzlich der ganze Block von einem tierischen Schrei erschüttert wurde, einer Mischung von Angst, Furcht und Angriffswut. Im selben Moment entstand eine wilde Bewegung. Alle Frauen sprangen auf und drängten sich, einander kratzend und stoßend, auf einen Haufen zusammen.

Die Tagesration war gekommen.

Ich blieb sitzen, erschüttert, krank vor Schreck. Dazu würden sie mich nie bringen. Vielleicht würde ich verhungern, aber niemals ein solches Tier werden. Ich blieb auf meinem Brett liegen, wollte warten, bis der Aufruhr abgeebbt sei. Plötzlich schrie mich eine heisere Stimme an: »Erwartet die gnädige Frau, daß man sie bedient?« Es war eine von den Frauen in Gefängniskleidung. Ich wußte, ich durfte nicht antworten, kletterte hinunter und mengte mich in den Knäuel.

»Vielleicht ist die gnädige Frau an Dienstboten gewöhnt, aber hier gibt es keine Unterschiede!« schrie die Stimme wieder. Bald genug sollte ich erfahren, wem sie gehörte. Es war Elsa, die Stubenälteste, die Assistentin der Blockältesten. Immer schlechter Laune, immer herumspionierend, war sie gleich da, um einer Gefangenen einen Hieb zu versetzen, wenn sie beim Morgenappell nicht sofort antwortete, oder jemanden zu erwischen, der versuchte, sich nachts auf den Abort zu schleichen.

Ich bekam zwei Scheiben Brot, einen Tupfen Margarine und eine Tasse grüner Flüssigkeit, genannt Tee. In den entfernteren Ecken fing ein lebhafter Tauschhandel an, weil einige der Frauen ihre Lebensmittel austauschten, andere krochen auf ihre Pritschen zurück, um einen Teil der Ration aufzubewahren oder um etwas aus ihren Geheimvorräten unter ihren Lumpen hervorzuholen. Nur ganz wenige Frauen aßen miteinander, selbst in diesem überfüllten Raum versuchte jede, beim Essen für sich zu bleiben – wie ein Tier. Es gab auch eine Trennung zwischen den beiden Seiten der Baracke. Auf unserer Seite trugen alle den Davidstern, auf der anderen hatten sie verschiedene Flecken aufgenäht. Etwas ängstlich fragte ich eine der älteren Frauen, was die verschiedenen Farben auf diesen Flecken bedeuteten. Sie erklärte es mir: eine war für politische Gefangene, eine andere für gewöhnliche Verbrecher, wie Diebinnen und Mörderinnen, und bei den Männern gab es ein besonderes Abzeichen für Homosexuelle. Die Frau wurde gesprächig, sie warnte mich vor Elsa, besonders davor, nachts auf den Abort zu gehen, denn Elsa hatte sich zum Schlafen einen strategischen Punkt ausgesucht, von dem aus sie die geringste Bewegung im ganzen Raum überwachen konnte. Es war dies die unterste Abteilung eines Bettgestells neben der Tür. Dort hatte Elsa als Stubenälteste soviel Platz wie sonst sechs Frauen. Sie hatte auch Leintücher und andere Annehmlichkeiten. Außer vor Elsa warnte mich die Frau auch vor der Sekretärin, die über die Baracke Buch führte, einer Frau, die auch hinten am Kopf Augen hatte, und gerissene Augen dazu: dann mußte man sich in acht nehmen vor den Kapos, welche die Arbeitskommandos befehligten. Das würde ich morgen beim Appell, wenn man uns einteilte, schon alles sehen.

Als ich mein zweites Stück Brot essen wollte, sagte sie warnend: »Leg es zurück. Vor morgen abend bekommst du nichts mehr!« Ich steckte es unter mein Kleid. Sie wollte wissen, wo man mich erwischt hatte. Ich erzählte es ihr. Sie nickte. Aha, deswegen sah ich so gesund aus. Ich hatte weder in einem Getto leben müssen noch in einem der anderen Konzentrationslager. Sie selbst war ein Jahr in Ravensbrück gewesen. Sie setzte voraus, daß mir dieser Name bekannt sei. Dort hatte sie gelernt, wie man sich im Lager und mit den Kapos zu benehmen hat. »Aber dort«, sagte sie, »gab es keine Gaskammern.«

Als man sie nach Auschwitz schickte, war sie überzeugt, sie würde sofort vergast werden. »Wir sind jetzt in der Quarantäneabteilung. Hier bleiben wir drei oder vier Wochen.« Sie war bereits zwei Wochen hier. Während sie sprach, sah ich sie mir genauer an, denn ihre Stimme war viel jünger als ihr Aussehen. Ihr Gesicht hatte tiefe Furchen, die Haut schien leblos, und ihre Wangen waren eingeschrumpft. Sie spürte, was ich dachte, und fragte: »Für wie alt hältst du mich?«

In meiner Antwort gab ich weniger an, als mir möglich schien: »Mitte Dreißig.«

Sie schüttelte den Kopf; nein, sie sei vierundzwanzig, also nur ein paar Jahre älter als ich selbst.

Wir hatten die Erlaubnis, uns in unserem Teil des Geländes bis neun Uhr frei zu bewegen. Einige Frauen gingen in die Nachbarbaracken oder standen schwätzend auf den Wegen. Ich sprach ein paar an, vielleicht würde ich jemand von zu Hause finden. Aber niemand aus meiner Gegend war da. Und dann gab es nur ein Thema, über das ich sprechen konnte, weil es mich völlig ausfüllte: »Ist schon einmal jemand von hier entkommen?«

Sie sahen mich an, als sei ich verrückt. Wußte ich denn nicht, daß der Zaun elektrisch geladen war?

»Und was ist mit den leeren Feldern zwischen den beiden Lagern?« fragte ich zurück. Ein paar sagten, es gebe weiter draußen noch einen Zaun, der das ganze Gebiet von Auschwitz und Birkenau und alles, was dazwischen lag, umschließe.

»Weiß man es ganz bestimmt?« bohrte ich weiter. Da sahen sie mich merkwürdig an, beinah ängstlich, und beendeten die Unterhaltung. Niemand dachte an den elektrischen Draht, nur diejenigen, die sich umbringen wollten. Dann warfen sie sich auf den Zaun.

Ruhelos durchstreifte ich das Gelände, bis zu den äußersten Punkten. Sowie ich aus der Quarantäne herauskommen würde, wollte ich weiter nachforschen.

Um neun Uhr ging das Licht aus, und wir lagen auf unseren Holzpritschen. Es war unmöglich, sich von der einen Seite auf die andere zu drehen, ohne daß die Nachbarin sich auch drehte. Entweder war ein Arm im Weg oder ein Bein, an dem man nicht vorbeikonnte. Und beinah sofort begannen die scheußlichen Nachtgeräusche: Husten, Schnarchen, Stöhnen, ärgerliche Verwünschungen, Weinen, Wispern – alle Frauen versuchten eine Lage zu finden, in der sie schlafen konnten. Mit fortschreitender Nacht wurde der Gestank unerträglich. Ein paar Frauen hatten Durchfall, bei anderen funktionierte die Blase nicht richtig. Man hörte, wie sie versuchten, sich in ihre Eßgefäße zu entleeren. Man hörte das Tropfen von Flüssigkeit. Ein Glück, sagte ich mir, daß ich oben lag.

Die ganze Nacht über dachte ich fieberhaft an Flucht. Jeden anderen Gedanken verbannte ich und konzentrierte mich auf die weite leere Fläche zwischen Auschwitz und Birkenau und sah mich, wie ich eines Nachts durch die Gegend stürmte, in die Wälder hinein. Ein Arm lag auf meinem Gesicht, ich schob ihn weg, versuchte mich zu drehen. Ein ärgerliches Stöhnen folgte, ich versuchte, völlig still zu liegen. Mein Kopf brannte, ich fand keine Ruhe. Dann begann meine Blase mich zu quälen. Ich hatte Angst, ich könnte nicht bis zum Morgen warten. Ich versuchte, mich aufs Gesicht zu legen. Vielleicht würde es dann besser. Ich dachte sogar daran, mein Zinkgefäß zu benützen. Aber diese greuliche Vorstellung machte meinen Drang nur schlimmer. Und wenn ich hörte, wie andere sich erleichterten, wurde es noch ärger. Die ganze Zeit über sagte ich zu mir: Schlaf, schlaf, du mußt schlafen, sonst hast du nicht die Kraft zur Arbeit und wirst in die Gaskammer geschickt. Und dann kam das grausige Bild der Gaskammer und der Schornsteine, und ein fürchterlicher Gedanke zuckte in mir auf, so daß ich beinah laut schrie. Vielleicht würde es ihnen zuviel werden, das Gas zu benutzen, und ich fühlte, wie zwei riesige Henker mich nackt packten und durch die Ofentür in den brennenden Ofen warfen, und in einem ewig dauernden Augenblick erlitt ich unsagbare Schmerzen ... Aber ich lebte noch. Und wieder zwang ich mich, an Flucht zu denken. Als graues Tageslicht in den Raum eindrang, tönte der Gong zum Appell. »Auf! Auf!«

So schnell ich konnte, glitt ich von meiner Liegestatt, um als erste zum Abort zu kommen. Aber dort hatte sich bereits eine wartende Schlange gebildet. Ein kleines Aborthäuschen mußte für mehrere Baracken ausreichen. Der Boden war verschmutzt, grauenhaft, unerträglich, überall lag Kot herum, von denen, denen es gelungen war, nachts hinauszukommen.

In einem anderen Gebäude war der Waschraum. Nur ein paar Hähne für ungefähr tausend Frauen! Das Wasser tröpfelte schwach, während die Frauen halbwach und schlecht gelaunt miteinander kämpften, um an die Wasserhähne zu kommen. Dauernd ertönten Pfiffe. Als ich in unseren Block zurückkam, liefen die Kapos und ihre Gehilfen umher und fluchten, weil eine Frau zu spät aufgestanden war; dort ein Hieb, dort ein Tritt oder Drohungen: »Du kommst in den Ofen«, bis endlich alle halb benommen draußen standen und sich vor dem Block in Reihen aufstellten.

So standen wir, bis die SS-Weiber kamen mit ihren Hunden an der Leine, ihren hohen Stiefeln und ihren glänzenden Koppeln. Sie gingen die Reihen entlang und inspizierten uns. Hier lauerte tödliche Gefahr, denn wenn irgendein Gesicht nicht gefiel, würden sofort Strafen erfolgen, Hiebe oder völliges Verschwinden. Endlich kehrten wir zum Frühstück in die Baracken zurück. Es gab die gleiche bittere, grüne Flüssigkeit. Einige aßen das Brot, das sie am Abend vorher gerettet hatten, und dann marschierte jeder Kapo mit seiner Herde ab.

Es gab große Kommandos von vierzig oder fünfzig

Frauen, dann gab es kleinere für besondere Aufgaben, wie Säuberung der Aborte oder Beiholen der Rationen.

Ich marschierte mit ungefähr zwanzig Frauen bis zum Ende der Quarantäneabteilung. Dort gab man uns Hacken und Schaufeln. Wir gruben Gräben beiderseits längs der Straße, die durch das Lager führte, und so arbeitete ich genau wie die anderen Frauen, nicht zu fleißig, aber bemüht, niemals müßig zu erscheinen. Es war eine Arbeit, die ich niemals gemacht hatte, und meine Hände sprangen bald auf. Entsetzliche Angst, mich zu infizieren, packte mich. Es war ja nicht möglich, sich hier sauberzuhalten.

So ging es bis Mittag. Dann wurden wir zurückgeführt zu unserem Block, und wieder begann der wilde Kampf, als die Suppe gebracht wurde. Ich spürte, wie Elsa mich mit den Augen verfolgte. Dieses ständige Beobachtetwerden war das schlimmste von allem. Ich drückte mich in die Menge hinein, bekam meine Ration aber erst, als der wütende Kampf etwas nachgelassen hatte.

Es gab eine graue Wassersuppe, die ganz entfernt nach Gemüse schmeckte. Mein Brot hatte ich bereits morgens gegessen; ich war immer ein herzhafter Esser und wußte, daß ich bald schwer Hunger leiden würde. Die Suppe machte mir den Magen nur halb voll. Dann ging es zurück zur Arbeit bis um fünf.

In den ersten Tagen versuchte ich herauszubekommen, wie ich Kraft sparen könnte, hütete mich, auch nur eine einzige Unze Energie auf Auseinandersetzungen oder bei der Arbeit zu verschwenden.

Als wir den Graben ausgehoben hatten, wurden wir angewiesen, einen Haufen Steine von der einen Seite der Straße zur anderen zu transportieren. Einige der Frauen sagten, wir würden diese Steine jetzt dorthin zurückbringen, wo sie die letzte Woche gelegen hätten, und der Graben, den wir aushoben, würde das nächste Mal wieder zugefüllt und dann wieder ausgehoben.

Ich versuchte, so gut es ging, Elsa keine Möglichkeit zu geben, mir etwas zu tun. Ich stürzte mich beim ersten Ruf des Appells von meiner Lagerstatt und stand immer unter den ersten in der Linie. Trotzdem war ich eines Morgens, an dem ich Durchfall hatte und ein zweites Mal zum Abort laufen mußte, beinah die letzte. Elsa erwischte mich, wie ich mich gerade in die rückwärtige Linie einschmuggeln wollte. Sofort kam sie auf mich zu: »Die gnädige Frau geruhte lange zu schlafen?« Und rechts und links schlug sie mir ins Gesicht, während sie mir gleichzeitig an die Beine trat. Ich stand still, ich konnte nur das tun, was alle Gefangenen taten, mir in rasender Wut zu geloben – obwohl es völlig unwahrscheinlich schien – eines Tages, wenn ich am Leben blieb, wenn ich frei wäre, wenn wir uns dann wiedertreffen würden...

Jetzt war ich bereits eine Woche im Block, es gab Neuankömmlinge, und ich kam mir schon ganz eingewöhnt vor.

Bei uns waren ein paar ungarische Mädchen, die Nachbarbaracke war ganz voll von ihnen. Sie hielten sehr zusammen, manchmal waren es zwei Schwestern oder Mädchen, die in dieselbe Schule gegangen waren, oder eine ganze Gruppe aus einem Dorf, manchmal waren es Mutter und Tochter. Aber nur wenige Mütter hatten die »Auswahl« überlebt. Diese Auswahl war noch im Zug erfolgt. Sie alle konnten jetzt noch nicht viel darüber sprechen. Einige hatten geglaubt und versuchten es jetzt noch zu glauben, daß diese Auswahl nur ein Aussortieren für verschiedene Lager gewesen sei. Aber im Innersten wußten alle, daß die Ausgewählten zu jenem Teil des Lagers geführt worden waren, der völlig abgeschlossen und aus dem noch kein Mensch zurückgekommen war. Aber sie waren noch viel zu benommen von ihrem eigenen knappen Entkommen, um alles richtig zu verstehen, und jede mußte ihre Kräfte darauf verwenden, sich hier einzuleben.

Und so ging es auch mir. Meine ganze Kraft wurde von diesem Vorhaben aufgesogen. Selbst wenn jemand zu mir sprechen wollte, mochte ich nicht zuhören. Ich wollte nichts von der »Aktion« hören, bei der sie erwischt worden waren, ich wollte nichts von den greulichen Transporten hören. Ich wußte es ja, es war das gleiche wie in Hrebenko. Ich durfte nicht von diesen Gedanken beherrscht werden, ich mußte ja leben!

Dann sah ich eines Tages, auf der Pritsche liegend, wie drei Frauen in unsere Baracke gebracht wurden. Ich gab aber nicht weiter acht. Plötzlich rief eine von ihnen »Katja!« Im ersten Moment berührte der Name mich gar nicht, denn jetzt war ich ja wieder Eva. Aber die Stimme? War es Anya? Ich sah hinunter und erkannte sie, obwohl ohne ihre dicken Zöpfe ihr Gesicht völlig anders aussah und ihr Mund ganz klein und schmal geworden war. Wir stürzten einander in die Arme, hielten uns eng umschlungen.

»So sollen wir doch bis zum Schluß zusammengehen!« rief sie. »Nein, nein, es ist noch nicht vorbei, selbst hier kann man leben!« antwortete ich ihr. Alles würde sich einordnen, sie würde schon sehen. Wenn wir uns nur richtig benähmen, könnten wir überleben. Und als alte »Lageristin« half ich ihr, alles in Ordnung zu bringen. Ich warnte sie vor Elsa, erzählte ihr in aller Eile, was mir passiert war, versicherte ihr, ich sei überzeugt, von hier zu entkommen. Ich schwatzte pausenlos. Jetzt erst wußte ich, wie unendlich einsam ich gewesen war.

Ja, beim zweitenmal war sie schlimmer geprügelt worden als zuvor, und als sie es nicht mehr aushielt, hatte sie jene Geschichte erfunden, daß sie getauft sei. Sie hoffte bestimmt, mir dadurch nicht zu schaden, hatte aber keine

Möglichkeit mehr, mich wissen zu lassen, daß sie ihre Aussage geändert hatte.

Nein, nein, sagte ich ihr, sie sollte sich meinetwegen keine Vorwürfe machen, wir waren damals schon zu tief hineingeraten, und es war einfach nicht zu vermeiden, daß sie uns erwischten. Aber immerhin konnten diese zwei Jahre, in denen wir verborgen lebten, unsere Rettung bedeuten, denn wenn man uns sofort nach Belzec geschickt hätte, dann wären wir sicher schon längst tot. Jetzt müßten wir eben sehen, hier zu arbeiten, gesund zu bleiben und auszuhalten, denn das Kriegsglück hatte sich ja schon gewendet. Und vielleicht könnten wir sogar entfliehen.

Entfliehen? Ob ich närrisch geworden sei? Von hier konnte kein Mensch entfliehen.

Ich sprach Tag für Tag von nichts anderem. Anya ließ mich reden, sie hielt es für eine Art von Verrücktheit. Aber ich beharrte. Wußte man denn, ob der Stacheldraht wirklich geladen war? Die Deutschen waren so scharf darauf aus, auch nicht die geringste Menge Elektrizität zu vergeuden; würden sie dann dauernd diese unendlich lange Umzäunung unter Strom halten? Vielleicht war überhaupt kein Strom dort, oder nur zu bestimmten Stunden. Vielleicht rechneten sie ganz einfach damit, daß niemand sich getrauen würde.

Jeden Abend gingen wir ganz nahe an den Stacheldraht heran. Es zuckte mir in der Hand, ihn zu berühren. Man sagte, der Strom sei so stark, daß auf Berührung sofort der Tod folge. Anya zog mich entsetzt zurück. »Geh doch nicht so nah heran, man weiß ja nie, was du vorhast.«

Eines Morgens heulten die Alarmsirenen. Wir hatten uns gleich zum Appell zu stellen und wurden gezählt. Jemand hatte versucht zu entfliehen, wurde geflüstert. Wer? Wohin? Niemand wußte es.

Aber wir standen Stunde um Stunde. Jede Reihe wurde

durchgezählt, und erst als das ganze Lager vorgenommen war, erhielten wir die Erlaubnis, zum Frühstück in die Barakken zu gehen. Die Kapos waren in scheußlicher Stimmung. Sie teilten Tritte und Schläge nach allen Seiten aus. Einige Frauen wankten, während wir so lange stehen mußten. Sie wurden von ihren Gefährtinnen aufrecht gehalten. Es war beinah Mittag, als man uns endlich entließ. Den ganzen Tag hörten die Gerüchte nicht auf: Es waren zwei, hieß es, ein Mann und eine Frau. Der Mann war ein Fuhrmann und kam im ganzen Lager herum und hatte sich mit seiner Liebsten verständigen können. Er hatte versucht, sie im Wagen zu verbergen und durchzubrechen, aber nach einer kurzen Jagd hatte man sie erwischt und erschossen. Dann gab es noch eine ganz andere Geschichte: Es war nur eine Frau gewesen. Sie hatte versucht, sich unter dem Stacheldraht durchzugraben. Bluthunde hatten sie erwischt.

Kurz darauf wurde unser ganzer Block bestraft, weil eine der Frauen sich versteckt hatte, um nicht arbeiten zu müssen. Sie war so schwach, so zu Tode erschöpft, daß sie den Gedanken an die Arbeit einfach nicht ertragen konnte, und so hatte sie sich wie ein Tier in eine Ecke eingegraben. Aber sie hatten sie herausgezogen. Man hatte sie bei den Füßen gepackt, sie wütend beschimpft und getreten, und dann war unsere ganze Baracke bestraft worden. Wir mußten uns in einer Reihe vor der Baracke hinknien, die Hände erhoben mit den Handflächen nach oben, auf jeder Handfläche lag ein schwerer Stein. So mußten wir eine Ewigkeit bleiben, während die Kapos uns kontrollierten, um sicher zu sein, daß niemand seinen Arm sinken ließ. Ich hörte Steine fallen, aus meinen Augenwinkeln sah ich, wie unten in der Reihe eine Frau zusammenstürzte. Niemand wagte, ihr zu helfen. Ein Kapo rannte zu ihr hin, trat sie mit den Füßen, so daß der Kopf der Frau von einer Seite nach der anderen pendelte. Sie richtete sich wieder auf, mit ihrem Stein. Der Kapo ging weiter. Die Nachbarn der Frau rutschten näher zu ihr hin, um sie zu stützen.

Die Wochen vergingen; mein Hunger wurde immer schlimmer, hielt ununterbrochen an, war wie eine Brandwunde, die niemals aufhörte zu schmerzen. Aber ich wußte, ich würde überleben. Nur vor Krankheit hatte ich entsetzliche Angst. Eines Tages bemerkte ich ein Geschwür an meiner Schulter. Voll Entsetzen erinnerte ich mich an die Infektion, die ich in Linz gehabt hatte und bei der ich operiert werden mußte. So drückte und drückte ich an dem Geschwür herum, aber nach ein paar Tagen bildete sich ein zweites. Jede Nacht drückte ich, bis Blut kam. Ich wagte nicht, mich ins Hospital schicken zu lassen, weil ich wußte, daß bei den Kranken oft eine »Auswahl« stattfand.

Dann kam eines Tages der Befehl, sich für das Duschen zurechtzumachen. Das war, wie die Alteingesessenen sagten, ein Befehl, der allmonatlich kam, aber da die Bewohner der Quarantänestation jeden Monat wechselten, war niemand ganz sicher, wann der letzte derartige Befehl ergangen war. Wir lechzten zwar danach, endlich einmal wieder sauber zu werden, unsere Schmutzschichten wegschrubben zu können, aber uns alle erfaßte die entsetzliche, durchdringende Angst vor der Gaskammer. Panik brach aus, ein paar Frauen suchten sich zu verstecken, die Angst vor dem Duschen war noch schlimmer als am Tag unserer Einlieferung.

Als wir das Gebäude betraten, in dem der Duschraum war, schnürte uns die Angst die Kehle zu. Konnten wir jetzt noch im letzten Moment entkommen? Wußte unsere Blockälteste, wohin sie uns führte? Einige Frauen stritten sich über das Datum. Wir wußten, daß es Mai 1944 war. Einige versuchten, die genaue Zeit durch ihre Periode zu errechnen, aber dieser Frauenkalender war hier völlig nutzlos. Das hatte ich bereits erfahren, denn als meine Periode ausblieb, hatten die Veteraninnen mir gesagt: »Mach dir nichts daraus, so was gibt es hier nicht.« Wenn ich in Ravensbrück gewesen wäre, würde ich schon Bescheid wissen, meinten sie. Es lag daran, daß irgend etwas ins Essen getan wurde, vielleicht war es der Tee. Sie wollten nicht weiter darüber reden, vielleicht aus Scham, vielleicht aus der dunklen Angst, daß sie, wenn sie überlebten, niemals mehr richtig Frau sein konnten.

Und dann kamen wir doch wieder aus dem Duschraum zurück. Jetzt war meine Quarantänezeit zu Ende. Ich mußte Anya hier zurücklassen. Es war ein ängstlicher Schritt, den ich machte, wenn ich auch nur in einen anderen Teil des Lagers kam, denn ich hatte das Gefühl vergessen, was es heißt, allein zu sein. Anya würde ja in einer Woche auch hier herauskommen, aber sicher nicht wieder in dieselbe Baracke wie ich. Zweimal gab es nicht ein solches Glück.

Meine neue Baracke war genauso wie Block 9. Nur spürte ich, als ich eintrat, daß noch schlimmere Gefahren mich bedrohten. Neben den »normalen« Gefangenen, die zwar wie Skelette aussahen, aber durchhielten, gab es eine Reihe von Wesen, die ganz merkwürdige Gesichter hatten, Gesichter, in denen jeder Gedanke erloschen schien. Nur eine Art Körperlichkeit war noch da, ein Organismus, der noch nicht ganz tot war. Es war ein Blick in ihren Augen – nein, es war eine Leere. Und von allem, was ich bisher gesehen hatte, brachten diese Gesichter mich am tiefsten zur Verzweiflung. Diese Erscheinungen waren Kreaturen im letzten Stadium des Menschseins, wenn sie nur noch wie unvernünftige Tiere handelten. Manchmal dauerte dieser Zustand Monate, ehe sie starben.

Aber auch hier in Block 13 gab es Frauen, die sich gehalten hatten. Schon am ersten Tag lernte ich Fanny kennen. Beim Kampf um die Tagesration stieß sie mich an und sagte: »Entschuldigen Sie bitte.« Automatisch antwortete ich: »Oh, das macht gar nichts«, und dann wurde mir klar, daß zum erstenmal, seitdem ich in Auschwitz war, jemand etwas Höfliches zu mir gesagt hatte. Denn alle Höflichkeit des normalen Lebens war von mir abgefallen, gerade als ob wir einverstanden wären, das zu werden, wozu die Nazis uns machen wollten. Aber in jeder Baracke gab es einige wenige Frauen, die nicht nachgeben wollten. Ich drehte mich um und sah das Mädchen an: Sie war schlank, dunkel, hatte buschige Augenbrauen und sah irgendwie sauberer und ordentlicher aus als die anderen. Aber noch wichtiger war, daß man bei ihr das Gefühl hatte, sie war innerlich noch intakt, noch ein Mensch.

Wir begannen uns zu unterhalten und fanden sofort eine Beziehung zueinander. Genauso, wie es manchmal mit Schulmädchen geht, die auf Anhieb Freundschaft schließen und sich überhaupt nicht mehr trennen können. Wir stellten uns beim Appell am nächsten Morgen nebeneinander. Wir brachten es fertig, uns Schlafplätze nebeneinander zu beschaffen, und sorgten eine für die andere, halfen uns im Waschraum und gaben acht, daß wir uns den Zorn des Kapos nicht zuzogen. Und genauso, wie es mit Anya und mit Nina gewesen war, belebten sich im Moment, da ich eine Freundin hatte, meine Lebensgeister wieder. Entgegen den Wünschen unserer Peiniger, die alles Menschliche in uns ersticken wollten, war dies ein Sieg. Es gab Abende, an denen wir oben auf unserem Lager saßen und sangen. Fanny hatte eine schöne Stimme, ich sang schrecklich gern, andere kamen dazu, so war ein kleines Lebenszentrum in der Baracke geschaffen. Wir sangen alle Arten von Liedern, meist Liebeslieder, auf polnisch, auf russisch, auf deutsch.

Fanny war bereits ein Jahr hier im Lager, man hatte sie im Getto von Sosnowitz gepackt. Eine Schwester hatte sie verloren, hier im Lager, nach den ersten Monaten. Die Schwester war krank geworden, war ins Spital gegangen und dort bei einer Auswahl erwischt worden.

Mit Fanny konnte ich über unser Schicksal sprechen. Sie erzählte mir, wie es den Juden immer schlimmer und schlimmer ergangen sei. Die offenen Gettos, so wie wir es in Hrebenko gehabt hatten, wurden später mit Stacheldraht umzäunt, einige sogar zugemauert. Die Menschen hatten sich Verstecke tief in die Erde hineingegraben, aber auch von dort hatte man sie hervorgeholt und abtransportiert. Es gab Berichte von Partisanen, sogar von jüdischen Partisanen, die von Ukrainern und Polen vernichtet worden waren.

Fanny war mit einem Transport hierhergekommen, zusammen mit Mutter, Vater, zwei Brüdern und einer Schwester. Sie hatte versucht, durch Männer, die manchmal im Frauenlager zu arbeiten hatten, zu erfahren, ob ihre Brüder noch am Leben seien, aber niemand wußte etwas, es bestand nur die Hoffnung, daß sie mit einem Arbeitertransport in ein anderes Konzentrationslager geschickt wurden, vielleicht sogar nach Deutschland. Ja, sagte ich, um ihre Hoffnung zu verstärken, ich hätte Zwangsarbeiter in Deutschland gesehen.

Fanny kannte sich im Lager gut aus. Sie war erfahren im Austausch von Lebensmitteln. Einige Frauen bekamen besondere Brotrationen, denn eine ganze Reihe hatte einträgliche Arbeit; ein paar arbeiteten sogar in dem Lagerhaus für Kleider, wo man mitunter in den Kleidern der Toten Wertgegenstände in den Säumen eingenäht fand. Wenn eine Frau Geld oder ein Schmuckstück fand und es verbergen konnte, so war es leicht möglich, vom Kapo oder sogar von einem SS-Weib Brot zu kaufen. Dann gab es noch Mädchen, die von befreundeten Männern, welche gute Stellungen hatten, entweder Bekannte aus ihrer eigenen Stadt oder Verwandte, oder in ein oder zwei ganz großen Glücksfällen von Ehemännern oder Liebhabern Geschenke bekamen. Diese wurden durch die Männer befördert, die in der Frauenabteilung zu arbeiten hatten.

Mit solchen Mädchen tauschten Fanny und ich unser Endchen Pferdefleischwurst, das wir manchmal anstelle von Margarine erhielten, denn ein Stück Brot gab uns mehr als eine Mundvoll schlechte Wurst. Fanny wußte, wer Überfluß an Brot hatte, so konnte der Handel geschlossen werden.

Langsam lernte ich von ihr, wie man sich im Lager halten mußte. Jedermann lechzte danach, eine Dauerstellung bei einem guten Kommando, wie etwa in der Kleiderkammer oder gar in der Küche, zu erhalten. Aber natürlich gab es Intrigen, gab es Bevorzugungen, und manchmal war es einfach Glückssache. Den größten Neid erregten die Kommandos, deren Aufgaben außerhalb des Lagers lagen. Für mich, mit meinem fanatischen Wunsch zu entkommen, war der Gedanke an die Zuteilung zu einem solchen Kommando äußerst verlockend. Ich schmiedete Pläne, ich intrigierte, ich bettelte herum, und eines Morgens traf mich wirklich ein Glücksstrahl.

Fanny und ich wurden einem Kommando von zwanzig Mädchen zugeteilt. Für welche Bestimmung, wußten wir nicht. Wir marschierten ab, marschierten durch das Eingangstor, wir waren außerhalb des Lagers!

Schwer bewacht von SS-Leuten mit ihren Bluthunden, marschierte unsere kleine Gruppe die Straße nach Auschwitz. Mir kam es vor, als seien wir bereits wieder völlig frei. Die braune, nackte Erde rings um das Lager herum lag hinter uns, plötzlich sah ich ein grünes Feld. Ich hielt den Atem an. »Fanny«, ich preßte ihre Hand, »sieh doch, Gras!«

Wir marschierten ein paar Kilometer und kamen nach Auschwitz. Die Stadt war genau wie Hrebenko, mit einer

Geschäftsstraße und dem großen Platz mit dem Rathaus. Dort wurde ein Spital gebaut, wir mußten die Böden schrubben, die Fenster waschen und alles fertigmachen zur Benutzung.

Menschen, ganz gewöhnliche Menschen, Zivilisten zu sehen, auch wenn sie kaum auf uns zu blicken wagten, war ein Glück. Und in einem leeren Raum mit viel Platz zu sein! Und ohne Beaufsichtigung zu sein, denn unser SS-Mann mußte mehrere Arbeiter auf demselben Stock bewachen und ging deswegen von Zeit zu Zeit aus unserem Zimmer, so daß wir zeitweise unbeaufsichtigt waren. Es gab keine Möglichkeit zur Flucht, das ganze Gebäude war schwer bewacht, aber wir waren allein. Singend schrubbten wir den Boden. Und dann erlebten wir eines Tages einen Akt von Freundlichkeit, wie um uns daran zu erinnern, daß es noch Menschen in der Welt gab. Ein paar der Zivilarbeiter waren außer uns im Haus, Schreiner, Elektriker, Maler. Als wir einmal in ein Zimmer kamen, um zu putzen, deutete ein Elektriker, der es gerade verlassen wollte, auf einen Haufen Hobelspäne. Sowie unser SS-Mann wieder hinausging, wühlten wir die Späne durch und fanden ein belegtes Brot und ein hartes Ei. Halb weinend vor Freude teilten wir alles, und ich erzählte Fanny, wie ich in den Hermann-Göring-Werken jeden Tag bei der Gruppe von Zwangsarbeitern vorbeigekommen war und ihnen manchmal Zigaretten zugeworfen hatte. Ich wollte nicht das Gefühl haben, daß ich jetzt dafür belohnt würde, aber war es nicht so?

Eines Tages schrubbten wir den Boden eines großen Zimmers und sangen ein polnisches Lied, das Fanny mich gelehrt hatte, irgendein sinnloses Zeug, von drei Seemännern, die ein Schiff verlassen, einer blond, einer schwarz, einer rothaarig, als wir plötzlich fühlten, daß unser SS-Mann wiedergekommen war. Wir schwiegen und schrubbten härter. Der Mann war bekannt wegen seiner Brutalität. Er war älter als die anderen und oft schlecht gelaunt.

Jetzt fragte er: »Warum habt ihr aufgehört zu singen? Wovor habt ihr Angst?« Wir wußten, daß wir nicht zu antworten hatten, selbst wenn eine Bemerkung in Frageform gemacht wurde. Aber er wiederholte: »Wovor habt ihr Angst? Singt weiter!«

Es war uns unmöglich. Wir konnten nur schrubben. »Ich gebe euch den Befehl zu singen!« schrie er. Wir versuchten, aber es kam nur ein schwaches Geräusch heraus.

»Nicht so, singt wie vorhin!« Wir versuchten lauter zu singen, es war hoffnungslos. Und jetzt würden wir gleich seinen Stiefel spüren. Aber statt dessen drehte er sich um und ging hinaus.

Beinah zwei Wochen arbeiteten wir in diesem Spital. Jetzt, da wir jeden Tag aus dem Lager herauskamen, suchte ich unentwegt nach einer Fluchtmöglichkeit, denn ich kam von dem Gedanken nicht los. Aber auch nicht einen einzigen Augenblick während des ganzen Weges waren wir mehr als ein oder zwei Schritte von einem SS-Mann entfernt, der neben unserer Schar hermarschierte. Und einmal in dem Gebäude angekommen, waren wir genauso eingeschlossen wie in einem Gefängnis.

Und dann war unsere Aufgabe beendet, wir blieben wieder im Lager, mußten jeden Morgen zum Appell und bekamen eine Arbeit innerhalb des Stacheldrahts.

In unserer Baracke ging es einigermaßen anständig zu. Wir hatten Glück mit unserer Blockältesten. Lotta war in ihrer Art sehr streng, aber sie war nicht böse, sie suchte nicht nach Fehlern. Und wenn jemand bestraft werden mußte, dann geschah es im Block selbst, sie schickte die Frau nicht zur Bestrafung zu den SS-Weibern.

Aber wenn eine Blockälteste auch noch so nachsichtig war, es gab Zeiten, wo sie zuschlagen mußte, denn viele der Gefangenen waren in einem Zustand, daß sie nichts anderes mehr verstanden. Da gab es die Verschlagenen, da gab es die Bösen, da gab es Diebe, die Brot stahlen oder irgend etwas anderes, einen Löffel, einen Kamm, da waren die Halbverrückten und die, die jedes menschliche Wesen verloren hatten, die schmutzig waren wie Wickelkinder. Wenn es eine Streiterei gab, kam Lotta aus ihrer Ecke, teilte ein paar Hiebe aus, nahm Sachen weg. Sie war ungefähr dreißig, vierschrötig und stark, auch eine Slowenin, denn die Slowenen schienen das Monopol für gute Posten zu haben. Aber sie war keine Sadistin. Wenn sie schlug, geschah es heftig und kurz.

Eine Sadistin hatten wir auch, eine Jüdin von siebzehn Jahren, die Helferin eines Kapos. Wenn sie prügelte, wurde sie erregt und schlug und schlug, bis Blut floß.

Aber trotz aller Brutalität, trotz Hunger, trotz Enttäuschung, trotz der strengen Lagerregeln gab es ein inneres Leben in unserer Baracke, und dahinein mischte Lotta sich nicht. Es war ein Leben, das aus eingeschmuggelten Liebesbriefen bestand. Seltsame Affären entwickelten sich: Liebesgeschichten zwischen Männern und Frauen, die einander niemals gesehen hatten. Die Zwischenträger waren Fuhrleute oder Arbeiter, die im Lager herumkamen. Unser ganzer Block verfolgte das Anwachsen einer solchen Liebesgeschichte, nahm hungrig an jedem Wort teil, das die geliebte Frau aus einem Brief vorlas, denn es war so, als ob diese Schriftstücke uns allen gehörten. Wenn Lotta eine Gruppe von uns um eine Frau geschart fand, die irgend etwas vorlas, so sagte sie nichts, obwohl doch jede schriftliche Mitteilung eine tödliche Verletzung der Lagerordnung darstellte.

In unserer Baracke gab es ein Mädchen aus Lodz: Eines Tages erwähnte sie einem Fuhrmann gegenüber, der vorbeikam, ihre Heimatstadt. Sie hoffte etwas über ihren Vater zu hören, der in einer Textilfabrik gearbeitet hatte. Und diese Verbindung genügte, dieses Gefühl, daß zwischen beider Leben ein gemeinsames Band bestand, um eine heiße Korrespondenz zu entfachen. Wenn der Fuhrmann einen Brief für Sonja durchgeschmuggelt hatte, umstanden wir sie alle: »Lies vor, lies vor.« Und sie las zuerst leise einige Zeilen für sich, trank die einzelnen Worte in sich ein und las uns dann vor: »Meine Einzige, ich fühle, daß ich Dich so gut kenne, bis in mein Innerstes hinein, und ich möchte Dir helfen. Wenn ich Dir nur irgend etwas leichter machen könnte, meine Geliebte.« Und dann las sie uns Teile ihrer Antwort an ihn vor, wie sie ihn ermahnte, wenn er sie wirklich liebe, acht auf sich zu geben und sein wertvolles Leben zu schonen. Errötend las sie uns sogar vor, daß sie an ihn denke, wenn sie nachts auf ihrer Holzplanke liege, und sie bat ihn, ihr nicht Brot zu schicken, das er sich abgespart hatte, sondern es selber zu essen, um sich für sie zu erhalten.

So fanden Menschen Verbindung miteinander, ja es gab sogar ganz ungewöhnliche Möglichkeiten, wenn in dieser Hölle ein Mann und eine Frau es fertigbrachten, sich zu treffen, wenn ihre Hände sich berührten, wenn sie sich hinter einer Mauer einen kurzen Moment umarmen konnten. Solche Triumphe waren für uns wie die Erzählungen vom Untergrundkampf der Juden und wie die Gerüchte, daß die Juden aus dem Warschauer Getto einen Aufstand gemacht und eine Menge SS-Leute getötet hätten. Es gab sogar Gerüchte, daß Verbindungen zwischen Sendboten aus Palästina und den Juden in den Konzentrationslagern hergestellt worden seien. All dies erschien unmöglich, aber wenn sich ein Mann und eine Frau in Auschwitz heimlich treffen konnten, dann konnte alles, alles wahr werden, und so zog jede einzelne von uns Kraft aus dem Erlebnis der wenigen, die durch die Liebe hier über alles triumphiert hatten. Eines Morgens wurde mir beim Appell gesagt, ich solle zur Blockältesten kommen. Lotta begrüßte mich freundlich. Ihre kleine Wohnecke war wirklich gemütlich, es gab dort eine richtige Liege, Bettzeug, Porzellantassen, sogar ein paar Bilder hingen an der Wand. »Eva«, sagte sie, »es wird eine neue Abteilung im Lager für die Ungarn eingerichtet. Dort braucht man eine Blockälteste. Du bist gesund und hast Charakter.« Kurz, sie könne mir einen solchen Posten verschaffen. Ich bekäme einen Raum wie diesen, ein Bett, besseres Essen, und wenn wieder ein Haufen Kleider zum Aussuchen käme, hätte ich die Vorwahl. Wolle ich die Arbeit annehmen?

Das bedeutete, daß mein Leben gesichert war, aber es bedeutete auch, daß ich von den anderen Frauen getrennt würde. Eine Blockälteste konnte sich noch so anständig benehmen, sie gehörte, wie ein Kapo, auf die andere Seite. Und wenn sie auch noch so nachsichtig von Natur aus war, es gab Zeiten, in denen sie zuschlagen, bestrafen mußte.

»Ich glaube nicht, daß mein Charakter stark genug dafür ist«, antwortete ich. »Vielleicht sehe ich so aus, aber ich weiß nicht, ob ich der Aufgabe gewachsen wäre.«

»Ich glaube doch«, sagte sie. Ich solle mir das Angebot überlegen und ihr am nächsten Morgen Bescheid sagen.

Fanny, die ich um Rat fragte, wollte mir keinen Rat geben. Ich suchte Anya auf, die jetzt in einem nicht weit entfernten Block lebte. Was sollte ich tun? Sollte ich annehmen?

Aber auch Anya sagte kurz, sie könne mir nicht raten. Allein dadurch, daß ich gefragt hatte, hatte ich mich auf die andere Seite gestellt. Ich durfte also den Posten nicht annehmen.

Aber bald ergab sich eine andere Gelegenheit. Als wir eines Morgens aufgereiht standen, machte Lotta eine Mitteilung. Jeder, der vom Polnischen ins Deutsche übersetzen könne und außerdem Schreibmaschine schreibe, solle sich bei ihr melden, um einem Spezialkommando zugeteilt zu werden.

Kaum war der Appell vorbei, erhob sich ein aufgeregtes Getuschel. Was war das für ein Kommando? Was geschah da wohl? Alles, was Lotta uns sagen konnte, war, daß das Kommando in der Stadt Kattowitz arbeiten solle, im dortigen Gefängnis.

In Kattowitz arbeiten? Aus dem Lager herauskommen? »Ich melde mich sofort«, sagte ich zu Fanny.

»Warte lieber, versuche mehr zu erfahren«, sagte sie mahnend.

»Aber wenn ich in Kattowitz bin, dann –«

Sie schüttelte den Kopf. »Woher weißt du denn bestimmt, daß es Kattowitz sein wird, nur weil die es sagen?«

Den ganzen Tag wurde spekuliert, was das seltsame Angebot wohl bedeutete. Einige behaupteten, es sei nur eine List. Man wollte die mit der besten Erziehung aus dem Block herausnehmen. Warum? Wer weiß denn je, warum sie irgend etwas tun? Gibt es da eine Begründung?

»Gebt nur acht«, prophezeite eines der Mädchen, »wenn jemals die Geschichte dieses Platzes hier geschrieben wird, dann wird von einem gewissen Kommando nach Kattowitz etwas drinnen stehen, das von hier wegmarschierte und lebendig begraben wurde.«

Und sogleich wurden Geschichten erzählt von anderen ähnlichen Kommandos, die spurlos verschwunden waren, und dann kamen die Gerüchte – noch schauerlicher – von Opfern, die man für wissenschaftliche Zwecke benutzt hatte.

Nein, erklärten wieder andere, sicherlich war das Kommando für ein Bordell bestimmt. Aber warum dann Mädchen, die Schreibmaschine schrieben?

Keine von uns meldete sich. Am nächsten Morgen wiederholte die Blockälteste ihre Frage. Niemand rührte sich. Sie wurde ärgerlich: »Ich habe es fertiggebracht, diese Sache für die Frauen in meinem Block zu bekommen«, schrie sie uns an. »Wenn ihr euch nicht melden wollt, gebe ich die Sache weiter.« An diesem Tag änderte sich die Diskussion. Vielleicht war es doch etwas Gutes? Lotta würde uns niemals absichtlich betrügen. Und dann schrieb sich eine nach der anderen ein.

Fanny konnte nicht Schreibmaschine schreiben. Ich erklärte, dann wolle ich auch nicht gehen. Das war nicht nur ein Ausdruck für unsere Verbundenheit. Ich hatte Angst, wegzugehen und wieder allein zu sein. Aber Fanny bestand darauf, ich müsse gehen. Wenn es etwas sehr Gutes sei, so würde sie sich furchtbar bedrückt fühlen, wenn ich ihretwegen verzichtet hätte. Als sich ergab, daß in unserem Block nicht genügend für die Aufgabe qualifizierte Mädchen waren und auch Mädchen aus anderen Baracken sich melden konnten, stürmten wir zu Anya. So würde ich doch nicht allein sein!

Nach ein paar Tagen wurden alle, die sich gemeldet hatten, zusammengerufen und in eine eigene Baracke gebracht. Anya war nicht dabei. In ihrem Block war Typhus ausgebrochen, so daß die Insassinnen in Quarantäne waren.

Jetzt saßen wir in unserer Baracke und warteten Tag für Tag. Merkwürdigerweise brauchten wir überhaupt nichts zu arbeiten. So war unsere ganze Zeit damit ausgefüllt, neue Geschichten zu erfinden und einander Gerüchte zu erzählen. Wir waren beinah hundert Frauen. Wie sollte es möglich sein, daß sie so viele Übersetzerinnen und Schreibmaschinenmädchen im Kattowitzer Gefängnis brauchten? Nein, alles war doch sehr merkwürdig. Ob man uns nicht doch hereingelegt hatte?

Wie immer fand ich auch hier wieder eine neue Freundin, das war unbedingt notwendig und beeinträchtigte nicht meine Liebe zu meinen früheren Freundinnen. Lola war klein, hatte ein rundes Kindergesicht, einen immer erstaunten Mund und einen Ausdruck von Hilflosigkeit; dabei hatte sie schon mehr als ein Jahr in Auschwitz verbracht.

Gleich am ersten Tag wurden wir dicke Freundinnen, schwatzten und schwatzten und fanden immer wieder etwas, was wir uns erzählen mußten. Und genau wie mit Fanny teilte ich jetzt alles mit Lola. Manchmal wachte ich nachts auf und fühlte entsetzlichen Hunger. Sollte ich mein Brot, das für morgen bestimmt war, jetzt doch essen? Ich weckte sie und fragte: »Lola, sollen wir nicht ein kleines Stückchen Brot essen? Wenn du es tust, dann tu ich es auch.« Trotz ihres langen Aufenthalts in Auschwitz war Lola sehr schüchtern.

Endlich wurde eines Tages bekanntgegeben, daß ein kurzes Examen stattfinden solle. In einer der benachbarten Baracken hatte man eine Art Büro eingerichtet mit ein paar Schreibmaschinen. Drei SS-Männer prüften uns. Jede erhielt eine Seite, die vom Polnischen ins Deutsche übersetzt werden mußte. Außerdem wurde mit der Uhr berechnet, wie lange wir dazu brauchten.

Fünfzig Mädchen bestanden die Prüfung, darunter Lola und ich. Die anderen wurden wieder in ihre Baracken zurückgeschickt.

Das nächste war eine medizinische Untersuchung. Wieder standen wir nackt in einer Linie. Aber wir waren ja eine ausgesuchte Gruppe und hatten uns mehrere Tage ausruhen können. So sahen fast alle gut aus und hatten etwas Farbe im Gesicht. Meine Backen waren strahlend rot.

Als die Untersuchung fortschritt, schied der Doktor plötzlich ein Mädchen aus und erklärte: »Wer weniger als drei Monate im Lager ist, kommt nicht in Frage.«

Daraufhin trat eines der ungarischen Mädels aus der Linie. Mir selbst fehlte auch eine Woche an der geforderten Zeit, aber ich beschloß, es doch zu probieren.

Jetzt war ich dran. Der Doktor blickte auf die eintätowierte Zahl auf meinem Arm. »Warum bist du nicht zur Seite getreten?«

Ich hielt mich sehr aufrecht. Er sah mich genau an, vom Kopf bis zum Fuß und wieder vom Fuß bis zum Kopf. Ich sagte kein Wort, aber ich fühlte in diesem Augenblick, was es bedeutet, eine Frau zu sein. Irgendwie half einem das doch immer weiter. Der Doktor schnaufte ein wenig und sagte zur Schwester: »Nicht schlecht, he? Also gut, nehmen wir sie.«

Jetzt wurden wir frisch eingekleidet – in gestreifte Gefängnisuniform – aber sie war sauber und ganz neu. Dann marschierten wir unter strenger Bewachung ab, und ich sah, daß wir dieselbe Straße gingen, durch die ich am ersten Tag in Auschwitz schon einmal gekommen war. Jetzt kehrte ich zwischen kahlen Feldern zum ersten Lager zurück.

Dort wurden wir in einen ganz neuen Teil geführt, wo eine Menge zweistöckiger Gebäude standen, die zum Teil noch nicht ganz fertig waren. Wir wurden als erste in diese Häuser geführt, hinauf in den zweiten Stock. Sauber! Neu! Ein langes, sauberes Zimmer. Auch wieder Schlafbänke, aber nur zwei übereinander, nicht drei, und niemand hatte vorher dort gelegen. Das Holz roch noch ganz frisch.

Und dann gab es einen richtigen Waschraum mit genügend Wasserhähnen und mit sauberen Aborten. Wir kamen uns vor, als hätte man uns in ein Luxushotel gebracht. Wir rannten alle durcheinander, zeigten uns die neuen Herrlichkeiten, ließen das Wasser fließen – es tröpfelte nicht mühsam, ein starker Strahl schoß heraus – und niemand schrie uns an. Es gab keine Kapos. Wer war die Blockälteste? Waren wir plötzlich frei? Dann aber kam eines der Mädchen, das die

Treppe hinuntergegangen war, um die Gegend zu erforschen, mit bleichem Gesicht zurückgerannt: »Wißt ihr, wer unter uns wohnt?« stotterte sie. »Das Prostituiertenkommando!«

Die Sache stimmte. Sie hatte gesehen, wie eine Reihe von diesen zur Arbeit weggingen, mit ganz hohen Absätzen, angemalt, mit engen Röcken, laut und doch gespenstisch. Wahrscheinlich waren sie unterwegs zu einer Stelle, wo die Männer zu ihnen kommen konnten. Einige der Mädchen liefen völlig hysterisch umher. »So, wir waren ja gewarnt worden, die klugen Leute haben es uns vorausgesagt.« Andere saßen stumm da. Eine stürzte zum Fenster, wir mußten sie zurückziehen. Sie schrie und schrie, wir müßten uns alle selber töten. Ein paar folgten ihrem Geschrei: »Jaja, alle, alle!« Wir sollten uns an den Händen fassen und uns auf den elektrischen Draht werfen.

Viele saßen apathisch mit leeren Augen da. Lola und ich unterhielten uns flüsternd. Und während der ganzen Zeit gingen irre Bilder durch meinen Kopf, aber ich sagte nichts davon. Erzählungen und Warnungen meiner Mutter aus meiner Kindheit – »Wenn jemand dich im Wagen mitnehmen will, folge nie, auch wenn es eine Frau ist« – und Geschichten von Mädchen, die angeblich verheiratet wurden, statt dessen aber an Mädchenhändler verkauft wurden. Jede Frau hat sich sicher einmal vorgestellt, wie so etwas ist, und die Mädchen haben immer darüber gesprochen: »Nimm an, du wirst entführt und an Mädchenhändler verkauft...«, und dann kommt immer ein schwarzes Loch. Man konnte sich vorstellen, das entführte Mädchen zu sein, wie eine Sklavin in ein Zimmer eingeschlossen zu werden. Männer kamen hinein und dann? Dann verschwamm alles. Nur die Frage blieb: Würde ich es tun, wenn man mich zwänge? Oder würde ich sterben durch das Geschehen an sich? Würde ich mich jetzt auf den Stacheldraht werfen? Würde ich an den Wachen vorbeirennen, bis ihre Kugeln mich im Rücken trafen? Ich wußte es nicht. Ich hatte ja begehrt zu leben. Ich hatte so viel dafür getan, so viel geduldet. Was würde mein Körper jetzt tun? Denn es gab ja mich selbst längst nicht mehr. Es gab keine Eva mehr, nicht einmal eine Katja, es gab doch nur noch den Leib, dem die Nummer 81 332 eingebrannt war!

Endlich legte sich die Panik einigermaßen. Eine etwas ältere Frau war unter uns, eine deutsche Jüdin namens Erna. Sie war sehr gebildet, sprach mehrere Sprachen und war ungefähr vierzig Jahre alt; früher hatte sie in einem Konsulat in Berlin gearbeitet. Sie redete jetzt ruhig zu den anderen: »Warum bilden wir uns solche Dinge ein?« Was sollten die Nazis denn in diesem Fall mit ihr tun? Warum hatten sie uns dann in Schreibmaschine geprüft? Außerdem, wenn die Nazis Frauen für die Bordelle brauchten, so konnten sie die ja ohne solche Umwege finden. Wahrscheinlich reichlich genug Freiwillige, denn sie hatten doch Hunderte von Prostituierten gefangengesetzt.

Sicher gab es im Gelände des Lagers ein Bordell. Wir alle hatten davon gehört. Es hieß, es sei für den Privatgebrauch der SS-Leute und bevorzugte deutsche Gefangene reserviert. Gerüchtweise verlautete, daß auch andere Männer, die sich im Lagerleben gut auskannten, manchmal dorthin gelangten. Aber niemand hatte je gehört, daß jüdische Mädchen dorthin gebracht wurden. Erna sagte, wahrscheinlich wären die Frauen in der Etage unter uns Prostituierte, die im Lager angestellt waren. Deswegen brauchten wir nichts gegen sie zu haben, und es bedeutete auch nicht, daß sonst jemand in diesem Haus gezwungen wurde, die gleiche »Arbeit« zu leisten. Auf alle Fälle müßten wir abwarten.

Und so warteten wir. Die erste große Freude über unser

neues Heim war weg. Bedrückt und verängstigt warteten wir.

Später am Tag rückte unter uns ein neues Kommando ein. Kräftige, gesund aussehende Mädchen, die, wie wir hörten, in Gemüsegärten arbeiteten. Und dann wurde bekannt, daß noch ein weiteres Kommando im Haus lebte, Büroangestellte, die in der politischen Abteilung arbeiteten. Auch sie wohnten unter uns. Im ersten Stock waren nur Christinnen, im zweiten Jüdinnen.

Plötzlich war unsere Blockälteste da. Sie sah streng aus und sehr sachlich. Sie hieß Maria und war eine deutsche Kommunistin. Sie war erstaunt, uns schon vorzufinden. Wir hätten erst später kommen sollen, aber das mache nichts. Und da wir bereits unsere Plätze ausgesucht hätten, solle jede den ihren behalten. Sie verlangte strengen Gehorsam. Wenn wir uns gut benähmen, hätten wir nichts zu befürchten.

Die Unruhe unter uns war geringer geworden, aber noch eine ganze Reihe von Mädchen war unsicher und mißtrauisch. Warum hatte man denn immer von Kattowitz gesprochen und warum hatte man uns denn nicht dorthin gebracht? Aber das Wasser im Waschraum floß, wir fühlten uns sauber, hatten neue Kleider. So schliefen wir trotz allem so gut wie noch nie, seit wir ins Lager gekommen waren.

In der Frühe erklang der Appell. Ein SS-Weib erschien und führte uns zu unserem Schicksal. Wir hatten nicht weit zu gehen. Nur zu einer nebenliegenden Abteilung, die sich im Verwaltungsgebäude befand. Und hier waren wir wieder in einem neuen Haus. In einem langen Saal, mit zwei Reihen kleiner Tische, auf jedem eine Schreibmaschine. Ein SS-Mann erschien mit einem Stoß Akten. Er sah aus, als ob ihm seine Aufgabe unangenehm wäre. Dann erklärte er, dies seien Akten vom Kattowitzer Gerichtshof, bei denen einzelne Stellen angekreuzt seien. Diese müßten übersetzt und abgeschrieben werden. Es war also doch alles wahr gewesen. Wenigstens in gewisser Weise.

Unser neuer Chef sprach weiter. Er erwarte von jeder ein bestimmtes Minimum an Arbeit, das unbedingt erfüllt werden müsse. Schlecht geschriebene Seiten werde er nicht annehmen. Verstanden?

Er sprach mit sehr hoher Stimme, und er sprach auch nicht, sondern schrie wie alle SS-Leute: »Also los jetzt, an die Arbeit!« Lola und ich saßen nebeneinander und sahen uns begeistert an. Dieser Augenblick war genauso glücklich wie der, als wir gestern in die neue saubere Baracke gekommen waren. Und plötzlich fiel mir der Moment ein, wie ich in der medizinischen Untersuchung trotz allem in der Reihe stehengeblieben war und durchkam. Ja, das Glück war mir günstig. Dabei hatte ja keine von uns wissen können, was uns erwartete. Man hätte uns wirklich genausogut in ein Bordell führen können.

Und jetzt saßen wir in einem sauberen Saal und schrieben Schreibmaschine. Unsere Aufgabe selbst erschien ziemlich sinnlos. Kein Mensch wußte, warum gerade die zur Übersetzung angekreuzten Stellen ausgewählt waren. Aber das war uns einerlei. Wir hofften nur, daß unsere Aufgabe niemals enden möge und wir nicht plötzlich nach Birkenau zurück müßten.

Es kam Ordnung in unser Leben. Nur eines blieb, wie es immer war, und das war der Hunger. Wir bekamen auch hier den bitteren Tee, mittags die Wassersuppe, abends Brot mit einem Klecks Margarine oder einem Stückchen Wurst. Eines Tages wurde ich an meiner Maschine vor Hunger ohnmächtig. Sie brachten mich schnell in den Waschraum. Glücklicherweise hatte unser SS-Mann mich nicht gesehen. Denn er hatte ein eigenes kleines Büro, aus dem er nur herauskam, wenn er uns Arbeit zuteilte. Fast den ganzen Tag blieb ich im

Waschraum. Dort war unsere Erholungsstätte. Wenn man eine Zigarette hatte, wurde sie im Waschraum geraucht. Jede zwei Züge, bis zur winzigen Kippe, die man zwischen den Fingernägeln hielt. Wenn eine Botschaft gesandt werden sollte, geschah es auch durch den Waschraum. Wir hatten dort einen Raum zwischen unseren Toiletten und den Toiletten der Männer entdeckt, die unmittelbar dahinter lagen. Jener Teil des Gebäudes war noch nicht fertig, und so konnte fast jeder ohne irgendeinen Vorwand dort hinkommen. Durch diesen Zwischenraum wurden Liebesbriefe, Geschenke an Kleidung, Essen und Zigaretten, kurz alles, was es gab, geliefert. Gleich vom ersten Tag an waren Beziehungen geknüpft worden. Denn hier in diesem Lager von Auschwitz befanden sich auch die männlichen Gefangenen, die am besten im Lagerleben versiert waren, und so fanden sie auch schnell zu uns. Kaum waren wir da, begann unsere Strickerei. Der Herbst war gekommen. Es würde einen kalten Winter geben. Die Männer schmuggelten Wollsachen zu uns, eine Weste, einen Pulli, die sie im Lagerhaus für Kleider an sich gebracht hatten. Wir trennten diese Kleidungsstücke auf und hatten so Wolle. Stricknadeln bekamen wir auch, und so machten wir Handschuhe, Schals und Ohrenschützer zum Schutz gegen das kommende kalte Wetter. Und für uns selbst strickten wir warmes Unterzeug. Natürlich konnten wir immer nur kurze Zeit stricken, in den Pausen zwischen unseren Übersetzungen, aber wir hatten es fertiggebracht, unser Arbeitstempo nicht zu übereilen. Daß unser SS-Mann – er hieß Piotroch – uns im Verdacht hatte, wußten wir, aber bisher hatte er uns noch nicht erwischt. Außerdem hatten wir bald herausgefunden, daß er zu denjenigen gehörte, die tobten und schimpften, uns aber nicht zur Bestrafung weitermeldeten.

Der Alleroberste bei uns war ein hoher Offizier, der ein

eigenes Büro jenseits des Ganges hatte und der niemals in Erscheinung trat. Alle seine Befehle wurden uns durch Piotroch übermittelt. Vielleicht wollte dieser nicht, daß man das Gefühl hätte, er könne mit einer Handvoll Frauen nicht fertig werden. Vielleicht hatte er sich auch ein menschliches Gefühl erhalten; jedenfalls waren wir sicher, daß er zwar von unserer Strickerei Bescheid wußte, uns aber nichts tun würde. Und so saß manchmal die Hälfte von uns da und strickte und strickte, und wir hatten alle das Gefühl, als ob wir wieder in eine menschliche Umgebung zurückgekehrt seien.

Eine Tages hörten wir einen Pfiff, eine Botschaft kam durch das Fenster geflogen. »Für Eva«, rief das Mädchen, die sie aufhob. Sie gab sie mir, während andere zum Fenster sprangen und berichteten, daß ein junger Fuhrmann die Botschaft hereingeworfen habe.

Es war eine kurze Nachricht von Anya. Sie arbeite jetzt in Birkenau in der Küche der Zigeunerabteilung. Sie würde versuchen, mir Essen zu schicken. Ich rannte zum Fenster und bat den jungen Mann, eine Antwort zurückzubringen. Er konnte dort unten nicht stehenbleiben, so verständigten wir uns durch Zeichen, er solle an die Rückseite des Gebäudes kommen. Wir würden dort an die Mauer klopfen, daß er uns hören könne. Schnell schrieb ich Anya ein paar Zeilen, berichtete, wie gut sich alles entwickelt habe, wie gern ich sie hier hätte, aber vielleicht wäre es besser für sie, in der Küche zu arbeiten. Auf jeden Fall würde ich ihr etwas Warmes stricken. Ich stürzte fort, um die Botschaft weiterzugeben – da stand oben an der Treppe unser hoher Offizier, der gerade aus seinem Büro herauskam. »Was hast du da?« Er riß mir das Stück Papier aus der Hand. Jetzt war alles aus. Etwas so Verbotenes wurde streng bestraft. Sicher würde ich verschwinden.

»Für wen ist diese Mitteilung bestimmt?« fragte er.

»Für eine Freundin«, antwortete ich.

»Und wie soll das befördert werden?«

»Ich hatte jemand draußen gesehen und gehofft, die Botschaft durch ihn schicken zu können. Aber ich kannte den Mann nicht.« Der Offizier zog mich in sein Büro und ging zum Fenster. Natürlich war unser Bote schon längst entwischt. Jetzt wurde ich angeschrien, ob ich nicht wisse, welch schweres Verbrechen ich begangen habe.

»Ich weiß«, sagte ich, »und ich warte auf meine Bestrafung.«

»Sie wird kommen«, sagte er und schickte mich zurück.

Tagtäglich wartete ich. Sicher würde es mich diesmal erwischen. Und nach wenigen Tagen kamen drei hohe SS-Offiziere in unser Zimmer. »Wer ist Eva Korngold?« fragte einer von ihnen. Ich stand auf.

»Komm hierher.«

Ich ging zu ihm.

»Du verstehst Ukrainisch?«

»Ja.«

Er gab mir ein gedrucktes Flugblatt zur Übersetzung. Ich begann es langsam laut vorzulesen: »Bald werden eure deutschen Bedrücker flüchten.«

»Schrei nicht so«, sagte er ärgerlich.

Es war ein Flugblatt, das von einem russischen Flugzeug abgeworfen worden war. Ich las das Ganze leise und hielt jeden Ausdruck aus meiner Stimme. Dabei hätte ich am liebsten die Zeilen gesungen. Daß ich diesen Moment der Freude erleben durfte! Daß ich hier vor drei SS-Offizieren stehen und ihnen laut vorlesen durfte: »Bald werden eure deutschen Bedrücker vor dem Angriff der machtvollen Sowjetarmee fliehen. Wir werden euch retten. Eure Brüder im größten Teil der Ukraine sind bereits frei! Helft uns! Bereitet den Weg für uns!«

Wenn das wirklich so käme, dann würden auch wir frei werden. Wir wußten ja nicht, was geschah, wir hatten nicht einmal gehört, daß die Alliierten bereits vor Monaten in Frankreich gelandet, daß Paris befreit worden war. Nur so ganz allgemein war uns bekannt, daß an der russischen Front die Sache für die Deutschen nicht gut stand.

Die drei Offiziere gingen wieder. Ich eilte zu meiner Arbeit zurück, flüsterte den Mädchen zu, was in dem Flugblatt gestanden hatte. Das ganze Zimmer war erfüllt von schweigendem Jubel. Und den ganzen Tag konnte man immer wieder Freudenausbrüche hören.

Nicht viel später erfuhren wir große Neuigkeiten. Wir bekamen eine Zeitung! Ein deutscher Soldat ließ sie zu uns gelangen, der auch sonst von ungemeiner Bedeutung für uns wurde. Es war ein älterer Mann. Er sah aus wie fünfzig, klein, mit einem immer etwas erstaunten Gesicht. Inzwischen waren die Baracken rechts und links von uns fertiggestellt, und rings um das Ganze war ein Stacheldraht gezogen worden.

In den anderen neuen Gebäuden lagen überall deutsche Soldaten. Sie wurden jeden Morgen genauso zur Arbeit geführt wie wir, und ein paarmal, als sie an uns vorbeimarschierten, hatte dieser alte Soldat uns ermunternd zugeflüstert: »Habt Geduld, Kinder, verzweifelt nicht.«

Wir redeten endlos von ihm, und da wir seinen Namen nicht wußten, nannten wir ihn Großpapa.

Der Abort seiner Baracke war genau gegenüber unserem Waschraum. Von dort aus gab er uns öfter Zeichen. Er hatte wirklich keinen anderen Grund, so viel zu riskieren, als reine Herzensgüte. Daß dem so war, davon waren wir überzeugt, als wir die Zeitungen bekamen, die eines Morgens, um einen Stein gebunden, über unseren Zaun flogen. In der Zeitung stand die Mitteilung von dem Attentatsversuch auf Hitler.

An diesem Tag konnten wir unsere Aufregung und unsere Freude nicht verbergen. Dauernd rannten die Mädchen auf die Toilette, manchmal waren alle gleichzeitig dort, umarmten sich, tanzten herum, weinten und erzählten die Neuigkeit immer wieder. Vielleicht war Hitler schon tot? Vielleicht würden die Mauern um uns herum plötzlich zusammenbrechen? Oh, Gottes Strafe würde sie alle erreichen. Die folgende Nacht schwatzten und sangen wir die ganze Zeit und entdeckten, daß nicht wir allein die Nachricht erfahren hatten. Das ganze Gebäude war jetzt dicht belegt. Auf unserem Stockwerk waren vierhundert Mädchen, die meist in Textilfabriken arbeiteten. Ohne daß man wußte, wie, war die große Neuigkeit allen bekannt geworden. Und in dem Übermaß der Freude brachten alle, die Lebensmittel verborgen hatten, sie jetzt hervor, alles wurde geteilt. Wir sprachen nur davon, was wir später tun wollten, denn jetzt waren wir überzeugt, daß wir überleben würden.

Dann ebbte die Aufregung wieder ab. Wieder schrieben wir Maschine, wir strickten, wir hungerten. Aber der Hunger war nicht mehr so schlimm.

Bei unserem Kommando waren drei Mädchen, die alle Fella hießen. Fella die erste, die aus einem wohlhabenden Haus in Krakau kam, hatte ein großes Nachahmungstalent. Und wenn sie ihre Witze auch endlos wiederholte, so daß wir sie manchmal am liebsten deswegen umgebracht hätten, so mußten wir doch immer wieder lachen, wenn sie einen hoheitsvollen englischen Butler imitierte und fragte, was für Eier wir zum Frühstück haben wollten. Oder wenn sie sich als aufgeregte Gastgeberin gab, die ängstlich fragte, ob der Frühstückskaffee nicht zu stark oder zu schwach sei, ob das Omelett richtig gewürzt sei und die eine Schüssel in die Küche zurückschickte, weil ein kleiner Fettfleck darauf war, und sich bitter beklagte, daß man wegen des schrecklichen Kriegs keine geeigneten Dienstboten mehr bekäme. Die zweite Fella unterhielt uns auch, allerdings in ganz anderer Art. Sie war verheiratet gewesen und geschieden und konnte Stunden und Stunden über die intimsten Einzelheiten ihres Ehelebens berichten. Ein paar Mädchen waren schockiert. »Ach was«, sagte dann Fella, »wenn wir überleben, werden wir uns nie wiedersehen, aber höchstwahrscheinlich werden wir doch noch alle umgebracht, selbst wenn Auschwitz wieder frei wird, und das, was ich erzählte, wird dann einfach nicht mehr da sein.«

Die dritte Fella hatte auch etwas zu bieten. Sie war Kosmetikerin, und bald begannen wir, unsere Fingernägel wieder zu pflegen, baten sie, uns Gesichtsmassagen zu machen, fanden sogar die Möglichkeit, uns die Lippen zu färben.

Die lebendigste unter uns war Tosca, eine Pariserin. Sie spielte Klavier und komponierte und schrieb ein Marschlied für uns mit tragikomischen Versen über unser Verlangen nach Brot, Zigaretten und Männern. Wenn wir zur Arbeit gingen und zurückkamen, sangen wir dieses Lied. An manchen Abenden organisierte Tosca ganze Unterhaltungsprogramme. Es wurde rezitiert, wir sangen im Chor, und wer konnte, steuerte etwas bei. Zu mir sagte sie, wenn ich jemals nach Paris käme, würde sie meine Stimme ausbilden.

Der Gemeinschaftsgeist war unter uns so stark geworden, daß es uns mit dem Essen etwas besser ging. Ein paar Mädchen hatten Beziehungen, durch die sie Extrarationen bekamen und ihre Suppe deshalb oft nicht ganz aufaßen. Sie hatten sie schon mehrfach weggeschüttet. Jetzt wurde eine gemeinsame Suppenschüssel organisiert und die überflüssige Suppe gleichmäßig verteilt; so gab es viele Tage, an denen mein Heißhunger durch diese Extratasse gestillt wurde. Und einmal erhielten wir sogar eine herrliche Gabe vom Stockwerk unter uns, vom »Puderquastenkommando«. Denn die Prostituierten hatten mehr zu essen, als sie brauchten, oft auch Delikatessen, Geschenke von wohlhabenden Besuchern. Und fast immer legten sie das übriggebliebene Essen in den Gang. Dort wurde es von ihren Flurnachbarn kassiert.

Wir hatten wenig Verbindung mit dem »Puderquastenkommando«, vielleicht immer noch aus der Furcht, die in fast jeder Frau lebt: Furcht davor, was sie vielleicht selbst imstande wäre zu tun. Aber außerdem waren sie wirklich Fremde für uns mit ihrem auffallenden Benehmen, ihrer marktschreierischen Aufmachung, die sie selbst hier in Auschwitz zur Schau stellten. Nur eine war unter ihnen, die anders aussah und von der wir schon lang annahmen, sie sei eine Jüdin. Eines Tages geriet Tosca in ein Gespräch mit ihr. Unsere Annahme war richtig. Aber sie war nicht als Jüdin arrestiert worden. Sie war als Christin in Brüssel untergetaucht und gezwungen, sich zu prostituieren, um leben zu können. Bei einer Razzia erwischt und hierher gebracht, verheimlichte sie, daß sie Jüdin war, aus Angst, sonst vergast zu werden.

Kurz nach Toscas Unterhaltung mit ihr fanden wir ein großes Lebensmittelpaket vor unserer Tür.

Unsere Blockälteste Maria rechnete damit, daß wir unsere eigene Disziplin einhalten würden. Manchmal kam sie ins Zimmer und sagte: »Es riecht nach Rauch, das muß sofort aufhören.«

Niemals untersuchte sie, wer der Sünder gewesen war, sondern ging gleich wieder in ihr Zimmer zurück. Wir aber fielen sofort über diejenige her, die so verrückt gewesen war, außerhalb des Waschraumes zu rauchen, und nahmen ihr die wertvolle Zigarette ab.

Wenn es zuviel Lärm gab oder ein Streit entstand, benützte Maria die gleiche Methode. Das genügte vollauf, und wir waren ihr dankbar dafür. Aber so anständig Maria war, sie hatte eine intime Freundin, einen Kapo namens Edith, die genau das Gegenteil darstellte. Ihr unterstanden die Mädchen, welche die Karten in der politischen Abteilung in Ordnung zu halten hatten. Mit ihrem Schlangenkopf und den ruhelos immer umhereilenden Augen war sie überall, sah sie alles. Wieso diese beiden befreundet waren, ahnten wir nicht, wenn nicht das Gerücht stimmte, sie hätten eine Liebschaft miteinander. Dem Temperament nach waren sie völlig verschieden. Maria war schwerfällig, hatte aber einen anständigen Charakter. Edith bestand nur aus Intrige und Gift.

Obwohl sie uns nichts zu sagen hatte, verdankten wir, Lola und ich, ihr eine schwere Bestrafung. Wir spazierten eines Tages nach der Arbeit im Hof umher und kamen nahe an den Stacheldraht, der unser Gebiet umschloß. Auf der anderen Seite standen zwei Männer, Gefangene. Sie sahen uns, riefen uns an, wir näherten uns, um ein paar Worte zu wechseln.

Bevor wir wußten, was geschah, fiel ein SS-Weib über uns her, schlug mit ihrem Koppel und trat uns mit ihren Schuhen. Wir sahen nur, wie Edith sich davonschlich. Sie mußte uns angezeigt haben. Die Hiebe fielen auf unsere Köpfe, unsere Brüste. Ihr schwerer Riemen schlug uns zu Boden. Blutend versuchten wir auf allen vieren zu unserer Baracke zurückzukriechen, die ganze Zeit über schlug und trat uns das SS-Weib. Jedes Mädchen in unserem Block gelobte, Edith das nicht zu vergessen.

Selbst bei der Arbeit mußten wir erfahren, daß wir uns zu sicher gefühlt hatten. Piotroch hatte sich daran gewöhnt, uns sehr viel allein zu lassen. Es war ihm zu langweilig, so oft kommen zu müssen, um uns Arbeit zuzuteilen. So hatte er uns aufgefordert, selbst einen Kapo zu wählen. Das war etwas Unerhörtes. Einstimmig wählten wir Erna. Sie achtete darauf, daß wir unsere Arbeit richtig ausführten. Dabei blieb noch genügend Zeit zum Stricken. Stricken war wie eine

Besessenheit. Was mit den Dingen geschah, die wir strickten, interessierte uns gar nicht mehr. Aber das Stricken selbst war wie eine Droge, wie eine Medizin. Ich hatte das Gefühl, beim Stricken meine Weiblichkeit wiederherzustellen. Und manchmal konnte ich beinah vergessen, wo ich war, und mir einbilden, es sei Friede und ich säße mit Freundinnen arbeitend und schwatzend beisammen. Die Illusion ging so weit, daß die Mauern um uns verschwanden und wir einfach eine Gruppe jüdischer Mädchen waren, ein Kreis guter Freundinnen, die eng miteinander verbunden waren. Obwohl wir in täglicher Angst lebten, war unsere Existenz erträglich, genauso wie es in Hrebenko unter der Naziherrschaft gewesen war, solange die Familien zusammenbleiben konnten. Als schlimmste Zeit erschien mir jetzt die damals in Linz, die entsetzliche Einsamkeit mit ihren Schrecken, bevor Nina und ich uns unser Geheimnis anvertraut hatten und wir Freundinnen wurden. Die Zeit jenes Schreckens und der Angst, daß jemand auf mich deuten würde und sagen: »Du bist keine von uns, du bist eine Jüdin.«

Was war wohl aus Nina geworden? Ich hatte nicht gehört, daß sie in Auschwitz sei, hatte aber das Gefühl, ich hätte es erfahren, wenn sie da wäre.

So saß ich also mitten unter den anderen Mädchen, schrieb Schreibmaschine und strickte. Unsere Handarbeiten konnten wir nicht mehr mit in unseren Block nehmen, denn dort konnte jederzeit eine Untersuchung stattfinden. Und so hatten wir einen Weg gefunden, alles im Büro zu verbergen. Unter jeder Tischplatte war ein Fach eingebaut worden. Wir hatten die notwendigen Maße den Männern gegeben, die in der Schreinerwerkstätte arbeiteten. Sie hatten uns die Bretter geschnitten und sie uns durch den geheimen Weg über den Abort herübergeschickt. Wir befestigten die Bretter und versteckten dort jeden Abend unsere Strickereien.

Aber eines Morgens fanden wir die Geheimfächer entfernt. Auf jedem Tisch lag die verbotene Wolle. Piotroch stürmte herein: »Ich weiß, wer für alles verantwortlich ist«, schrie er. »Die Pausbackige dort, die Eva Korngold. Ich weiß auch, wie der ganze Handel vor sich geht! Durch den Waschraum! Die Hälfte von euch ist mehr im Waschraum als hier. Das hört jetzt auf. Und das Zeug hier ist konfisziert!« Dann bestimmte er, daß niemals mehr als drei den Raum zugleich verlassen durften, um auf die Toilette zu gehen.

Wiederum waren wir noch glücklich davongekommen. Erna versammelte uns um sich und hielt uns eine Standpauke. Wir benähmen uns wie dumme Schulmädchen, die gegen die Schulregel verstießen. Hatten wir denn ganz vergessen, wo wir waren? In Auschwitz. Fünf Minuten von den Gaskammern entfernt. Wir waren ernüchtert. Wir beschlossen, Piotrochs neue Vorschriften streng einzuhalten. Mir wurde aufgetragen, darauf zu sehen, daß niemals mehr als drei Mädchen gleichzeitig abwesend waren.

Und doch konnten wir von unserer Verrücktheit nicht lassen. Unser Verlangen, das Schicksal zu versuchen, war beinah hysterisch. Aber vielleicht hätten wir sonst nicht weiterleben können. Denn in jedem Gefängnis ist es der größte Triumph, den Vorschriften zu entgehen und den Behörden ein Schnippchen zu schlagen, und so lachten wir auch bald wieder über unser Mißgeschick. Die Mädchen machten eine Armbinde für mich und ernannten mich zum Kapo des Wasserklosetts. Und nachts in unseren Betten dachten wir uns ganze Lieder aus und lachten über das, was uns passiert war. Und planten, an Toscas Geburtstag eine richtige Vorstellung zu geben, zu der wir all die achthundert Mädchen in den Baracken, eingeschlossen das »Puderquastenkommando«, einladen wollten.

Aber diese Einladung fand niemals statt. Denn die Spannung stieg. Wir spürten, daß der Krieg sich seinem Ende näherte. Die Luftangriffe wurden immer häufiger. Sie kamen nachts und in der Frühe. Dann rannte alles, was in unseren Baracken war, all die achthundert, in panischer Angst in die Luftschutzkeller. Dort konnte man kaum stehen, und wenn der Angriff lange dauerte, kam es zu Streitigkeiten und Kämpfen. Am Morgen wurden wir dann völlig erschöpft wieder zur Arbeit geführt. Es gab nur etwas, was uns Mut machte: Jedesmal, wenn wir an unserem Freund, dem ältlichen Soldaten, vorbeikamen, flüsterte er uns ein paar freundliche Worte zu.

Eines Nachts kam ein besonders schwerer Luftangriff, viel näher als sonst. Die Flugzeuge schienen uns selbst als Ziel ausgesucht zu haben. Dabei mußten sie doch wegen der unendlich langen Reihe von Baracken wissen, daß hier Zehntausende von Gefangenen waren! Aber natürlich! Es gab auch viele Militärlager und Munitionsfabriken hier. Wir mußten uns sagen, daß die Angriffe nicht zu umgehen waren.

Die ganze Gegend bebte, als die Bomben explodierten. Aber selbst der Gedanke, daß es unser Tod sein könnte, rührte uns nicht. Vernichtet sie! Vernichtet sie! Wir hatten das Gefühl, jede Bombe mit eigenen Händen losgelassen zu haben. Und doch drängten wir uns eng zusammen, klammerten wir uns bei jedem Zittern des Bodens aneinander. Manche Mädchen schrien und heulten hysterisch. Erna und Tosca versuchten, sie zu beruhigen, und zogen sie nahe an sich heran. Eine der am meisten Erschreckten war Mandarinka, ein Mädchen von nur siebzehn Jahren, dessen Familie, seltsam genug, in Auschwitz gelebt hatte. Vielleicht war sie deshalb so völlig außer sich. »Die Bomben werden uns nicht treffen«, sagte Ella immer wieder. »Ihr werdet sehen, niemand von uns wird verletzt werden. Die Flieger zielen sehr genau und nur auf die Fabriken.«

Einen Moment später waren wir mitten in einem Erdbeben. Schreie ertönten, die Wände brachen ein. Wir waren nur ein Häufchen von Menschen, das ineinanderhing. Vom Ende der Baracke her wehte plötzlich ein kalter Wind. Eine Seitenmauer war eingestürzt und hatte das Gebäude bis zum Keller aufgerissen. Das Licht ging aus. Jeder suchte nach seinen Freunden, rief laut ihre Namen. Mir schien, als seien die vom Schreibmaschinenkommando alle am Leben geblieben.

Endlich war der Angriff vorüber. Das Flakfeuer ließ nach und hörte dann ganz auf. Dafür kam eine Reihe neuer Töne. Feuerlöschmaschinen, Sirenen, wildes Geschrei. Man hieß uns hinaufzugehen, aber nicht aus dem Gebäude heraus.

Dann sahen wir den Schaden, die halbgeborstenen Wände, die ein Mädchen totgeschlagen hatten. Sie hatte oben auf der Treppe gestanden, weil sie das Gedränge im Luftschutzraum nicht ertragen konnte.

Jetzt erst sahen wir, was wirklich angerichtet worden war. Hinter unserer Baracke, aber genau in derselben Reihe wie wir, waren alle Gebäude zerstört, und das waren alles Unterkünfte für die Soldaten. Unter den Ruinen lagen Hunderte von Toten, SS-Leute, Wehrmacht, und die, die noch nicht tot waren, brüllten erbärmlich.

Unser Entsetzen war so groß, daß wir nicht miteinander sprechen konnten. Es war doch unmöglich, daß die alliierten Bomber gewußt hatten, daß unsere Baracke als einzige von den fünf hier Zwangsarbeiter enthielt. Und kein Mensch hätte auch so genau zielen können.

Ich wußte nun nicht mehr ein noch aus. Wir hatten uns oft über die Nazis gewundert – auf der einen Seite hatten sie Millionen von uns zu Asche verbrannt, auf der anderen Seite ließen sie uns in den Luftschutzkeller. Ich dachte nicht, daß der Allmächtige auch so ironisch sein könnte. Warum? Warum? Wenn er zugelassen hatte, daß alle unsere Angehörigen in die Gaskammer geführt wurden, wieso griff er jetzt hier ein, ließ die deutschen Baracken völlig zerstören und nur die unsere unversehrt?

Aber etwas noch Seltsameres sollten wir bald miterleben. Wir hingen an unseren Fenstern, aus denen alles Glas herausgebrochen war, und sahen zu, wie deutsche Soldaten und Gefangene aufzuräumen versuchten. Wir sahen, wie sie verstümmelte, unkenntliche Körper in Uniformfetzen wegtrugen und die Toten reihenweise auf den Boden legten. Wir sahen die plötzliche eifrige Tätigkeit, wenn einer noch lebte, wenn die Krankenpfleger herbeieilten, wir sahen das Fortfahren der Ambulanzen, und wir sahen, wie ein paar Männer stolpernd sich erhoben, Staub und Schutt von sich abschüttelten, während heruntergefallener Putz von ihrem Haar hing und ihre Gesichter und Arme bedeckte.

Wir wagten nicht, von Großpapa zu sprechen. Sicher lag er tot unter dem Schutt. Dann plötzlich sahen wir, wie eine kleine, gedrungene Figur sich erhob. Der Mann schüttelte den weißen Puder von seinem Kopf. Sein echtes weißes Haar kam zum Vorschein.

Wie aus einem Mund schrien wir alle begeistert auf. Wir weinten, umarmten einander, drängten uns an die Fenster, winkten ihm zu. »Großpapa lebt! Großpapa lebt!«

Eines der Mädchen sagte: »Seht ihr, es gibt einen Gott!«

Dort unten konnte niemand sich erklären, warum wir so aufgeregt waren, und Großpapa gab kein Zeichen. Aber am nächsten Morgen lag ein kleiner Zettel in unserem Waschraum. Nur eine Zeile stand darauf: »Gott hilft den Seinen.« Wir haben unseren Freund nie mehr wiedergesehen, denn die deutschen Soldaten wurden in einen anderen Teil des Lagers verlegt. Aber wir sprachen viel von ihm. Wir hätten so gern seinen Namen gewußt, um ihn nach dem Krieg wiederzusehen.

Jeden Tag spürten wir jetzt, wie das Ende näher kam. Warum hatte Gott nur so lange gewartet? Und dann lief eines Tages eine Geschichte wie ein Lauffeuer durch das Lager und ließ den Tag beinah so strahlend erscheinen wie jenen, an dem der Attentatsversuch auf Hitler gemacht worden war. Einer der Todeskamine war gesprengt worden! Juden hatten es getan! Mitten in Auschwitz und Birkenau gab es eine aktive Untergrundbewegung!

Wir hörten die Geschichte von einem der Fahrer, der schnell wieder ging, und dann legte sich über das ganze Konzentrationslager ein nervöses Schweigen.

Wir wisperten miteinander, wir bewunderten die unfaßliche Tat. Wir stellten uns vor, wie der riesige Rauchfang auf die Erde stürzte. Wir waren zu weit von Birkenau entfernt, als daß wir die Explosion hätten hören können, aber wie mußten die Gefangenen dort begeistert gewesen sein, als sie den gewaltigen Knall hörten und sahen, wie der Schornstein zusammenstürzte. »Der Schornstein«, sangen wir, »einer von den Schornsteinen«, und selbst jetzt brachten wir es nicht fertig, von dem Zweck zu sprechen, dem sie dienten. Denn wer hatte in Wirklichkeit jemals gesehen, was dort geschah? Obwohl wir hier so nahe lebten, war es uns nie möglich gewesen, die Tatsache der Verbrennungsöfen richtig zu begreifen. Was geflüstert wurde, was man wußte – alles war zu unfaßlich, um es als wahr anzunehmen. Es kam uns vor, als ob so etwas Entsetzliches hier in nächster Nähe nicht stattfinden könne, ohne daß es sich selbst offenbarte; es war, als ob Millionen von Menschen, die man auf diese Art getötet hatte, sich fühlbar machen, als ob sie die Luft verdicken müßten. Die Menschen verschwanden in diesem abgeschlossenen Gebiet. Sein Geheimnis war das des Todes selbst. Man konnte es wohl erst begreifen, wenn es einen selber traf. Und den ganzen Tag flüsterten wir über den zusammengestürzten Schornstein, als ob der Tod selbst besiegt worden sei.

Wer hatte es getan? Wie war es geschehen?

Nichts weiter hörten wir. Aber am nächsten Tag wurden wir, als unsere Arbeit zu Ende war, nicht in unsere Baracke zurückgeführt. Statt dessen führte uns Piotroch selbst in den Mittelpunkt des Lagers. Alles war still, verlassen. Kam nun die Rache? Ein Schornstein war zusammengebrochen. Aber die Verbrennungsöfen arbeiteten weiter. Würde man uns jetzt alle hineinwerfen? Auf dem Weg sahen wir nicht einen Menschen. Aber dann, als wir auf den Hauptplatz des Auschwitzer Lagers kamen, erblickten wir die Gefangenen in Reihen aufgestellt, Tausende, Männer und Frauen. Alle standen regungslos. In der Mitte des Platzes war ein Galgen aufgerichtet.

Über den Lautsprecher kam eine kurze Mitteilung. Verbrecher hatten eine Fabrik in die Luft gesprengt. Das Pulver für den Anschlag war den Saboteuren aus den Munitionsfabriken geliefert worden. Ihre Hinrichtung würde jetzt öffentlich erfolgen. Kein Gefangener dürfe es wagen, nicht hinzusehen, sonst würde er die gleiche Strafe erleiden.

Eine Gefangenennummer wurde aufgerufen und ein Name: Achusia. Ich nahm diesen Namen in mein Innerstes auf, um ihn nie zu vergessen. Ein junges, kleines, schmales Mädchen wurde auf die Plattform geführt.

Die Musik spielte einen Militärmarsch.

Wenn ich in Birkenau geblieben wäre, wenn man mich in die Munitionsfabriken geschickt hätte, ob ich dann getan hätte, was sie getan hat? Was für ein Augenblick muß es für sie gewesen sein, als ihr Werk vollendet war, als der Todesschornstein zusammenbrach!

Ruhig stand sie unter der Schlinge. Die SS-Weiber beobachteten uns, Reihe für Reihe, um sicher zu sein, daß niemand den Blick abwandte.

Die Musik hatte zu spielen aufgehört. Wir konnten den Schritt des Henkers auf den Brettern hören. Was konnte ich tun, damit meine Augen nichts sahen? Wieso kam es, daß dieser eine Tod unerträglicher erschien als das Wissen um Millionen von Toten? Wieso kam es, daß unsere Herren wußten, daß solch ein Tod uns schwer treffen würde, obwohl wir so viele, so zahllose Leichen gesehen hatten, die nur noch Haut und Knochen waren? Wo wir doch erlebt hatten, daß so viele von uns plötzlich verschwanden?

Einen Moment sah ich, wie der Körper dort oben hing. Meine Augen senkten sich, als hätten sie sich versengt.

Dann wurde noch ein zweites Mädchen gehenkt.

Die Musik spielte wieder, wir wurden zu unseren Baracken zurückgeführt. Von den Arbeitern der Nachtschicht in der Fabrik wurden zwei weitere gehenkt und in Birkenau auch noch einige. Es hieß, der Mann, den sie dort zum Galgen führten, war ein junger Mann, den Achusia liebte, und dieser Liebe wegen hatte sie das Dynamit gestohlen, mit dem der Todeskamin gesprengt wurde.

Der Winter war gekommen. Der Boden war entweder schmutzig, oder es lag Schnee. In der Baracke hielt die Körperwärme der vierhundert Frauen die Temperatur über dem Gefrierpunkt, solang die Fenster fest geschlossen blieben. Aber dann war die Luft unerträglich. Und wenn wir die Fenster öffneten, wurden die Nächstliegenden vom kalten Wind getroffen, und die leichteste Erkältung konnte Spital bedeuten und damit die Gaskammer.

Wieviel wir auch strickten, wir hatten niemals genug Wollsachen, um uns warm zu halten. Meine Knie und Hüften waren immer blau. Den Weg zum Büro und zur Baracke rannten wir. Lola und ich stellten uns Rücken an Rücken, verschränkten die Ellenbogen und beugten uns abwechselnd vor und rückwärts, um das Blut zirkulieren zu lassen.

Die kurze Zeit der Freude war vorbei. Jetzt waren es wieder die endlosen Tage dieses endlosen Krieges. Es schien, als ob überhaupt nichts in der Welt passierte. Ohne Großpapa, ohne die Zeitungen, die er uns ab und zu zugeworfen hatte, selbst wenn nur deutsche Nachrichten darin standen, hörten wir nichts als die Gerüchte, die umliefen. Es schien, als ob die Russen wieder aufgehalten worden seien, und vom Westen konnten wir nichts erhoffen, denn die Alliierten waren zu weit weg, um uns zu retten. Und so ließ unsere Moral nach. Ich bekam eine Erkältung. Trotz aller Angst mußte ich ins Spital. Aber nach zwei Tagen ging es mir besser, und ich arbeitete wieder.

Als ich zurückkehrte, zog Lola mich beiseite und steckte mir etwas in die Hand. Ich sah es an: Es war ein Stück Schokolade. Nahte das Ende der Welt? So schien es, sagte sie. Denn unser Meister Piotroch war gestern in den Saal gekommen mit einer großen Schachtel Schokolade und hatte jedem Mädchen ein Stück gegeben. Lola hatte mein Stück für mich gerettet.

»Der Messias kommt«, sagte Fella die zweite.

War es wirklich ein Zeichen? War unser Gebieter besorgt, wie wir über ihn sprechen würden, wenn man uns befragte? Aber wir durften nicht zuviel hoffen, denn ehe das passierte, würden die Deutschen sicher jeden einzelnen Insassen dieses Lagers ermorden.

Aber warum hatte Piotroch es wirklich getan?

Nicht viel später saßen wir, nachdem wir unsere Mittagssuppe gegessen hatten, in unserer Baracke und warteten auf unseren Appell. Er kam nicht. Plötzlich erschien eines der SS-Weiber und befahl uns, in der Baracke zu bleiben.

Sollten noch mehr Hinrichtungen erfolgen? Oder drohte eine »Auswahl«? Stunden vergingen. Noch niemals war so etwas passiert. Wir suchten verzweifelt nach Gesprächsstoff.

Wir machten sogar den Versuch zu singen. Aber jedesmal löste sich alles wieder in einzelne wartende Gruppen auf. Fella die zweite hatte sogar aufgehört, von ihrem Eheleben zu erzählen. Schweigend warteten wir.

Dann plötzlich drang ein Gerücht zu uns. Jemand war unten gewesen, und die Mädchen dort wußten es. In Birkenau gingen Kommandos in jeden Block und töteten alle mit Maschinengewehrfeuer. Etwas später hieß es dagegen, eine Abordnung vom Roten Kreuz aus der Schweiz sei im Lager...

Und dann ertönte um fünf Uhr plötzlich der Appell. Wir rannten hinaus und stellten uns schneller denn je in Linie. Es schneite. Die Dämmerung kam bereits. Alles war grau, unheimlich. Wir wurden gezählt, die Brotration wurde ausgeteilt. Dann kam das Kommando: »Zurück in euren Block und dort geblieben, bei Todesstrafe.«

Im nächsten Moment war der ganze Hof leer. Einige sagten, jetzt würde man uns in die Luft sprengen. Nein, man würde uns in den Baracken lebendig verbrennen. Einige Frauen saßen da und sagten Gebete auf, die sie nur noch bruchstückweise kannten. Andere, die aus religiösen Häusern kamen, murmelten mechanisch und wiederholten immer wieder: »Herr des Lebens, rette uns, steh uns bei...«

Und dann plötzlich schrie Mandarinka, die zum Fenster hinausstarrte: »Draußen ist keine Wache mehr.«

Das war doch unmöglich! Ich rannte zum Fenster. Draußen lag der Schnee weiß und unbefleckt. Im ganzen Hof war keine Spur zu sehen, und auch dort, wo die Wächter immer marschierten, den Draht entlang, wo sie immer standen, beim Tor, war niemand zu erblicken.

War jetzt der Augenblick gekommen, zu fliehen?

»Nein, nein«, schrie Lola. »Es ist ein Trick. Die warten ja nur darauf, daß wir hinausrennen, dann mähen sie uns nieder.«

Wir standen am Fenster und starrten in das Halbdunkel

draußen. Jetzt gingen die Suchlichter an. Sie zeigten nichts als den leeren Hof und den Schnee. Eine sagte: »Sie bereiten alles vor, um uns in die Luft zu sprengen. Deswegen haben sie die Wächter entfernt. Sie wollen nicht, daß einem der Ihrigen etwas geschieht.«

Aber dann sollten wir doch auszubrechen versuchen, anstatt hier darauf zu warten, umgebracht zu werden. Vielleicht würden ein paar durchkommen?

»Nein, nein, wenn die Suchlichter brennen, dann ist auch der Stacheldraht noch elektrisch geladen.«

Jetzt sagte Lola: »Ich höre Schüsse.«

Die ganze Baracke war mäuschenstill. Ja, von weither hörte man Explosionen. Es klang wie Kanonen und kam von Osten. Die Russen! Also drangen sie doch vor. Deswegen hatte Piotroch uns die Schokolade gegeben. Wir horchten angestrengt. Wir suchten zu erraten, wie weit weg die Russen sein konnten. Ich hatte schon früher russische Kanonen gehört, damals in Hrebenko, und deutsche Kanonen. Und all die Jahre hatten sie niemals aufgehört zu schießen.

Wenn das Ende wirklich kam, bedeutete es Befreiung oder Tod? Langsam kamen wir alle zu der Überzeugung, es könne nur Tod sein. Denn die Deutschen würden keinem einzigen Augenzeugen gestatten, zu überleben, damit keiner erzählen könnte, was hier geschehen war. Und so starrten wir in den Hof und warteten auf den Tod, der herannahte. Aber warum sollten wir so passiv warten, wenn wir zum Untergang verurteilt waren? Wir stritten miteinander und wurden so wütend, daß wir uns beinah in die Haare gerieten. Sollten wir ausbrechen? Sollten wir warten?

Tosca schlug vor, an jedes Fenster eine Wache zu stellen. Wenn ein Deutscher sich näherte, um Bomben zu werfen, oder wenn irgend etwas anderes Verdächtiges sich zeigen sollte, dann müßten wir unsere letzte Energie aufraffen und ausbrechen. So standen wir Wache und wechselten uns jede halbe Stunde ab. Aber wir sahen nichts als den unberührten Schnee. Kam das Schießen näher? Und wer von uns konnte den Ton einer russischen von dem einer deutschen Kanone unterscheiden?

Stunden vergingen. Und dann, nachts um zehn, lärmten überall Pfeifen. Und gleichzeitig marschierten SS-Trupps in den Hof. Jetzt war es also zu spät. Wir hatten den richtigen Augenblick verpaßt.

»Appell! Appell!« SS-Weiber rannten die Treppen hinauf und herunter. »Raus! Raus!« Gewohnheitsmäßig gehorchten wir und liefen herunter, um uns aufzustellen. Überall im Lager, soweit wir sehen konnten, bildeten sich Marschformationen. Tausende und Tausende weiblicher Gefangener und weiter hinten Männer. Hier draußen klang das Geschützfeuer näher und laut.

Jetzt würden sie uns sicher zusammenschießen.

Die SS war überall. Die Hunde bellten, ringsum im Lager hörte man Gewehrfeuer. Anscheinend versuchten einige auszubrechen und wurden so erledigt.

»Noch nicht, noch nicht!« sagte ich laut. Lola stand neben mir. Wir faßten uns an den Händen. Es war bitter kalt. Wir traten von einem Fuß auf den anderen.

Vor uns sahen wir eine Kolonne, die schon marschierte. Wohin? Es war eine endlose Formation. Wir stampften auf den Boden, schwangen unsere Arme. Wir versuchten immer wieder, Rücken an Rücken einander zu wärmen. Zwei Stunden waren vielleicht vergangen. Die Bewegung im Hof nahm immer noch zu. Es schien, als ob Tausende aus Birkenau kämen.

Und dann endlich kam der Befehl: »Marsch!« Es war wohl kurz nach Mitternacht.

Unsere Formation schloß sich den anderen an, die durch

das Lager marschierten. Wohin? Die Panik wuchs. Es war ganz sicher, sie würden uns alle massakrieren. Nicht ein Zeuge würde übrigbleiben. Hörst du nicht, wie sie schießen? Das ist in Birkenau. Dort, wo die Wälder sind, bevor man in die Stadt Auschwitz kommt. Nein, es sind die Russen, die näher kommen. Unsere Retter werden uns töten.

Und jetzt begann das Jammern. Vor uns, hinter uns, bei uns selbst kamen die Worte und formten einen großen Schrei: »*Rebbon o Shel Olom* – Herr des Alls, rette uns, beschütze uns!« Das laute Jammern wirkte ansteckend. Arme erhoben sich zum Himmel. Viele riefen: »Schma Israel! – Gotenu, Gotenu!« Und wieder Schreie und Schreie: »Schma Israel!«, und die Christen riefen: »Jesus, Maria!« Dazu kamen Gewehrschüsse, die Hunde heulten, und überall war das Gruppengeschimpfe der SS-Leute. Und der Schnee fiel und fiel.

Wir marschierten weiter, und dann sah ich, daß wir uns dem Stacheldraht näherten und dem Tor. Und wir marschierten durch das Tor, und als wir das taten, spürte ich, wie durch meinen Körper ein Hochgefühl lief, durch jedes einzelne Glied und jeden Nerv, ein Gefühl, wie ich es niemals gekannt hatte. Ganz widersinnig bei dem, was geschah, und gegen jede Vernunft fühlte ich eine unsagbare Freude. Ich war nicht mehr im Lager! Frei! Ich würde hier nicht sterben, und ganz sicher wußte ich, ich würde nicht umkommen, ich würde leben!

Ich begann zu singen. Wild und in Ekstase übertönte ich das Geschrei der anderen, übertönte ihr Seufzen und Bitten, übertönte das Fluchen und das Schießen. Ich sang und sang.

»Eva, Eva!« Es war Lola. Sie glaubte, ich wäre völlig verrückt geworden.

»Wir sind frei, Lola, wir sind nicht mehr im Lager, jetzt werden wir entkommen, wie ich es immer gesagt habe!« Ich hörte, wie sie um mich herum sagten: »Eva hat den Verstand verloren.« Aber mein Blut brannte, ich sang ein Lied, das ich vor Jahren gehört hatte, als die Russen in unserem Dorf gewesen waren, ein Lied aus einem Russenfilm, das ein Mädchen sang, als sie von ihrem Dorf in die weite Welt zog:

Kaum sah ich die Türe offen,
Sprang ich ohne Furcht hinaus –
Lacht nicht!
Meine Stärke läßt mich hoffen,
Fort, wer in den Weg sich stellt!
Ich bin frei, und niemand hält mich,
Vor mir liegt die ganze Welt!

Sie weinten und seufzten. Lola preßte meinen Arm und versuchte, mich zum Schweigen zu bringen. Aber mit ganzer Kraft sang ich:

Oh, wie leicht sind meine Füße,
Fliegen will ich um die Welt!
Jeden Winkel will ich sehen –
Lacht nicht!
Endlich kann ich wieder gehen,
Vor mir liegt die ganze Welt!

Plötzlich zwang mich irgend etwas zurückzublicken, und im selben Moment wandten sich alle um: Es war, als ob der Himmel hinter uns hochgezogen wäre.

Alles war rot. Die Nacht war rot, und eine glänzende Feuersäule erhob sich über Birkenau. Das ganze Lager stand in Flammen. Birkenau, Birkenau brannte! Es schien, als ob das Dach der Hölle weggezogen worden sei, der Hölle, die so viele Millionen verschlungen hatte. Birkenau brannte! Die

Todeskamine, die noch standen, würden im Feuer zusammenstürzen, und das Unheil würde die Flammen noch höher treiben. Laß es brennen! Laß es brennen für immer!

Einen Moment blieb die ganze Kolonne stehen. Sogar die Gewehre der SS verstummten vor diesem Schauspiel. Wir alle blickten auf das brennende Birkenau, und aus der ganzen endlosen Masse der Gefangenen erhob sich ein Ton voll von Entsetzen und Leid und Kummer und einer Aufregung, die Trauer und Rache enthielt – den ganzen endlosen Zug entlang. Und wieder spürte ich Triumph in mir, und wieder sang ich; ich stand da und sang mit aller Kraft »Frei! Frei! Die ganze Welt liegt vor mir«, und rings um mich standen die Frauen und starrten auf mich wie auf eine Verrückte.

Wir marschierten weiter, und jeder Schritt, den wir taten, mit dem brennenden Birkenau hinter uns, gab mir die Gewißheit, daß ich leben würde.

Die SS-Leute gingen an der Seite des Zuges, und ab und zu hörte man einen Pistolenschuß. Aber ich wußte, ich würde die richtige Zeit wählen. Wenn sie uns alle zusammen hätten massakrieren wollen, dann wäre das schon geschehen. Nein, sie wollten uns irgendwohin bringen, in ein anderes Lager. Aber vorher würde ich ausbrechen. Längs der Straße waren Wälder, und die Leute konnten nicht uns alle bewachen. Ich begann, Lola meinen Plan mitzuteilen. »Wir müssen den richtigen Moment abwarten und dann rennen. Es ist Nacht, und in den Wäldern haben wir eine Chance. Und wenn der Zug vorbei ist, werden wir Bauern finden, die uns helfen.«

»Hunde werden uns finden und uns in Stücke reißen. Eva, es geht nicht, ich habe so Angst.«

»Es muß gehen.«

»Die Bauern werden uns töten, wir sind ja Juden.«

»Nein, wir werden es schaffen.«

Und die ganze Zeit über schrien die SS-Leute: »Schneller! Schneller!« Unser Marschtempo beschleunigte sich.

Sie schrien: »Wer zurückbleibt, wird erschossen!«

Wir stolperten weiter in der schwarzen Nacht und versuchten, Kontakt mit denen vor uns zu halten. Lola kam schlecht mit. Ich zog sie, so gut es ging. Dann spürte ich im Marschieren unter uns etwas weniger Hartes als die Straße: Wir schritten über Körper! Es gab kein Halten, um die Niedergefallenen aus dem Weg zu räumen. Wir stolperten über sie, marschierten über sie. Wenn wir fielen, würden die Folgenden über uns marschieren. Endlos dehnte sich die Kolonne vor uns und hinter uns. Und immer wieder dachte ich, wo ist Anya? Sie durfte nicht fallen. O Gott, wenn Anya unter unseren Füßen im Schnee lag! Auch längs der Straße lagen Körper. Einige versuchten, an die Seite zu kommen, so daß niemand auf sie treten und sie sich schnell ein wenig erholen konnten, aber sofort knallte ein Schuß, und sie lagen am Straßenrand in den Gräben. In dem dünnen Licht des Schnees sahen wir nur ihre Umrisse. Lola und ich marschierten weiter, doch sie konnte nicht Schritt halten. So gerieten wir immer weiter zurück. Und wenn wir erst einmal am Ende unserer Kolonne wären, fielen die Schüsse, und wir würden daliegen. Ich flüsterte: »Lola, wir müssen es jetzt probieren, wir kommen ja nicht mehr mit. Und wenn wir ganz hinten sind, erschießen sie uns. Sowie wir an eine dunkle Stelle kommen, wenn Wald auf beiden Seiten steht, lassen wir uns in den Graben rollen. Da müssen wir wie tot liegenbleiben, bis die Kolonne vorbei ist.«

Entsetzt packte sie meinen Arm: »Eva, ich kann nicht, geh allein, du schaffst es, rette dich, ich bringe dir nur den Tod.«

Ich wußte, sie würde nicht überleben, wenn ich sie verließ. Der Tod griff schon nach ihr. Ich konnte es gut verstehen, denn der Tod griff auch nach mir. Wir kamen zu einer Stelle, die geeignet schien. Auf einer Seite dichter Wald, auf der anderen Seite sah man nicht zu weit entfernt auf einem Hügel über den Bäumen ein kleines Dorf. Die niederen Strohdächer hoben sich scharf gegen den Schnee ab. Es war ein Dorf, wie ich es aus meiner Kindheit kannte, wenn wir auf Sommerausflügen haltmachten, um Schwarzbrot mit Sauermilch zu essen.

»Lola, jetzt!«

Aber sie strebte von mir weg. Gerade in diesem Augenblick peitschten wieder einige Schüsse. Andere hatten es ebenso machen wollen.

Wir schleppten uns weiter. In unserem Körper war kein Gefühl mehr. Es war, als ob wir uns an die Kolonne hielten wie an ein Seil, das uns weiterzog und das wir festhalten mußten, um nicht unterzugehen.

Ab und zu hörte man einen Angstschrei, einen Namen: »Blume, Blume!« Oder eine Frage: »Malka, lebst du? Malka, Malka!« Manchmal kam sogar die Antwort: »Ja, ich lebe«, und dann wieder ein Schrei, wenn eine geliebte Kameradin zusammenbrach: »Gitta, um Gottes willen, Gitta, steh auf!« Und durch unsere eigene Gruppe, unter den sechsundvierzig Mädchen, welche die ganzen Monate zusammengelebt hatten, die sogar miteinander hatten lachen können und mit ihrer Strickerei einen Triumph errungen hatten, ging die Frage: »Tosca, wo ist Tosca?« Und wieder neu: »Erna kommt nicht mit.« – »Doch, sie ist hier.« – »Erna, bist du wirklich hier?« Und ihre Stimme gab uns neues Leben. Wir rückten dichter zusammen und hielten uns aneinander.

Fantastische Gedanken ging mir durch den Kopf. Es schien mir, als hörte ich Taubas Stimme: »Eva, Eva, bist du am Leben?« Und dann kam ein ganzer Traum, wie im Film.

Tauba war ein zweites Mal erwischt worden beim Kampf gegen Partisanen. Sie wurde ins Lager nach Birkenau gebracht, und wir hatten uns befreundet, und jetzt, in diesem entsetzlichen Moment, lag sie unter meinen Füßen! Dann später, als inzwischen eine lange, schwarze Leinwand vor mir abgelaufen war, sah ich Tauba wieder mit den Partisanen. Sie kamen aus den Wäldern, stürmten auf die Straße, mähten die SS-Leute nieder, und wir waren frei. Tosca rannte auf mich zu und rief: »Eva, Eva!« – »Hier bin ich!« Und sie nahm meine Hände.

Und dann war wieder nichts. Noch einmal nichts. Wandern, wandern, wandern. Alle um mich her mußten wandern. Eine ewige Unendlichkeit war verschwommen und undeutlich in meinem Gedächtnis, das in meinen Gliedern, in meinem Körper war: So war es immer für uns gewesen. So war ich immer gewandert, seit undenklichen Zeiten, seit der Zeit Moses in Ägypten, durch den Sand, durch den Schnee ...

So ging es die ganze Nacht hindurch. Und dann spürten wir, wie die Dämmerung kam, jenes köstliche Gefühl, daß hinter dem Himmel Helligkeit ist. Unsere Kolonne kam in eine Stadt. Wir marschierten durch die Hauptstraße. Leer. Alles totenstill. Sicher waren die Einwohner wach und beobachteten uns hinter den geschlossenen Fensterläden, hinter ihren Türen, beobachteten uns in unserer dünnen Gefangenenkleidung, in unseren zerrissenen Gefangenenschuhen. Sie mußten ja unseren Schritt hören, die Stiefel der SS, das Geschrei und die Schüsse. War denn die ganze Welt tot?

Die Stadt war zu Ende. Wieder kam die Straße, der Schnee. Wie hieß dieser Platz wohl?

Ich hörte die Stimme Mandarinkas, die ja aus Auschwitz selbst stammte: »Plecz«, sagte sie.

Jemand fragte: »Wie weit ist es von Auschwitz hierher?«

»Dreißig Kilometer.«

Dreißig Kilometer waren wir marschiert! Durch die Nacht, ohne zu halten, ohne Essen oder Trinken. Dann kamen wir an ein Dorf. Ein Pferd wieherte, und als die Sonne aufging, bekamen wir ein klein wenig Stärke. Aber wir mußten weitermarschieren, noch einen Kilometer und noch einen. Alles geschah wie in einem Trancezustand. Dann plötzlich glaubten wir etwas zu hören. »Halt!« Ein Zittern lief durch die ganze Kolonne. Ja, die SS-Leute hatten geschrien: »Halt!« Wir standen vor einem Bauernhof. »Sucht euch jetzt einen Platz, wo ihr ausruhen könnt.«

Der ganze Hof war schwarz von Frauen, die einfach zu Boden sanken, wo sie standen. Wir krochen über sie, um in die Scheune zu kommen. Dort war Stroh. Überall lagen schon Frauen. Wir krochen herum, bis wir eine Stelle für uns fanden. Es war trocken, beinah warm. Sofort fielen wir in Schlaf.

Aber selbst in diesem Moment, als ich zu Boden sank, hörte ich eine Stimme in mir: »Du darfst jetzt nicht schlafen, jetzt ist die Zeit gekommen, zu fliehen.« Und ich antwortete, als bäte ich mich selbst: »Nur für ein paar Minuten, nur eine kleine Rast.« Aber die andere Stimme ließ nicht nach, verfolgte mich: »Eva, Eva, du darfst jetzt nicht schlafen, du mußt jetzt entfliehen.« Und dieser letzte Befehl war so stark, daß er mich weckte. Ein paar Stunden hatte ich geschlafen.

Ich brachte es fertig, auf die Füße zu kommen, rings um mich her lagen die Frauen so, wie sie in ihrer Erschöpfung hingefallen waren, alle zu müde, um ein Bein auszustrecken oder sich in eine bessere Lage zu drehen, die ihnen weniger Schmerzen bereiten würde. Im Hof bewegten sich ein paar Frauen, die nach Wasser und Essen suchten. Der Hunger hatte sie geweckt. Meine Beine waren von der Kälte so steif, daß es mir vorkam, als ginge ich auf Stelzen. Und mit jedem

Schritt taten sie mir bis an die Hüfte hinauf weh. Ich stützte mich an den Wänden und untersuchte die ganze Scheune. Hinter ihr, höchstens hundert Meter entfernt, war dichter Wald. Im Mittelpunkt des Hofes hatten unsere Wächter einen großen Holzstoß angezündet. Sie lagen um ihn herum, die meisten schlafend. Ein paar saßen auf Holzscheiten, aßen und tranken. Jetzt mußten wir uns retten!

Meine ganze Energie kehrte zurück. Ich war so erregt, daß ich die Schmerzen in meinen Beinen nicht mehr spürte. Ich eilte zurück, beugte mich über Lola und weckte sie. »Lola«, flüsterte ich, »ich habe alles angesehen, es sind nur ein paar Schritte bis zum Wald. Hier müssen wir es wagen. Wir können uns leicht verbergen, und wenn sie weg sind, kommen wir wieder heraus.« Lola atmete schwer. »Eva, ich kann mich nicht bewegen, Eva! Du mußt allein gehen, ich kann unmöglich aufstehen. Laß sie mich hier totschlagen.«

»Lola, was für einen Unsinn redest du? Deine Beine sind nur steif. Es ging mir genauso, als ich aufstand, und als ich ein bißchen umherging, belebte sich das Blut wieder.«

Aber ich sah, daß ihre Beine schrecklich geschwollen waren und ihre Knöchel den doppelten Umfang hatten als sonst. Durch die Löcher in den Strümpfen sah ich, daß ihre Haut ganz blau war. Ihr Gesicht war gespenstisch. Das war nicht mehr die weiche, sanfte Lola, sondern eine wachsfarbene Mumie. Es war mir klar, daß sie nicht imstande war, die nächste Strecke des Wegs durchzuhalten. Was sie sagte, war ganz richtig, sie würde hier sterben, wenn ich nicht ein Versteck für sie fand. Ich stand auf und ging in den Hof. Wo konnten wir uns verstecken? Im Heuschober nicht, den würden sie genau durchsuchen.

Die Scheune, das Gebäude für die Wagen, die übrigen Anbaugebäude? Wenn sich nur die Erde öffnen und uns ein paar Stunden bergen wollte!

Dann sah ich im Hof zwei Zivilisten, die sich unterhielten. Sie standen nicht weit vom Haus selbst und ziemlich nah bei den SS-Leuten. Ich ging auf sie zu. Als ich näher kam, stolperte ich umher, als wäre ich noch nicht ganz wach. Für den Fall, daß ein SS-Mann es sähe, brauchte er nicht zu denken, daß ich mich mit den Polen unterhalten wollte. Ganz leise bat ich die Männer: »Helft uns, meine Freundin wird sterben, wenn sie noch weitergehen muß. Ich bitte euch, helft uns zu entkommen.«

Die Männer wandten ihre Köpfe nicht, gaben keinen Laut von sich. Aber einer von ihnen bewegte einen Finger. Er zeigte nach dem Haus. Er mußte wohl der Bauer sein, und in seinem Haus waren wir gerettet.

Ich eilte zu Lola und berichtete ihr. »Du brauchst nicht weit zu gehen, nur bis zum Haus. Schnell, schnell!«

Sie starrte mich an und schloß die Augen. Der Lebenswille schien sie verlassen zu haben. Ich packte ihren Arm und versuchte, sie in die Höhe zu ziehen. Wieviel Zeit hatten wir noch? Jeden Moment konnten die Pfeifen ertönen! Leise bat ich sie, dann begann ich sie zu beschimpfen wie ein Kapo. »Auf mit dir, sofort auf mit dir, du faule Hündin!« Sie öffnete die Augen und sah mich an, als versuche sie zu erkennen, wer ich sei. Ihre Beine begannen zu zittern. Ich legte ihren Arm um meine Schultern und versuchte, sie aufzuheben. Ich zögerte. Sie konnte ihre Beine nicht bewegen. Ich stieß sie immer weiter vorwärts. Dann spürte sie die Schmerzen in den Beinen, ich sah deutlich: Es war tausendmal schlimmer als bei mir. Ein Schrei, ein halbersticktes Weinen, wie von einem kleinen Kind kam von ihr. Dann stürzte sie nach vorn. Irgendwie gelang es mir, sie aufrecht zu halten, und so schleppte ich sie Schritt für Schritt aus der Scheune. Ich versuchte, ihre Beine mit Schnee einzureiben. Ich bat sie und flehte sie an. Und jetzt versuchte sie es selbst. Sie löste ihre

Arme von meinen Schultern und probierte ein paar Schritte. So umkreisten wir den Hof, vom Lagerfeuer weg, und bewegten uns auf das Haus zu. Wir mußten einen geeigneten Moment abpassen. Lola spähte auf die eine Seite, ich auf die andere. Nur ganz wenig Gefangene waren im Hof. Ein einzelner SS-Mann stand an der Scheune, mit dem Rücken zu uns.

»Jetzt, Lola!« Ich packte ihre Hand, wir gingen weiter, als wollten wir am Haus vorbei. Jetzt waren wir in seinem Schatten. Hier war eine Tür. Vor uns führte eine Treppe hinauf. Ohne uns zu besinnen, stiegen wir empor und bemühten uns, kein Geräusch zu machen. Wir kamen an einen Treppenabsatz. Dort waren zwei Türen. Vielleicht das Schlafzimmer? Schliefen dort Menschen? Wir stiegen noch eine Treppe hinauf, öffneten die einzige Tür, die dort war, und befanden uns in einer Dachstube. Der Betonboden war eiskalt. Ein Haufen ungebrauchter oder zerbrochener Dinge standen und lagen herum, Stühle ohne Sitz, leere Bilderrahmen, ein paar Kisten mit Porzellan und Töpfen. Ein hoher, halbverrosteter Kleiderschrank aus Eisenblech stand da. In seinem unteren Teil waren früher Schubladen gewesen, die jetzt fehlten. Wenn wir uns in diesen Schrank stellten, würde man unsere Beine sehen. So blieb nichts anderes übrig, als ihn herumzudrehen. Aber das schien für unsere Kräfte unmöglich. Und wenn wir ihn schoben, anstatt zu heben, so würde man das sicher unter uns hören. Wir mußten ihn also heben und langsam umdrehen.

Wie wir es fertigbrachten, weiß ich nicht mehr. Aber als wir schon vor Verzweiflung weinten, als wir schon völlig kraftlos waren, da endlich bewegte sich der Schrank, und schließlich hatten wir ihn völlig herumgedreht, so daß er nun gegen die Wand stand und gerade noch soviel Raum blieb, um uns hineinzuquetschen. Es war so eng, daß wir uns nicht bewegen konnten. Und so standen wir und warteten. Durch unsere Anstrengung, durch den Staub waren wir unsagbar durstig geworden. Merkwürdigerweise spürten wir keinen Hunger. Es gab Momente, da ich glaubte, jetzt müsse ich aus diesem eisernen Schrank ausbrechen, die Treppe hinunterstürzen und schreien: »Um Gottes willen, einen Schluck Wasser!« Und ich hörte, wie das Wasser aus der Röhre kam, ich sah, wie der Bauer, der im Hof gestanden hatte, mir einen Becher reichte. Nein, ich rannte weiter und steckte meinen Kopf unter den Wasserhahn. Wir warteten, und während dieser Zeit waren wir sicher mitunter bewußtlos, denn ab und zu schreckte mich das Gefühl auf, geschlafen zu haben. Wie lange wohl? War die Kolonne inzwischen weitermarschiert? Ich horchte angestrengt, um Geräusche von außen zu vernehmen. Ich hörte Stimmen. Ja, dort unten ging etwas vor. Es muß wohl schon Nachmittag gewesen sein, als wir die Trillerpfeifen hörten und das wohlbekannte Geschrei: »Vorwärts, aufstellen, schnell!« Der Lärm wuchs. Ein paar Schüsse fielen. Wir hörten Befehle: »Jagt sie aus dem Haus, grabt sie aus dem Heu. Ein paar von diesen verdammten Judenweibern haben sich in den Wäldern verkrochen! Wir marschieren nicht ab, bevor nicht alle da sind, lebendig oder tot.«

Aber wie wollten sie denn unsere Zahl kontrollieren, da so viele unterwegs gestorben waren? Dann gab es Geräusche im Haus. Türen wurden geschlagen. Die schweren Stiefel der SS-Leute stapften auf der Treppe. »Heraus, raus, raus mit euch!« schrien sie.

Es war, als wüßten sie, wo wir waren, und sie brüllten uns an. Jetzt waren sie im Stockwerk unter uns. Eine Tür schlug. »Niemand hier!« Und jetzt kamen sie unsere Treppe herauf, standen oben und öffneten die Tür zu unserem Raum. »Raus mit euch, ist da jemand?«

Wir hielten den Atem an. Sie stießen irgend etwas um – vielleicht einen Stuhl – dann stapften sie hinaus und die Treppe hinunter. Aber noch immer durften wir nicht wagen, uns zu bewegen. Draußen gingen das Geschrei und der Lärm weiter. Waren wir die einzigen, die fehlten? Standen all die Frauen da unten und wurden gezählt, nur unseretwegen? Es war mir, als müsse ich mich bei den Mädchen unseres Kommandos entschuldigen und als hörte ich ihre Antwort: »Ja, Eva, tu es, alles Gute!« – »Eva, Lola, macht euch keine Sorgen unseretwegen. Rettet euch!«

Und so standen wir still. Nach dem Licht zu urteilen, das durch das schmutzige Fenster kam, war es später Nachmittag. Und endlich, endlich hörten wir die Pfeifen und den Marschbefehl, und dann den Lärm, als sie loszogen, lange, lange, bis das Geschrei nur noch von weither erklang.

Wir hörten weniger Schüsse. Vielleicht war der Marsch jetzt am Tag leichter. Aber wo würde man sie hinführen und für wie lange? Würden Tosca, Fella, Fella, Mandarinka ihre Heimat erreichen? Und plötzlich kam mir der komische Gedanke, daß Mandarinka, wenn sie ihr früheres Heim wiedersehen wollte, ja nach Auschwitz zurückkehren mußte.

Die Ruhe eines Bauernhofes im Winter lag wieder über Haus und Hof. Von Zeit zu Zeit hörte man das Geräusch von Tieren. Im Haus unter uns war es völlig still, nur die Bretter der Dielen krachten wie Knochen, die von der Kälte steif sind. Durften wir uns jetzt hinauswagen? War es nicht möglich, daß man SS-Leute zurückgelassen hatte? Bestimmt hatte der Bauer, der mir das Zeichen gegeben hatte, gesehen, daß wir ins Haus gegangen waren. Bestimmt würde er zurückkommen, wenn die Luft rein war. Und solange er nicht kam, war es draußen noch nicht sicher.

Aber noch immer kam kein Geräusch von unten. Lolas Körper war längst an der kalten Wand zusammengesunken, und ich selbst konnte auch nicht mehr. Ich beschloß zu warten, bis ich bis hundert gezählt hatte. Aber auch das brachte ich nicht fertig. Nein, nein, ich mußte hinaus. Sonst würde ich nicht mehr wach werden. Ich würde in diesem eisernen Sarg erfrieren. So rüttelte ich Lola auf, und wir versuchten herauszukommen. Aber unsere Beine waren völlig gefühllos geworden. Ich versuchte, meine zu heben und beugte mich hinunter. Ich schüttelte mich und kratzte mich, bis mich plötzlich ein starker Schmerz durchfuhr. In meinem Bein war wieder Leben. Und dann gelang es mir irgendwie, mich aus dem Kleiderschrank herauszuwinden. Und Lola auch. Wir wankten auf den Flur, indem wir uns gegenseitig stützten. Nein, wir durften noch nicht hinuntergehen. Wir mußten auf den Bauern warten. Und so fielen wir zusammen auf den Boden. Wenn keine Hilfe kam, dann waren wir erledigt. Wir hatten keine Kraft mehr, wach zu bleiben, auch wenn wir sterben mußten.

Der Betonboden war aber so eiskalt, daß es uns für einen Moment wieder ins Leben zurückrief. Und mir wurde klar, daß wir, wenn wir hier liegen blieben, steiffrieren würden und uns nie mehr bewegen könnten. Wir rutschten auf unseren Knien, suchten unter den zerbrochenen Sachen und fanden die Überbleibsel einer Matratze, legten sie auf den Boden, warfen uns darauf und verloren das Bewußtsein.

Es schien, als wären wir gleichzeitig wiedererwacht. Vielleicht ist im Körper ein Mechanismus, der ein Alarmzeichen gibt, wenn der Tod droht. Es war dunkel. Ich wandte mich zum Fenster. Auch draußen war es dunkel. Ich flüsterte: »Lola.« Sie antwortete: »Eva.«

Mein Körper fühlte sich an, als sei er in den kalten Beton eingegraben worden. Die Matratze hatte uns wenig geholfen. Die Kälte war durch die Baumwollfetzen gedrungen, wir waren durch und durch erstarrt. Sogar unsere Schmerzen waren eingefroren. Wenn wir jetzt wieder einschliefen, würden wir nie mehr aufwachen.

»Lola, schüttle mich.« Wir stießen einander, versuchten mit Händen und Knien, uns aufzurichten. Warum kam nur der Bauer nicht? Vielleicht hatte er doch nicht gesehen, wie wir ins Haus gingen. Es war jetzt aber auch einerlei. Wir waren am Ende. Wir mußten uns nun selbst verraten.

Auf Händen und Knien krochen wir zur Tür, zogen uns an ihr hoch, versuchten, sie einigermaßen ruhig zu öffnen, und brachten es aneinanderhängend fertig, bis zum nächsten Treppenabsatz hinunterzustolpern. Wir horchten – kein Laut. Wie spät war es wohl? Waren die Leute noch wach? Oder schliefen sie? War das hier ein Schlafzimmer? Ich klopfte an die Tür. Wir hörten eine erschrockene Frauenstimme: »Wer ist da?« Wenigstens eine Frau. Wahrscheinlich das Weib des Bauern. »Wir«, antwortete ich, »macht auf, um Gottes willen, macht auf.«

»Wer seid ihr?« fragte sie, dann hörten wir ihre Schritte. Die Tür wurde einen Spalt geöffnet. Im Licht der Lampe im Zimmer sahen wir eine Frau mittleren Alters, dick, kurz, in umfangreichen Frauenkleidern. Sie schrie: »Weg mit euch, weg mit euch!« und lief zurück ins Zimmer. Ich bat: »Bitte helft uns, euer Mann ...« Sie hatte die Lampe ergriffen und kam jetzt wieder auf uns zu, und dann sahen wir unmittelbar hinter ihr den SS-Mann. Lola stöhnte: »Jetzt ist es zu Ende.«

»Raus, raus mit euch!« schrie er mit der rauhen Stimme, wie sie sie alle haben. Aber in diesem Moment wußte ich, daß es mit uns nicht zu Ende war. Wenn er uns erschießen wollte, hätte er es sofort getan. Lola schrie und weinte wie ein kleines Kind: »Er wird uns töten, er wird uns töten!«

Der SS-Mann brüllte weiter: »Hinaus mit euch, was wollt ihr denn hier?« Und da hörte ich mich, wie ich ihn um Hilfe bat. »Sagen Sie uns doch, wohin wir gehen sollen. Lassen Sie uns doch ein bißchen im Stroh in der Scheune, geben Sie uns einen Schluck Wasser, einen Bissen Brot.«

Immer noch schoß er nicht. Er gab mir Antwort, und wenn es auch nur ein Fluch war, so fühlte ich mich doch sicherer. »Ausgeschlossen!« schrie er. »Ihr glaubt, ihr seid die einzigen, aber da waren Gefangenentransporte vor euch, und andere kommen nach. Soll ich mich vielleicht für euch umbringen lassen?«

»Lassen Sie uns nur ein bißchen Kraft sammeln, geben Sie uns nur ein Stückchen Brot und einen Schluck Wasser.«

Er blickte auf die Frau, dann knurrte er ärgerlich: »Hier in der Nähe ist ein Dorf. Geht dorthin. Vielleicht nimmt euch jemand auf. Ich kann euch nicht helfen. Hier halten alle Transporte an. Bald kommt schon wieder einer.«

»Wo ist das Dorf?« fragte ich bittend.

»Ich will euch sagen, wie ihr gehen müßt, aber untersteht euch ja nicht, jemals einem Menschen zu sagen, woher ihr das wißt, verstanden?« Er starrte uns wütend an.

»Nein, nein«, sagte ich. Dann nannte er uns den Namen des Dorfes: Laaka. »Dort gibt es einen Mann namens Pavel Schlachta. Geht zu ihm, vielleicht wird er euch helfen.«

Wir sollten die Hauptstraße überqueren, dabei achtgeben, denn Truppen und Gefangenentransporte kämen dort dauernd vorüber. Jenseits der Straße sei ein Wald. Wir müßten immer geradeaus gehen, bis wir rechts einen Pfad sähen. »Den nehmt ihr. Dann kommt ihr zu einer kleinen Holzbrücke. Die müßt ihr überqueren, kapiert? Auf der anderen Seite steht ein einzelnes Haus. Das müßt ihr meiden. Umgeht es, verstanden? Und dann geht ihr weiter bis zum Dorf. Das zweite Haus links ist das von Pavel Schlachta. Und jetzt raus mit euch!«

Er legte die Hand an seinen Revolver. Wir eilten die Treppe hinunter. Im Hof lag eine leichte Schneedecke. Jede

Spur, daß hier ein Transport vorbeigekommen war, hatte sie zugedeckt. Es mußte von neuem geschneit haben, während wir schliefen.

Nur der Himmel war unruhig, immer wieder zuckten Feuer auf. Aus der Gegend, aus der wir gekommen waren, hörte man Aufschläge von leichten und schweren Geschützen. Suchlichter irrten über den Himmel. Die Front war wirklich zu uns gekommen. Und die Deutschen waren tatsächlich auf der Flucht! Sollten wir den Anweisungen des SS-Mannes folgen? Vielleicht hatte er uns absichtlich in die Höhle des Löwen geschickt. Sollten wir in die andere Richtung gehen? Aber wir besaßen nicht mehr die Kraft, im Wald umherzulaufen. Wir mußten darauf vertrauen, daß der Mann uns die Wahrheit gesagt hatte.

Wir nahmen ein wenig Schnee und führten ihn an unsere Lippen. Als wir an die Hauptstraße kamen, hielten wir an. Nichts rührte sich. Schnell rannten wir über die Straße. Gerettet. Unter den Bäumen sah ich ein paar Wagenspuren, die in den Wald führten. Wir folgten ihnen. Jetzt mußte gleich der Pfad nach rechts kommen. Die Bäume standen dicht. Aber der Pfad würde ja wohl getreten sein.

Wir gingen weiter. Unsere Blicke durchsuchten den Wald, aber wir konnten keinen Pfad finden. Vielleicht hatte der SS-Mann irgendeinen Blödsinn gesagt, nur um uns loszuwerden? Oder sollten wir den Pfad verpaßt haben? Lag er unter dem Schnee verborgen? Wir kehrten um, zurück bis zur Straße. Wenn man uns nur gesagt hätte, wie weit es bis zu diesem Pfad wäre. Sicherlich doch nicht weit. Wieder begannen wir die Suche, blickten dauernd auf den Boden zu unserer Rechten. Nach einiger Zeit überfiel uns Verzweiflung, denn wir gingen direkt auf das Schießen zu. Wenn wir so weitermachten, würden wir den Deutschen in die Arme laufen.

Und noch einmal kehrten wir zur Straße zurück. Noch

einmal suchten wir verzweifelt und erfolglos den Pfad. Dann sah Lola einen Pfad auf der linken Seite. Vielleicht hatten wir uns verhört. Der SS-Mann hatte ja so geschrien, und wir waren so verschreckt. Vielleicht hatten wir in unserer Aufregung alles durcheinandergebracht. Oder er hatte die Richtung verwechselt. Wir mußten alles versuchen. Wir beschritten den Pfad. Ein ziemliches Stück. Wo blieb die Brücke? Er hatte doch gesagt: »Bald werdet ihr zu einer kleinen Brücke kommen.« Wenn wir so weitermachten, würden wir uns völlig verlieren und im Wald umherirren, bis wir zusammenbrachen. Sollten wir zum Bauernhof zurückgehen? Das war unmöglich. Halb betäubt taumelten wir weiter, stolperten noch einmal den Wagenspuren nach und folgten ihnen, unbekümmert um das Schießen, dem wir entgegengingen, folgten ihnen weiter als zuvor. Und dann sahen wir plötzlich alle beide rechts den Pfad! Einen richtigen, gut ausgetretenen Pfad. Trotz unserer Erschöpfung rannten wir ihn entlang und kamen nach wenigen hundert Metern zu der kleinen Holzbrücke. Und genau, wie er uns gesagt hatte, stand auf der anderen Seite das einsame Haus. Und dann sahen wir, wie zwei Männer uns entgegenkamen. Wir verbargen uns unter den Bäumen. Die Männer kamen näher. Es waren Zivilisten. Sollten wir uns zu erkennen geben? Sollten wir alles daransetzen? Nein, denn alles, was der SS-Mann gesagt hatte, war richtig gewesen. Und sicher hatte er uns auch zu einem freundlich Gesinnten geschickt.

Wir warteten. Die zwei Männer gingen vorbei, den Weg, den wir gekommen waren. Wir wagten uns wieder heraus. In dem einsamen, für uns verbotenen Haus brannte Licht. Wir machten einen großen Umweg darum und kamen endlich zu der Ortschaft. Aber die Häuser waren so verstreut, daß man nicht sagen konnte, welches das erste und welches das zweite auf der linken Seite war.

Die Straße war leer, die Häuser waren dunkel. Wie spät in der Nacht war es wohl?

Wir starrten auf die Häuser und stritten uns nervös. »Das da muß es sein.« – »Nein, jenes!« Ich mußte an den Moment denken, als ich vor langer Zeit zusammen mit Anya Hrebenko verlassen hatte und wir vor der Tür des Arbeitsamtes Przemysl standen. Wir mußten es wagen. Ich ging zur Tür des Hauses, das wir für das zweite hielten, und klopfte.

»Wer ist da?« ertönte die Stimme einer Frau.

»Bitte macht auf!«

»Wer seid ihr?«

»Wir sind zwei Mädchen, die von einem Auschwitztransport entkommen sind.«

Erschreckt rief die Stimme: »Geht weg, fort mit euch, fort mit euch! Ich habe selbst Kinder. Weg! Weg! Sonst brennen sie mir das Haus nieder und bringen uns alle um!«

Wir bettelten: »Nur ein bißchen Brot!«

»Überall im Dorf sind noch Deutsche, geht weg!«

Sollten wir nach Pavel Schlachta fragen? Ich hatte Angst, durch eine geschlossene Tür einem Unbekannten den Namen zu nennen.

Wir gingen vom Tor weg, hatten Angst, anderswo anzuklopfen. Angenommen, dort lagen deutsche Soldaten im Quartier. Wir schlichen die Dorfstraße entlang. Plötzlich hörten wir Stimmen. Einige Frauen waren aus einem Haus gekommen und beobachteten das Geschützfeuer. Sie berieten, ob man bleiben oder fliehen solle. Würde es besser werden, wenn die Russen kämen, oder schlechter? Wir näherten uns ihnen. Sie waren zu dritt. »Bitte ...«, begann ich.

Unter ihren Kopftüchern blickten sie uns an. In dem unheimlichen Licht, das der Schnee gab, mußten wir in unseren gestreiften Gefängniskleidern wie Geister ausgesehen haben.

»Was tut ihr hier? Macht, daß ihr wegkommt. Im Dorf sind noch Deutsche!«

»Verbergt uns doch!«

»Nein, sie durchsuchen dauernd alles.«

Jetzt mußte ich es probieren, es war unsere letzte Hoffnung. »Wißt ihr, wo das Haus von Pavel Schlachta ist?«

»Pavel Schlachta?« Eine der Frauen sah uns genau an, fragte aber nicht, woher wir den Namen wußten. »Kommt mit.«

Sie schritt schnell voran, wir eilten hinterher die Straße hinunter bis zu einem Haus, neben dem, an dem wir geklopft hatten. Die Frau ging zur Tür, rief: »Pavel!«

Die Tür öffnete sich, und in ihr stand derselbe Mann, der auf dem Bauernhof den Finger bewegt und auf das Haus gewiesen hatte. Also war das dort nicht sein eigenes Haus gewesen. Jetzt warf er einen Blick auf uns und schrie: »Entflohene Gefangene, weg mit euch, weg mit euch!«

»Aber man hat mir gesagt...«, wollte ich beginnen.

»Ich verberge keine Gefangenen«, schrie er. »Ihr bringt nur meine Familie in Gefahr! Fort mit euch!« Und er schlug die Tür zu.

Die Frau, die uns hergebracht hatte, war verschwunden. Seine Stimme hatte uns wie ein Peitschenhieb getroffen. Wir rannten weg. Jetzt blieb uns nichts übrig, als uns in irgendeiner Ecke zu verkriechen und zu warten, bis die Deutschen uns finden würden, vielleicht nur unsere erfrorenen Körper.

Wir wanderten weiter. Plötzlich erklangen Schritte hinter uns. Wenn wir jetzt versuchen würden zu fliehen, würde man uns erschießen. So wandten wir uns um, um dem Tod ins Antlitz zu sehen. Auf uns zu kam – Pavel Schlachta. Jetzt war er bei uns. »Schnell, schnell«, flüsterte er, umfaßte uns und zog uns mit sich zurück. »Ich konnte euch vorher nicht hereinlassen wegen der Frau. Sie ist die größte Schwätzerin im Dorf. Morgen früh hätte jeder gewußt, was geschehen ist. Jetzt schnell!« Er führte uns in sein Haus und öffnete die Tür. Licht und Wärme umfluteten uns. Eine Frau im Nachtgewand kam aus der Küche. Hinter ihr kam eine ganz kleine Alte.

»Bringt schnell etwas zu essen, etwas Warmes«, sagte der Mann. Aber zuerst kam die Großmutter zu uns und umarmte uns. Dann brachten beide Frauen in größter Eile Tee, Wodka, Brot mit Schinken und Fett und schließlich Wasser, um unsere Füße zu waschen. Mir war, als würde ich vor Glück ohnmächtig, aber ich durfte jetzt nicht schwach werden, ich mußte alles fühlen. Ich mußte alles fühlen, wie gut diese Menschen waren – wie gut.

Pavel Schlachta erzählte uns jetzt, daß er uns am Tag vorher in den Bauernhof hatte gehen sehen. Das Haus gehörte seinem Schwager, und der SS-Mann dort war sein Vetter. Pavel Schlachta hatte es für das Beste gehalten, den Einwohnern nichts von unserem Versteck zu sagen. Erst jetzt hatte er zwei Leute dorthin geschickt, um nach uns zu sehen. Natürlich! Es waren die beiden Männer, vor denen wir uns im Wald verborgen hatten. Dann fragte Schlachta mit einem schlauen, aber sympathischen Lächeln: »Seid ihr Jüdinnen?«

»Ja«, antwortete ich.

»Macht nichts«, sagte Schlachta. »Viele von unseren Mädchen hat es auch erwischt.«

Und nach einem Moment fragte er: »Aber wie kamt ihr zu meinem Namen?« Ich erzählte, daß der SS-Mann ihn uns gesagt hatte und daß wir versprochen hatten, seine Hilfe niemandem zu verraten.

Wieder erschien das listige Lächeln auf Schlachtas Gesicht, und jetzt zwinkerte er noch: »Mein Vetter hat sich immer geschämt, daß er zu der SS gegangen ist. Wahrscheinlich sucht er jetzt, wo die Sache schiefgeht, jemanden zu finden, der für ihn gutsagt.«

Und da wurde es mir zum erstenmal klar, daß unsere Personen wertvoll geworden waren. Denn wieder einmal drehte sich in der Welt das Unterste nach oben. Unser Leben, unser verachtetes Leben würde in vielleicht einem Tag, vielleicht in einer Woche für einen SS-Mann einen Schatz bedeuten, wenn er sagen durfte, daß er zwei Sklavinnen von Auschwitz gerettet hatte. Wie um noch etwas zugunsten ihres mißratenen Verwandten anzuführen, sagte Schlachtas Frau: »Hatte er auch gesagt, das Haus bei der Brücke zu meiden?«

»Ja«, antwortete ich. »Es war Licht dort, und wir mußten deswegen einen großen Umweg machen.«

»Meine Eltern leben dort«, sagte sie ruhig. »Deutsche Offiziere sind bei ihnen einquartiert. Mein Vater ist der Dorfälteste.«

Jetzt sagte Schlachtas alte Mutter: »Genug geschwätzt, die armen Kleinen brauchen Schlaf. Kommt mit mir, meine Töchterchen.«

Es folgte eine schnelle, halb geflüsterte Beratung, aber die kleine, alte Frau bestand darauf: »Nein, nein, sie sollen in meinem Bett schlafen.«

Wir baten sie, uns doch in der Scheune schlafen zu lassen. Das wäre schon himmlisch für uns. Aber sie packte jede von uns mit starken Händen am Arm und zog uns in ihr Zimmer. Dort waren die Wände bedeckt mit Heiligenbildern und alten Fotografien von Familienangehörigen. Das ganze Zimmer war voll von Möbeln, und mittendrin stand ein großes Bett. Auf ihm lagen Matratzen über Matratzen herrlichster Art und ein Berg Kissen. Die alte Frau brachte uns zu Bett wie kleine Mädchen. Wir versanken in der Weichheit der Matratzen. Es war, als hätte Gott uns in seinen Arm genommen.

Und wir schliefen, bis ich fühlte, daß jemand da war: Die Großmutter stand neben mir, und im Halbschlaf spürte ich, daß ich wirklich in Sicherheit, daß ich gerettet war. Aber ich konnte es nicht glauben, und so stupste ich Lola, sagte mir aber dabei, selbst wenn sie jetzt aufwacht und mir bestätigt, daß alles Wahrheit sei, so könne es doch nicht sein.

»Ich habe ein bißchen warme Milch gebracht, Kinder«, sagte die Großmutter. »Ich habe euch nur aufgeweckt, damit ihr etwas zu euch nehmt. Trinkt jetzt und schlaft wieder. Ihr habt ja Zeit.«

Und ich kam mir vor wie ein Kind, das verworren und durstig und eigentlich noch schlafend mitten in der Nacht ein Glas Milch trinkt und wieder in die Kissen zurückfällt, ohne das Bewußtsein richtig erlangt zu haben. Und genauso tranken wir diese Milch. Sie floß durch unsere Körper, in jede Ader. Und dann schliefen wir wieder.

Es war später Morgen, als wir erwachten. Die kleine Großmutter war wieder da, zusammen mit den drei Kindern Schlachtas, die uns still ansahen. Es waren zwei Mädchen und ein Junge. Der jüngste von ihnen sagte seinen Schwestern, sie dürften niemandem sagen, wer wir seien. Dann kam die Mutter ins Zimmer, brachte Kaffee, Brot, Eier, und während wir aßen, kam auch Pavel Schlachta dazu. Er hatte bereits einen Plan. Wir würden als Bauernmädchen angezogen werden, und er wollte uns als zwei seiner Nichten ausgeben, die vor der heranrückenden Front geflohen waren. Wir kamen von einem Dorf in der Nähe von Kattowitz, das gerade in russische Hände gefallen war. »Was, schon?« Ja, deswegen sei die ganze Nacht das Feuer gewesen. Man wußte in Laaka, daß die Schlachtas in der Nähe von Kattowitz Verwandte besaßen, aber die Nichten waren niemals hier gewesen, und so kannten die Leute hier sie nicht von Ansehen. Außerdem fragte man in diesen Tagen nicht sehr viel. Wir sollten uns nicht benehmen, als würden wir uns verbergen, aber doch soviel wie möglich im Haus bleiben und uns nicht im Dorf zeigen. Und jetzt mußten wir neu ausgestattet werden. Die Frauen sausten umher, brachten Röcke, Unterröcke, die ganzen umfangreichen Kleider, die ein Bauernmädchen trägt. So wurde ich wieder zu Katja.

Ja, und was sollten wir mit unseren Haaren tun? Wir konnten Tücher um den Kopf binden. Aber unsere kurzen Locken kamen darunter hervor, was seltsam aussah, weil die Dorfmädchen das Haar alle straff zurückgekämmt trugen und es in Zöpfe legten. Mein Haar war wieder lang genug geworden, um es so zurückzukämmen. Aber Lolas Haar war kürzer und kam immer wieder unter dem Kopftuch hervor. Wir mußten uns damit abfinden. Einen Rock nach dem anderen zogen wir an, schließlich Schürzen. Als wir endlich fertig waren, wurde Pavel Schlachta hereingerufen, um seine Nichten anzusehen. »Wirklich ausgezeichnet«, erklärte er. Er war bereit, seine eigene Geschichte zu glauben.

Dann fiel sein Blick auf unsere verdreckte Gefängniskleidung. »Sollen wir sie nicht verbrennen?« fragte ich.

»Nein, nein«, erklärte er, »ihr dürft sie nicht vernichten, ihr müßt sie aufbewahren.«

»Wofür denn?« fragte Lola erstaunt. Schlachta besaß die Schlauheit des Bauern: »Man kann nie wissen, wozu sie noch nützlich sein kann.« Er ging in den Hof und hob eine Grube aus. Dort beerdigten wir die zwei Bündel Kleidung, als ob wir den Tod beerdigten, der uns beinah getroffen hätte.

In wenigen Tagen waren wir ein Teil des Haushalts geworden. Wir versuchten, uns beim Saubermachen und beim Waschen nützlich zu machen. Wir versuchten, die Großmutter wieder in ihr Bett zu bringen, aber sie bestand darauf, im großen Familienschlafzimmer der Schlachtas zu bleiben.

Am zweiten Tag unseres Dortseins berichtete uns Schlachta, daß ein anderes Judenmädchen sich gerettet habe und im Dorf verborgen sei. Wollten wir sie sehen?

In der Dunkelheit gingen wir mit ihm. Überall auf der Straße waren deutsche Soldaten. Die Armee war auf dem Rückzug. Schwere Geschütze, Fahrzeuge aller Art füllten die Ortschaft. Da Laaka nicht an einer Hauptstraße lag, so war es klar, sagte Schlachta, daß man das Kriegsmaterial hier stationierte, um den Kampf fortzusetzen. Bald würden wir ein Teil der Front sein. Die Soldaten sahen unendlich erschöpft aus. Schweren Schrittes gingen sie ihrer Arbeit nach, errichteten ein Feldlazarett, stellten ihre Küchen auf. In vielen Häusern des Dorfes requirierten sie Räume.

Uns sahen sie nicht besonders an.

Als wir zu dem anderen Haus kamen, fragten wir uns, ob wir wohl das geflüchtete Mädchen als Jüdin erkennen würden. Würde sie uns in unserer Verkleidung erkennen? Sie war in der Küche, und auf den ersten Blick wußte ich, daß ich sie nicht erkannt hätte. Ihr ging es genauso, und wir alle fühlten uns sicherer. Gitta war einen Tag vor uns von Birkenau weggeführt worden und hatte sich im Wald verborgen. Die SS-Leute hatten mit ihren Bluthunden nach ihr gesucht, waren aber zum Glück nicht bis zu ihrem Versteck gekommen.

»In Birkenau?« fragte ich. Wo hatte sie dort gearbeitet?

»In der Küche.« Da mußte sie doch Anya gekannt haben, Esther Warshawsky?

»Anya! Natürlich!« rief sie. »Jeder hat sie dort gekannt.«

»Lebt sie noch? Ist sie bis hierher mitgekommen?«

Jaja, und sie hatte immer nach mir gerufen. Auf jedem Halteplatz, auf jedem Bauernhof, immer hatte sie nach mir gerufen. Und ich war also Anyas Eva und lebte! Soweit war Anya also gekommen. Wir unterhielten uns eine Weile. Sie fragte nach anderen Frauen, aber wir kannten keine von ihnen. Dann kamen wir überein, uns während unseres Aufenthalts hier möglichst wenig zu sehen.

Täglich strömten neue und mehr Truppen herein. Und jetzt kamen auch in Schlachtas Haus Offiziere, und eines Tages okkupierten sie das große Wohnzimmer, wo Betten für sie aufgeschlagen wurden. Sie verlangten von den Schlachtas für eine kleine Gruppe von Offizieren anständiges Essen, nicht ihre Armeerationen. Und so kochten wir für sie und bedienten sie bei Tisch. Aber sie schienen uns nicht zu bemerken. Sie blickten uns an, wie man eben Kellner oder

Bediente ansieht, die man ja nicht als Einzelpersonen beachtet. Alle diese Deutschen waren sehr beschäftigt, sehr müde, und wir gingen ihnen aus dem Weg, so gut wir konnten.

Aber als ich eines Morgens am rückwärtigen Hauseingang saß und Kartoffeln schälte, blieb einer der Offiziere stehen und sah mir zu. Dann sagte er plötzlich: »Das ist nicht die Art, wie ein Dorfmädchen Kartoffeln schält!«

Er hatte durchaus recht, denn ich schälte die Kartoffeln zu dick. Die Bauern schälen in schnellen, kurzen Strichen und so dünn, daß nichts verlorengeht. Diesen Kniff muß man eben heraus haben.

Ich arbeitete weiter, als hätte ich ihn nicht verstanden. Einen Augenblick später ging er weg. Verängstigt eilte ich zu Schlachta und erzählte ihm, was geschehen war. Auch er war besorgt. Aber wir konnten nichts tun. Hoffentlich würde nichts weiter erfolgen.

Am nächsten Abend gaben die Offiziere in Schlachtas Haus eine Gesellschaft. Den ganzen Tag über hatten wir mit den Vorbereitungen zu tun. Tische wurden zusammengerückt, Geschirr und Kochgeräte ausgeliehen, und plötzlich war das Haus voller Leutnants, Hauptleute und noch höherer Offiziere. Das ganze Vorderzimmer war von ihnen besetzt. Und gleich begann das Trinken. Schlachta selbst trank kräftig mit. Jedesmal, wenn er eine Platte von der Küche ins Zimmer brachte, bekam er einen Schnaps, und bald merkte ich, daß er etwas lustig und unsicher wurde. Seine Frau und seine Mutter hatten am Küchenofen zu tun. So mußten Lola und ich bei Tisch bedienen. Und diesmal nahmen die Offiziere Notiz von uns. Immer wieder streckten sie einen Arm aus, um uns zu halten. Eine Berührung, ein kleines Pressen, eine vergnügte Bemerkung, und dann begannen sie über uns zu reden. Einer sagte: »Weiß Gott, die sehen nicht wie Bauernmädel aus, die sind zu fein.«

Ein zweiter stimmte ihm zu: »Die kommen sicher nicht vom Land, die sind viel zu gebildet.« Und jetzt begann ein Spiel: Der erste faßte Lola um die Taille, sah sie mit halbgeschlossenen Augen an und sagte: »Sieh sie mal genau an, so sieht kein Bauernmädel aus. Bestimmt kommt sie aus der Stadt.« Da machte der, der mich beim Kartoffelschälen beobachtet hatte, wieder eine Bemerkung: »Seht nur, wie sie servieren«, und er fragte Lola: »Wo hast du das so gut gelernt?«

»Zu Hause«, antwortete Lola.

Und wieder war seine Beobachtung richtig. Denn ein Dorftrampel hätte alles wahllos durcheinander auf den Tisch gestellt, während wir richtig servierten.

Jetzt blickte Lolas erster Bewunderer mich an: »Du dort, mit den roten Backen, weißt du, wie du mir vorkommst? Wie eine Studentin, die mit dem Rucksack einen Ausflug macht.« Ein dritter mischte sich ein. Er sah Lola genau an. »Das hier ist kein Mädel, das im Freien arbeitet. Ich sehe sie vor mir in Abendkleidern, mit hochhackigen Schuhen in einer eleganten Bar.« Lola entwand sich ihm und sagte lachend, heute nacht hätte sie keine Zeit für die Bar, aber vielleicht ein andermal, und sie eilte in die Küche. Aber das Spiel hörte nicht auf. Jetzt sagte einer, er sähe mich als Büromädel mit einem eleganten Schneiderkostüm. Ich zitterte.

Am schlimmsten aber war der Schweigende. Genauso wie bei jenem Examen in Wien durch die Wissenschaftler, damals, als ich für meine Zulassung zum deutschen Volk geprüft wurde, saß auch hier ein Schweigender. Er war ungefähr vierzig Jahre alt, hatte ein narbiges Gesicht, seine Augen folgten mir, wo immer ich war.

Selbst unter normalen Umständen ist es für ein Mädchen nicht angenehm, wenn man es dauernd mit den Augen verfolgt. Man bewegt sich, einer sitzt da und starrt einen an, nur weil man ein Mädchen ist; man hat das Gefühl, nichts weiter zu sein als ein Stück Fleisch. Und bei den Soldaten ist es noch schlimmer, denn zum Unbehagen kommt auch noch die Angst, denn niemand weiß, wozu ein Soldat in seiner Brutalität fähig ist. Für mich war es an diesem Abend noch viel schlimmer, ich wußte ja nicht, ob sein Blick nur Begierde ausdrückte oder Mißtrauen.

Ich räumte ein paar leere Teller zusammen und eilte in die Küche. Dort flehte ich Frau Schlachta an: »Ich kann unmöglich wieder ins Zimmer hinein, jemand anders muß bedienen.« Aber bevor wir noch irgend etwas beschließen konnten, stand der schweigende Offizier in der Küche und starrte mich unentwegt an. Er war völlig nüchtern.

»Komm heraus.« Er deutete in den Hof.

Die Art und Weise, wie er es sagte, erweckte in mir die Hoffnung, er wolle nur etwas näher an mich herankommen: »Ich kann nicht, ich muß Ihre Freunde bedienen!«

»Die sind alle betrunken«, sagte er kurz. »Komm mit heraus, ich muß dir etwas sagen.«

Ich konnte mich nicht weigern, so nahm ich ein Tuch und folgte ihm in den Hof. Es war kalt draußen. Er packte mich bei den Schultern, sein narbiges Gesicht war nahe vor meinem, seine tiefschwarzen Augen durchdrangen mich. »Wer bist du?« fragte er.

»Was soll das heißen, wer ich bin? Ich bin Katja.«

»Wer bist du?« wiederholte er drängend. Ich lachte, wie man es bei einem beschwipsten Mann tut: »Aber ich heiße Katja und ich bin Katja.«

Plötzlich riß er mir mit einem heftigen Schwung das Tuch vom Kopf. Er starrte auf mein kurzgeschnittenes Haar. Dann sagte er: »Ich wußte es«, packte mich am

Arm und schob den Ärmel hinauf. Die eintätowierte Nummer kam zum Vorschein.

»Es stimmt! Vom ersten Augenblick an wußte ich es.«

Ich zitterte am ganzen Körper. Dann, nach einem Augenblick, als habe er nicht bemerkt, welche Aufregung seine Neugierde mir verursacht hatte, legte er plötzlich seine Arme um mich: »Hab keine Angst, fürchte dich nicht, ich will dir nichts Böses tun. Ich habe dich nur hier herausgerufen, um dich zu warnen.« Schlaff und zitternd an ihn gelehnt, hörte ich ihn weitersprechen: »Die drinnen sind zu neugierig geworden euretwegen; sie sprechen zu viel von deiner Freundin und von dir, wer ihr seid, was ihr seid, das ist gefährlich. Wenn einer von ihnen nachforscht und etwas herausbekommt, schießt er euch nieder wie einen tollen Hund. Aber von mir habt ihr nichts zu befürchten.«

Und er begann von sich selbst zu erzählen. Er war in Deutschland politischer Gefangener gewesen. Dann kam die Zeit, da man solchen Gefangenen die Chance gab, in Strafbataillonen in der Armee zu dienen. Er hatte es getan, war bei Stalingrad schwer verwundet worden. Nach Monaten im Spital hatte man ihn wiederum zur Front geschickt. Er hatte sich ausgezeichnet und war zum Offizier befördert worden. Aber er wußte immer noch nicht, was ihn bei Kriegsende erwartete. Er hatte eine Frau und zwei Kinder in Hannover. Und er hatte eine Vorahnung, er würde sie nie mehr wiedersehen. Plötzlich zog er einen Fetzen Papier aus der Tasche und begann darauf zu schreiben. »Tu mir einen Gefallen. Ich heiße Helmut Winter. Hier hast du meine Adresse. Wenn der Krieg aus ist, dann geh dorthin und gib diesen Zettel meiner Frau. Erzähle, daß du mich gesehen hast. Erzähle, daß ich immer an sie und an die Kinder gedacht habe.« Ich nahm den Zettel und hatte das Gefühl, er sei eine Garantie, daß ich überleben würde.

»In wenigen Tagen«, sagte er noch, »werden die Russen hier sein, sie sind nur noch ein paar Kilometer entfernt. Dann seid ihr gerettet. Ihr müßt also nur noch ein paar Tage vorsichtig sein. Aber seid vorsichtig, denn das Ende ist nah!«

Wir gingen zusammen ins Haus zurück. Die Mehrzahl der Offiziere schnarchte und lag halb auf dem Tisch. Die Gesellschaft war zu Ende.

Lola und ich berieten die ganze Nacht. Mußten wir wieder fliehen? Aber wohin? Sowie Schlachta wach war, erzählte ich von der Warnung des deutschen Offiziers. Auch er war der Ansicht, daß wir verschwinden sollten. Aber in jedem Haus im Dorf waren Deutsche. Schließlich beschloß Schlachta, wir sollten uns trennen, um nicht so aufzufallen. Und außerdem, wenn eine von uns im Haus blieb, würden die anderen nicht fragen, was aus uns geworden sei. Lola sollte hierbleiben, ich würde in das große alleinstehende Haus an der Brücke geschickt, zu Frau Schlachtas Eltern. Dort sollte ich in der Küche arbeiten und den Deutschen möglichst aus dem Weg gehen.

Ich ging dorthin. Frau Schlachtas Eltern waren wie Engel zu mir. Ein Tag ging vorbei. Dann noch einer. Aber noch immer kamen die Russen nicht. An ihrer Stelle erschienen neue deutsche Truppen, neue Artillerie, die rings um das ganze Dorf in Stellung ging. Dann wurde unser Haus zum Hauptquartier gemacht, mit Telefonen und Radio, Motorradfahrern und Stabswagen, die den ganzen Tag kamen und fuhren.

Laaka lag mitten in der Front. Doch die Deutschen hatten so viel zu tun und waren zu verzweifelt, um an die Dorfleute Gedanken zu verschwenden. Ich lebte unbemerkt. Im Dorf selbst hatten sich die Einwohner im Keller verkrochen. Einige luden ihre Besitztümer auf Wagen und flohen. Tag und Nacht schlugen Granaten ein.

Im Hauptquartier hörte ich alles. Meldung auf Meldung wurde durch die Telefone gegeben. Immer rief man nach Munition, nach Soldaten. Die Deutschen konnten sich nicht mehr halten. Warum wußten die Russen dies aber nicht? Warum kamen sie nicht? Ich eilte zu Schlachta: Gab es keine Möglichkeit, den Russen Bescheid zu geben? Sie waren ja nur ein paar Kilometer entfernt, waren schon in Plecz, in der Stadt, durch die wir in jener entsetzlichen Nacht marschiert waren, war es wirklich erst eine Woche her?

Konnte ich mich nicht durch die deutsche Linie durchschleichen und zu den Russen gehen? Bei Nacht vielleicht? Schlachta lachte: In diesem Krieg gibt es keine einzelne Linie, da gibt es viele Linien hintereinander. Das würde meinen sicheren Tod bedeuten. Ich müsse warten. Bestimmt nur noch ein paar Tage.

Das Bombardement der Russen hatte nachgelassen. Vielleicht warteten auch sie auf Munition. Und so vergingen noch ein paar Tage. Wir kamen uns vor wie Gefangene, denen man mitgeteilt hat, daß ihre Strafzeit beendet ist, die man aber noch nicht entläßt.

Dann wurde eines Nachts das russische Bombardement sehr heftig. Es hielt ununterbrochen an. Wir verkrochen uns im Keller des großen Hauses an der Brücke. Oben wurde gepackt. Die riesigen Lastwagen der Deutschen warteten mit laufendem Motor vor dem Haus.

Sie beantworteten das Feuer noch, aber nur schwach. Man hörte ihre Maschinengewehre und ab und zu einen Kanonenschuß. Aber im Hof dröhnten ihre Motoren, und ihre Stabs-, Hilfswagen und Panzer zogen sich zurück.

Am nächsten Morgen sahen wir nur hie und da ein paar deutsche Soldaten. Im Hause war keiner mehr. Wir räumten auf. Den ganzen Tag blieb es ruhig. Ich mußte an Hrebenko denken, an den Tag, an dem es zwischen den Armeen lag; nur war es damals umgekehrt gewesen, die Russen waren geflohen, und die Deutschen waren einmarschiert. Und Bistray hatte gesagt: »Wir werden zurückkommen, bestimmt werden wir zurückkommen und sie zum Teufel jagen.« Ich sehnte mich, diesen Tag zu erleben. Allmählich wurde die Stimmung unsicher, Panik drohte auszubrechen. Wilde Gerüchte kursierten: Die Russen würden alle Frauen vergewaltigen und alle Männer erschießen, weil sie sich mit den Deutschen eingelassen hatten.

Die Dorfbewohner standen auf dem Marktplatz in Gruppen beisammen und hielten ausführliche Beratungen. Sobald sich eine Gruppe auflöste, bildete sich eine andere. Sollte man bleiben, sollte man fliehen?

Ich ging zu Schlachta. Die Familie war im Hof versammelt. Schlachta war sehr besorgt. »Bleibt«, sagte ich, und ich erzählte ihm, daß nach allem, was ich erlebt hatte, diejenigen, die blieben, besser daran waren als die anderen, zumindest konnten sie ihr Heim verteidigen. Außerdem würden Lola und ich den Russen sagen, daß Schlachta uns vor den Nazis gerettet hatte.

Plötzlich faßte Schlachta einen Entschluß. Er nahm einen Spaten und grub das Loch wieder aus, in dem unsere Gefängniskleidung verborgen war. Lola und ich gingen hinaus, zogen unsere Bauerngewänder aus und trugen nun noch einmal die gestreiften Gefangenenkleider von Auschwitz.

Kurz darauf kam der Junge von Schlachta vom Feld gerannt. Er hatte einen Russen zu Pferd gesehen. Der Russe war nahe ans Dorf herangaloppiert, hatte sich umgesehen und war wieder weggeritten. Die Nacht verging. Am nächsten Morgen kamen sie. Erst eine Reiterabteilung, dann die Fußsoldaten in Dreierreihen, dann Geschütze die von Motoren, und Geschütze die von Pferden gezogen wurden, eine nicht endende Reihe von Kanonen. Wir rannten hinaus, sie zu begrüßen. Am liebsten hätten wir die ganze Armee umarmt, denn sie hatte für uns den Krieg beendet. Jetzt, am Morgen, mit den russischen Kanonen um uns herum, waren wir endlich frei!

Die Soldaten waren sehr beschäftigt und kümmerten sich kaum um uns. Sie stellten ihre Geschütze überall auf. Dann durchsuchten sie jedes Haus und jede Scheune nach Deutschen. Die Offiziere gingen in das Haus bei der Brücke, wo das Hauptquartier gewesen war, und brachten jetzt ihre Radios und Telefone mit. Und in Schlachtas Küche wurde nun eifrig für die Russen gekocht. Wir stellten auch für sie das Essen auf den Tisch und schwatzten mit jedem, der zuhören wollte. Lola arbeitete neben mir, strahlend, aber sie verstand kein Russisch und überließ es mir, unsere Geschichte zu erzählen. Merkwürdigerweise ging niemand darauf ein. Zuerst dachte ich, sie haben ihre Arbeit und sind müde. Aber bald hörte ich ein paar Bemerkungen, nur einiges, in einem Ton, der durchaus nicht freundlich war. Wie hatten wir es fertiggebracht, den Deutschen zu entkommen? Ein Großer mit einer Brille sagte: »Kein Mensch ist bisher entkommen.« Sie hatten nicht einen einzigen Juden getroffen, der lebend aus Auschwitz zurückgekehrt war. Und ich las in seinen Augen den Verdacht, ob man uns nicht als Spione hier zurückgelassen hatte?

O Gott, würde es denn niemals aufhören? Was konnten wir jetzt tun? Wie konnten wir sie überzeugen? Wollte denn kein Mensch uns zum Freund haben? Wie sehr hatte ich doch erst gestern den Wunsch gehabt, durch das Geschützfeuer zu rennen, um den Russen zu sagen, wie schwach die Deutschen seien. Ein Soldat zog mich zur Seite und begann leise jiddisch mit mir zu sprechen. Aber auch er schien mißtrauisch. Er fragte alles mögliche: Wie kam es, daß die Deutschen uns nicht arretiert hatten, wenn wir, wie wir angaben, die ganze letzte Woche hier im Haus gewesen waren?

Als er mich fragte und meine Kleider ansah, wurde mir plötzlich klar, daß sie das Einfachste nicht verstanden: »Aber natürlich waren wir anders angezogen, nämlich als polnische Bauernmädchen!«

Er blieb immer noch mißtrauisch. Ja natürlich. Er war selbst Jude. Aber das hatte nichts zu sagen. Vor allem war er Russe. Dann wurde er plötzlich freundlicher, ermahnte uns, nicht hier bei der Armee zu bleiben, sondern so schnell als möglich weiter zurückzugehen.

Das hätten wir sofort getan, aber wir verdankten den Schlachtas soviel, daß wir hierbleiben wollten, um ihnen zu helfen, bis die Armee vorüber war. Auch die Russen wollten Feste feiern, wollten Wodka trinken und machten einen unaufhörlichen Lärm. Jetzt begann der deutsche Gegenangriff. Pausenlos fielen die Granaten. Da die Deutschen jedes wichtige Haus im Dorf kannten, nahmen sie an, daß die Russen dort wohnten, wo ihre eigenen Offiziere waren, und zielten dauernd auf Schlachtas Haus. Aber die Russen brachten sich nur langsam in Sicherheit. Sie trieben sich auf dem Hof herum, tranken, sangen, schwätzten. Ich konnte es nicht länger ertragen. Ich bat sie inständig, doch in den Keller zu kommen. Und einmal, als ich oben auf der Treppe stand, als ich einem Soldaten zurief, hereinzukommen, fiel eine Granate mitten in den Hof. Der Soldat und die Pferde bei ihm waren nur eine Masse sterbendes Fleisch.

Es schien, als ob die Gefahr die Russen nur zu wilderem Trinken antrieb. An diesem Abend ließ mich ein Russe nicht in Ruhe, als ich bei Tisch bediente. Wenn ich mich vorbeugte, um seinen Teller hinzustellen, packte er mich um die Taille und zog meinen Kopf herunter, küßte meinen Mund. Er wußte genau, was er wollte. Ich riß mich los und sprang in die Küche. Frau Schlachta wies auf die Scheune, ich rannte und versteckte mich dort. Ich hörte, wie der Russe in der Küche stampfte und herumschrie: »Wo ist Katja? Auf der Stelle her mit ihr und sofort in mein Zimmer.« Wenn sie nicht käme, würde er das ganze Haus anstecken. Denn wir wären alle Spione.

Er steckte das Haus nicht an, ebensowenig erschoß er Schlachta, aber am nächsten Morgen wiederholte er immer wieder, im Haus wären Spione, obwohl er nüchtern war.

Der jüdische Soldat kam wieder zu uns, sagte, die Lage sei gefährlich, wir sollten uns lieber davonmachen: »Hier ist eine Armee auf dem Vormarsch, hier gibt es keine Untersuchung, kein Gericht. Es braucht nur ein kleiner Offizier zu sagen, ihr seid Spione, das genügt, um euch zu ergreifen und zu erschießen. Macht, daß ihr wegkommt.«

Am nächsten Morgen schrieben wir für die Schlachtas eine Bestätigung aus, daß sie uns unter Lebensgefahr verborgen und vor den Deutschen gerettet hätten. Als zwei frühere Insassen von Auschwitz baten wir, die Schlachtas gut zu behandeln. Und in unseren Gefangenenkleidern, jede mit einem Bündel Kleidung und Essen, das die Schlachtas uns aufgedrängt hatten, Brot, harten Eiern, waren wir wieder fertig zum Abmarsch. Sie begleiteten uns bis zum Ende des Dorfes. Wir mußten nur noch über ein Feld gehen, um nach Plecz zu kommen, auf die Straße des Schreckensmarsches nach Auschwitz.

Wir drückten ihnen die Hände. Auch die alte Großmutter war mitgekommen. Sie küßte uns, nannte uns ihre Töchterchen und sagte, sie werde für uns beten. Zum letztenmal umarmten wir alle; wie gut waren sie zu uns gewesen! Dann sahen wir noch, wie sie zurück in ihr Dorf gingen. Gute Menschen, gute Christen. Wir machten uns auf den Weg. Der Schnee war von zwei Armeen hartgetreten worden, so daß wir jetzt auf der festen Erde wanderten. Keine Kanone war zu sehen. Und auch kein Stacheldraht. Die ganze Welt schien offen und klar vor uns zu liegen.

Als wir dort standen und der Februarwind durch unsere dünne Gefangenenkleidung pfiff, da sahen wir, jede im Auge der anderen, die gleiche Frage: Wohin? Zu wem? In dieser ganzen großen Welt, zu wem?

Jetzt kam eine Zeit des Wartens, des Suchens nach neuen Verbindungen. Ich hatte bereits soviel Zeit in meinem Leben verloren. Ich mußte jetzt schnell richtig anfangen. Alles in mir drängte nach geordneten Verhältnissen – ein Heim, eine Wohnung mit einem Mann, Kinder, auf die ich achtgeben konnte, eine Küche, Leintücher auf den Betten.

Lola und ich waren nur ungefähr einen Kilometer weit gegangen, als wir auf der Straße eine Gruppe Zivilisten stehen sahen, die von russischen Soldaten bewacht wurden. Als wir dorthin kamen, deuteten die Soldaten mit ihren Gewehren, wir sollten uns den anderen anschließen. Wir waren arretiert. Sollte jetzt alles wieder von vorn beginnen? Ich versuchte den Russen zu erklären, aber ich redete nur an sture, gleichgültige Soldatengesichter hin, die einen Befehl ausführten.

Jetzt wurden wir alle zu einer Kommandostelle geführt, wo jeder einzelne genau befragt wurde.

»Was seid ihr?« sagte der Offizier zu mir.

»Juden, Juden, die aus Auschwitz flüchten konnten.«

»Juden? Aber was seid ihr?!« Er starrte mich an, als ob meine Gefängniskleidung eine Verkleidung wäre. Was war ich?

Ja, was war ich? War ich Polin, war ich Ukrainerin? Und ob Polin oder Ukrainerin, zu welcher Gruppe gehörte ich? War ich mit der nationalistischen Untergrundbewegung verbunden, etwa mit der AKA, der polnischen Terroristengruppe, die eine nationalistische Herrschaft wiederherstellen wollte? Selbst hier in diesem kleinen Dorf hatte ich von diesen Untergrundkämpfen gehört.

Aber in Wahrheit war ich ja nur ein jüdisches Mädchen aus Hrebenko, und meine Freundin war aus Kielce. Und was hatte ich in Hrebenko getan?

Darauf wußte ich die richtige Antwort. Unter sowjetischer Herrschaft hatte ich dort bei einem Notar gearbeitet, abends war ich in die Schule gegangen, ich hatte der Singgemeinschaft angehört. Unsere Gesangsgruppe hatte bei einem Wettbewerb einen Preis davongetragen. Mir selbst war für meine Arbeit bei dem Notar eine Belobigung ausgesprochen worden.

Der Offizier nickte. Was hatte mein Vater getan? Während der russischen Besatzung war er Nachtwächter gewesen.

Und vorher?

Hatte er einen Laden besessen.

Wieder nickte er, das Examen war vorbei. Ich war frei und durfte gehen. Mit Lola ging es ebenso.

Die Welt lag wieder offen vor uns. Wir marschierten die Hauptstraße weiter nach Plecz. Die Stadt war völlig verlassen, die Einwohner waren geflohen, die Armeen weitermarschiert. Die Straßen waren leer, die Läden ausgeplündert, alle Wohnungen und Häuser standen jedem offen, der kam.

Während wir so umherwanderten, trafen wir ein paar andere Frauen und Männer, die ebenfalls dem Todesmarsch entkommen waren und sich in einer verlassenen Wohnung eingerichtet hatten. »Kommt doch und bleibt bei uns«, sagten sie.

Jetzt schon hatte sich diese ganz eigenartige Kameradschaft gebildet, die ich in den nächsten Monaten überall in Europa wieder antreffen sollte, in allen Lagern für DP's, ob es nun in Österreich, Deutschland oder Italien war; und in jeder Stadt, wo wir blieben, wo immer sich Insassen von Konzentrationslagern trafen, taten sie sich zusammen und blieben beieinander, als wäre die übrige Welt fremd für sie, weil ja doch kein anderer ahnte, was sie erlitten hatten. Und wo immer man auch hinkam, wenn man einen Überlebenden aus dem Konzentrationslager traf und er eine Wohnung hatte, nahm er einen auf, und wenn er Essen hatte, so teilte er es mit einem. Männer und Frauen schliefen im selben Raum, ohne daß etwas geschah. Es war, als hätten wir einen ganz anderen Begriff von dem, was zum Leben notwendig sei, und als wäre unsere Lebensart völlig anders.

Und so blieben wir vorläufig in Plecz, und jetzt spürten wir erst das ganze Gewicht der furchtbaren Spannung der letzten Jahre. Eine unsagbare Erschöpfung überfiel uns. Tagelang trieben wir uns in der verlassenen kleinen Stadt herum und fanden nicht die Kraft, weiterzuziehen.

An unserem zweiten Aufenthaltstag in Plecz trafen wir einen Juden, auch einen Überlebenden aus Auschwitz, einen schweigsamen, kahlköpfigen älteren Mann, der nur ab und zu ein Wort verlauten ließ, als fiele es ihm schwer, uns sein Wissen mitzuteilen. Er war schon in meiner Heimatgegend gewesen. Rings um Lemberg wurde hinter der russischen Linie geschossen, denn die Ukrainer revoltierten und brachten die Juden genauso um, wie es die Nazis getan hatten. Man durfte sich noch nicht dorthin wagen. Und warum sollte man? Es gab nichts dort für uns, nichts, nicht ein einziger Jude hatte überlebt. Nicht einmal in Lemberg, noch viel weniger in Hrebenko. Ich würde niemanden finden.

Dann sprach ich davon, nach Palästina zu gehen und dort meinen Bruder zu besuchen. Ja, wisse ich denn nicht, daß die Engländer den Weg dorthin verschlossen hatten? Kein Jude durfte nach Palästina hinein. Einige hatten versucht, mit einem Schiff dort zu landen, aber man hatte die Häfen vor ihnen verschlossen. So hatten sie sich selbst versenkt und lagen im Mittelmeer. Es gab keinen Platz, wohin ein Jude gehen könne, sagte uns der Mann. Am nächsten Tag war er verschwunden.

Die russischen Soldaten begannen, uns zu belästigen. Sie hatten die Wohnung entdeckt, in der wir zusammen lebten. Wir waren mehrere Frauen und Mädchen, und jetzt kamen sie jede Nacht und donnerten an unsere Tür, so daß wir uns verbarrikadieren mußten. Lola und ich beschlossen wegzugehen. Zunächst nach Kielce, da war Lola zu Hause, es war auch nicht so weit weg. Als wir dort ankamen, zeigte Lola mir eine ganze Straße, deren Häuser einst ihrem Vater gehört hatten. Sie führte mich in ein modernes Miethaus, das viel schöner war als das Haus, das mein Vater in Hrebenko gebaut hatte. Lola läutete an einer Tür, eine gut gekleidete Polin öffnete und fragte: »Was wünschen Sie?«

»Ich habe hier gelebt«, antwortete Lola. Die Frau starrte uns an: »Ich bin allein in der Wohnung.« Aber dann ließ sie uns doch hinein.

»Die Einrichtung der Wohnung ist ganz anders«, sagte Lola, und sie öffnete die Tür zu einem Schlafzimmer und stand schluchzend auf der Schwelle.

»In diesem Zimmer bin ich groß geworden.«

Wir drehten uns um und gingen.

Aber wohin sollten wir gehen? Ziellos wanderten wir durch die Straßen. Da kam ein älterer Mann auf uns zu und fragte: »Seid ihr Jüdinnen?« Er berichtete uns, daß ein Komitee die Namen aller sammelte, die gerettet worden waren. Wir gingen dorthin. Das Komitee bestand aus zwei Brüdern, die in einem Bauernhof verborgen gelebt hatten. Sie hatten ein dickes Heft vor sich liegen, in dem bis jetzt nur fünf Namen standen. Wir schrieben uns ein. »Wo wohnt ihr?« Wir wußten es nicht, vielleicht würden wir weitergehen. »Bleibt doch etwas hier.« Der jüngere hieß Marek, der ältere Zev. Sie machten Tee, sie gaben uns Essen, sie erzählten und erzählten. Sie würden nach Palästina gehen.

»Aber man darf doch nicht«, sagte ich.

»Doch, doch!« Wie ein Verschwörer blickte Zev uns an. »Wir werden es schaffen, es gibt einen Weg, Untergrund.« Sie waren bereit, uns mitzunehmen.

Wieder kämpfen, wieder sich verbergen, wieder gejagt werden? Nein, ich war zu schwach dazu. Und ich konnte noch nicht von hier fort. Ich konnte dieses Land noch nicht verlassen, bevor ich wußte, was aus Tauba, meiner Schwester, geworden war. Vielleicht erschien sie plötzlich auf der russischen Seite und schrieb ihren Namen in Zevs Heft. Vielleicht, vielleicht war Yaacov durch ein Wunder gerettet worden, vielleicht war Belzec ein ähnliches Lager gewesen wie Auschwitz, wo doch trotz allem ein paar überlebt hatten. Ich durfte erst dann weg von hier, wenn nichts mehr zu suchen blieb.

So vertrödelten wir unsere Tage, bis ich eines Morgens auf der Straße einen Mann sah, den ich zu kennen glaubte. Er war alt, der Mund war eingesunken, er ging schwer gebeugt, ja gewiß, ich kannte ihn – es war Dr. Appel aus Hrebenko. Der gutaussehende, elegante Dr. Appel! Er war sogar ein Mitglied unseres Judenrats gewesen. Ich rief hinter ihm her, er drehte sich um: »Eva Korngold!«

Ja, er war in Hrebenko gewesen, er kam erst jetzt von dort, die ganze Zeit hatte ihn ein Schullehrer im Keller verborgen gehalten. Er war allein übrig, seine Familie war bei einer Großrazzia gepackt worden. Und als alles endlich vorüber war, da war außer ihm kein Jude mehr in Hrebenko. Und so wanderte er umher, suchte, suchte ... Hatte er irgend etwas von meiner Familie gehört? Ja.

Bei der vierten Razzia hatte man sie geholt. Zusammen mit seiner eigenen Familie. Als alles schon vorüber schien und wieder Ruhe herrschte, war Herrn Kleins Stellvertreter, er hieß Maiert, durch die Straßen des Gettos gegangen. Vor Blumenfelds Haus, in dem unsere Familie verborgen war, hatte er auf jiddisch gerufen: »Frau Korngold, kommen Sie heraus!«

Da meine Mutter seine Stimme nicht erkannte und glaubte, ein Jude riefe nach ihr, war sie aus dem Keller gekommen und so in die Hände ihrer Mörder gefallen. Und mein Vater? Und Yaacov? Sie waren bei einer späteren Razzia geschnappt worden. Alle, alle waren geholt worden, sogar die Mitglieder des Judenrats, und alle waren nach Belzec gebracht worden. Verzweifelt fragte ich, ob Belzec vielleicht wie Auschwitz war, wo ein kräftiger Junge wie Yaacov überleben konnte?

Er antwortete: »Belzec hat niemand überlebt. Niemand. Dort gab es keine Arbeit. Nichts. Und bevor die Russen kamen, wurde der ganze Platz dem Boden gleichgemacht. Nichts ist übriggeblieben, nichts.«

Ich wurde den Gedanken an Tauba nicht los. Vielleicht waren doch ein paar entkommen? Oder vielleicht hatten die Partisanen einen Angriff auf Belzec gemacht?

Mit einem schwachen, zärtlichen Lächeln, in das sich Mitleid mischte, sah er mich an: Jaja, er hatte selbst diese Geschichte gehört. Aber konnte es nicht doch geschehen sein?

Und ich erzählte ihm von Taubas Brief. Während ich sprach, verschwand das Lächeln in seinem Gesicht, der ganze Mensch schien noch mehr einzuschrumpfen. Ja, er hatte von solchen Briefen gehört. Seine Hand legte sich sanft auf meinen Arm. »Mein Kind, als die Zeit weiterging, passierten merkwürdige Dinge im Getto. Und was diese Briefe betraf–

es hatte sich bei ihrer Ablieferung immer um Bezahlung gehandelt. Manchmal um große Summen. Fremde waren im Getto erschienen. Juden, man wußte nicht, woher. Merkwürdige Dinge waren passiert, man sprach von solchen Briefen, und dann waren diese Leute wieder verschwunden.«

»Aber meine Mutter schrieb doch, daß der Brief in Taubas Handschrift war?«

Das mitleidige Lächeln erschien wieder auf Dr. Appels Gesicht. Eine Handschrift kann man nachmachen – und wenn man irgend etwas unbedingt glauben wollte?

Aber es gab doch keine Gewißheit, daß keine Partisanenangriffe erfolgt sind, fragte ich, vielleicht war Tauba irgendwo im Inneren Rußlands, vielleicht hatte man sie nach Sibirien geschickt, vielleicht hatte sie ihr Gedächtnis verloren. Und wenn sie eines Tages zurückgewandert käme nach Hrebenko ... Er hatte mir zugehört, ohne sich zu bewegen, ohne seinen Ausdruck zu verändern, wie man eben einem Besessenen zuhört.

Jetzt fragte ich nach anderen; war denn von allen Freunden kein einziger entkommen? Alla, ihre Schwester Frieda und Milla und Rita Mayer?

»Nachdem du weg warst«, antwortete er, »hat es eine Reihe anderer Mädchen auch noch versucht. Alla und Frieda sind wie du als Ukrainerinnen verkleidet weg.«

Also lebten sie jetzt! Und was wußte er von den anderen, Rita? Mit Rita war etwas Seltsames passiert. Sie hatte in einem Büro für die Deutschen gearbeitet. Ein Offizier hatte sich in sie verliebt, und es hieß, er habe ihr geholfen, zu entkommen. Und was war aus Rachel Schwartz geworden, die mir meine falschen Papiere besorgt hatte? Sie war bei einer Aktion erwischt worden, ebenso wie Feige Segal und wie Lucia Kimer, die Tochter des Zahnarztes, und wie alle unsere Jungen, alle, alle.

Es schien, als hätten wir uns nichts mehr zu sagen. Als wir uns trennten, sagte ich: »Und doch sollte ich eines Tages zurückgehen.«

Wieder berührte er meinen Arm und sagte mit heiserer Stimme: »Eva, geh nicht, geh nicht, wenn noch jemand lebt, dort wirst du ihn nicht finden, gehe nicht.« Und so trennten wir uns.

Eines Tages begegneten wir einem Mädchen von unserer Arbeitsgruppe, Karola. Sie erzählte uns, daß die Polen in Kattowitz alle festnahmen, die mit den Nazis zusammengearbeitet hatten. Bei dieser Behörde brauche man Übersetzerinnen.

Wir eilten nach Kattowitz. In einem schwerbewachten Gebäude tagte die U.B., das polnische Gegenstück zum russischen NKWD. Eine junge Frau sprach mit uns. Ja, man brauchte Übersetzerinnen und Sekretärinnen. Da ich Russisch verstand, sei ich wahrscheinlich die richtige Hilfe für den öffentlichen Ankläger. Die junge Frau sah mich fest an: »Eines müssen Sie wissen, wenn Sie den Dienst hier antreten, können Sie ihn nur dann wieder verlassen, wenn wir Sie entlassen oder wenn Sie sterben.« Ohne einen Augenblick zu zaudern, erklärte ich, ich würde annehmen, denn ich dachte mir, nach allem, was ich durchgemacht hatte, würde es nichts geben, was mich dort halten könne, wo ich nicht mehr bleiben wollte.

Die junge Frau preßte die Lippen zusammen. Wir sollten diese Bedingung zumindest überlegen und ihr am nächsten Tag Bescheid sagen.

Lola beschloß, das Angebot nicht anzunehmen, aber ich kehrte am nächsten Tag zurück und wurde sofort einem Russen zugeteilt, der die ganzen Untersuchungen zu führen hatte. Er arbeitete für die polnische U.B. und hieß Staschek. Er war groß, nervös und gespannt. Er musterte mich, fragte nach meinem Namen, wiederholte ihn dann: »Eva, Eva Korngold.«

Dann sagte er: nein, das ginge nicht. Es wäre bei der Tätigkeit hier gefährlich für mich, Jüdin zu sein. Er setzte mir alles klar und sachlich auseinander. Selbstverständlich war in Polen wie in der Sowjetunion der Antisemitismus verboten. Aber die Polen mußten in dieser Hinsicht noch sehr erzogen werden. Und inzwischen ermorde die AKA, die wütende Nationalistenpartei, eine Menge Menschen, vor allem Juden. Die Behörde führe einen bitteren, blutigen Kampf mit dieser AKA. Jeder Jude, der hier arbeite, stehe auf einer Liste. Ja, auch eine Sekretärin. Es hieße einen Mordanschlag herausfordern, wenn ich als Eva Korngold bekannt würde.

Ich begriff. Ich mußte wieder einmal Katja Leszczyszyn sein. Und warum nicht? Von meinem anderen Leben war ja nichts übriggeblieben. Eva wußte nicht, wohin sie gehen sollte, es gab niemanden mehr, der sie kannte, vielleicht wäre es am besten, wenn ich für immer Katja bliebe. Warum denn Namen wechseln und wechseln? Warum nicht ein für allemal Schluß mit Eva? So hatte ich zwar überlebt, aber der Feind hatte doch gewonnen, denn die Jüdin durfte nicht leben, sie mußte verschwinden.

Ich wurde sofort in meine Arbeit hineingeschleudert und damit in Stascheks Leben, denn er hörte niemals auf zu arbeiten. Er tat es mit Begeisterung. Er wollte die Spione, die Saboteure, die Terroristen ausgraben, er wollte alles Wissen aus ihnen herausziehen, sie überführen und bestrafen. Alle die, die getötet und gefoltert hatten.

Ja, das war ein neues Leben für mich, hier in Polen, meinem Heimatland. Wir würden ein neues Leben schaffen, ein starkes Leben für die Jugend, in dem alle gleichberechtigt waren, in dem Judenhaß oder überhaupt irgendwelche Art von Haß nicht mehr existierte. War es nicht auch so gewesen, als die Russen damals nach Hrebenko kamen? Diesmal würden wir es schaffen und eine neue Welt aufbauen. Vielleicht würde ich eines Tages, wenn die Arbeit hier beendet war, ausgewählt und nach Warschau oder Moskau geschickt werden, um zu studieren, vielleicht würde so der Traum meiner Kindheit in Erfüllung gehen, nämlich Rechtsanwältin zu werden. Ich war sicher, ich könnte mich gut entwickeln und etwas aus mir machen.

Und so arbeitete ich mit Leidenschaft. Ich sah täglich, wie die Arretierten vorgeführt wurden, ich kannte den Raum mit den geschlossenen Türen, wo man sie verhörte, und ich hatte kein Mitleid mit ihnen; denn alles das, so meinte ich, war nötig, um unsere neue Welt zu bauen.

In der rasenden Schnelligkeit, mit der diese Tage vergingen, begann sich mir ein neues Leben mit Staschek zu gestalten. Wir arbeiteten zusammen, wir kämpften gemeinsam gegen den Feind, wir wollten die neue Welt sichern. Und ich tat alles für ihn, was eine Frau tut. Ich kümmerte mich um seine Kleider, stellte ihm Essen hin, wenn er über der Arbeit alles vergaß, und schaffte ihn ins Bett, wenn er nach einer der ständigen Gesellschaften betrunken war.

Denn Gesellschaften gab es allnächtlich. Wodka, Berge von gutem Essen – man tanzte, man schloß lärmend Freundschaft. Die U.B. hatte einen ganzen Gebäudekomplex für sich, jeder Offizier besaß seine eigene Wohnung. Das ganze Gebiet wurde von zehn Uhr abends bis sechs Uhr früh von der Sicherheitspolizei bewacht, ebenso die umliegenden Straßen.

Ich lebte außerhalb dieses Bezirks zusammen mit Lola. Staschek sah es sehr ungern, wenn ich nach einer Gesellschaft allein nach Hause ging. »Man kennt dich, und es ist gefährlich, allein im Dunkeln zu gehen.«

Bald merkte ich, wie wahr das war, denn mehr als ein U.B.-Agent verschwand, und kaum eine Nacht verging, in der nicht in dem abgeschlossenen Bezirk Schüsse fielen.

Aber ich bekam erst richtig Angst, als Lola mich verließ. Sie hatte erfahren, daß eine Tante von ihr in Belgien lebte, und bat mich, mit ihr dorthin zu gehen und dieses dunkle Land zu verlassen. Aber ich konnte nicht. Ich war bereits an meine Arbeit und auch schon mit meinem Gefühl an Staschek gebunden. Und so trennten wir uns.

Bald erwies es sich als unmöglich, allein außerhalb des geschützten Bezirkes zu leben. Staschek gab mir einen Revolver, und wenn ich meine Wohnung betrat – sie war groß und schön, und sie hatte einem verhafteten Kollaborateur gehört – hielt ich den Revolver schußbereit in der Hand. Ich drehte die Lichter an, rannte durch alle Räume, bis ich sicher war, daß sich niemand in der Zwischenzeit eingeschlichen hatte. Dann drehte ich das Radio an und ließ es die ganze Nacht laut spielen. Auf der Straße ging ich, so schnell ich konnte, und wartete dabei jeden Moment darauf, in den Rücken geschossen zu werden. Auf die Dauer ging das nicht, so gab ich es auf und lebte in dem gesicherten Bezirk.

Staschek und ich begannen einander zu lieben.

Wir waren erfüllt von dem Gefühl, das Leben eines ganzen Volkes aufzubauen und wollten auch unser gemeinsames Leben zugleich aufbauen. Wir wollten ein Heim haben, eine Familie. Zum erstenmal hatte ich einen Mann gefunden, der das alles ebenso wünschte wie ich, und bald würde dieses wirkliche Leben beginnen.

Eines Tages ein Telefonanruf für mich. Karola rief vom Bahnhof aus an. »Katja!« schrie sie ins Telefon. »Weißt du, wen ich gerade hier am Bahnhof erwischt habe? Edith! Sie ist immer noch mit Maria, unserer Blockältesten, zusammen.«

Edith! Sie, die Lola und mich am Stacheldraht angezeigt

hatte, damals, als das SS-Weib uns beinah totgeschlagen hatte!

»Wir haben einen Kapo erwischt«, sagte ich zu Staschek. Er gab Befehl, Edith herzubringen, Maria aber freizulassen. Die Nachricht, daß man einen Kapo einbrächte, flog mit Windeseile durchs ganze Haus, die Frauen begannen zusammenzulaufen. Edith wurde hereingebracht. Ihre schmalen Augen flitzten unruhig umher. Ihr Körper zog sich zusammen. Als sie sah, wer auf sie wartete, hätte sie sich beinah von dem Griff der U.B.-Männer befreit.

Mich überfiel ein animalischer Haß. Ich stürzte mich auf sie, wir alle stürzten uns auf sie, mit Nägeln und Zähnen, und wenn die Männer uns nicht weggerissen hätten, hätten wir sie zerrissen.

»Laßt sie in Ruhe, bis ich sie verhört habe«, sagte Staschek. »Einen Leichnam kann ich nicht vernehmen.«

Als ich mich beruhigt hatte und wieder an meiner Schreibmaschine saß, spürte ich, daß ich gar kein Gefühl für das hatte, was gerade geschehen war, ich war weder glücklich noch befreit, noch beschämt, es war, als ob eine Funktion des Körpers, die lange versagt hatte, wieder in Ordnung geraten sei.

In dieser Nacht sagte Staschek: »Ich hätte niemals geglaubt, daß du so sein könntest, du, eine Jüdin.« In der Art und Weise, wie er diese Bemerkung machte, lag etwas Seltsames, und nur ein Jude konnte dies so ausdrücken. Ich hatte schon lange gefühlt, daß Staschek Jude war, jetzt brachte ich es zur Sprache: »Staschek, du bist ein Jude. Ich fühle es. Es gehört mit zu dem, was uns aneinander bindet. Warum verschweigst du es, warum gibst du es nicht wenigstens mir gegenüber zu?«

Warum gab er es nicht zu? Ja, wenn es so wichtig für mich war – gewiß, er stammte von jüdischen Eltern, aber warum sollte er ein Problem daraus machen? Hier in Polen, wo es immer noch genug Antisemiten gab, war es viel praktischer, wenn es niemand wußte. Wer kein Jude sein will, ist kein Jude.

Ich hörte ihm aufmerksam zu. Vor langer Zeit hatte ich derartige Ideen in Hrebenko gehört. Ich selbst hatte nie jüdische Religionsbräuche ausgeübt, und vielleicht würde das in gewisser Weise aussterben. Aber, so fragte ich Staschek, damit war das Judesein doch nicht erledigt? Er lachte. Jude sein, was bedeutet das? Mit der Zeit würden die Juden von den anderen Völkern absorbiert, würden sich angleichen, mit jenen verschmelzen. Es war sinnlos, die Trennung immer aufrechterhalten zu wollen. Was hatte sie denn gebracht außer endlosen Leiden, Massenmorden und Bestialität? Und wofür? Für eine veraltete Religion, einen Kult, an den kein moderner Mensch mehr glaubte. Die Juden hatten ihren Teil an der Entwicklung der Menschheit geleistet. Das war schon lange her, so konnten sie also jetzt ruhig verschwinden.

»Und Palästina?« fragte ich. Ich wollte mich nicht mit ihm streiten, aber ich verspürte ein seltsames Gefühl, als ob ich die Zukunft in mir berge.

»Palästina?« sagte Staschek. Man sollte die Juden ruhig dort ihren Nationalismus ausleben lassen. Er glaube, daß sie nichts erreichen würden, weil sie sich der Kapitalistensache verschrieben hatten. Aber selbst wenn man es zuließe, daß sie dort einen Staat bildeten, was bedeute das für die Abkömmlinge von Juden in anderen Ländern? Es wäre für diese doch nur noch ein Grund mehr, als Juden zu verschwinden.

Ich wollte mich nicht länger mit ihm auseinandersetzen. Ich fühlte, es hatte keinen Sinn. Vielleicht war ich endgültig Katja geworden.

Und dann löste sich eines Tages alles von selbst.

Wir arbeiteten, Staschek wurde hinausgerufen. Unten vor der Haustür warte jemand auf ihn. Ein Bekannter. Er wollte hinaus, ich sah gerade, daß er seine Pistole und seine Mütze vergessen hatte, obwohl ein Offizier ohne diese beiden das Gebäude nicht verlassen durfte. Ich nahm sie und rannte ihm nach. Als ich oben an den Treppenabsatz kam, hörte ich Schüsse. Unten am Eingang stürzte Staschek zu Boden, ermordet.

Eine fanatische Stimme schrie: »Dreckjude!«

Jetzt geschah es zum erstenmal, daß ich kein Interesse mehr am Leben hatte. Warum denn? Und für wen? Ich saß apathisch zu Hause, hatte nicht einmal mehr Angst vor Mördern. Dann kam plötzlich eines Morgens wie eine Stimme, die lange geschwiegen hatte, der Gedanke: Du hast doch einen Bruder in Palästina!

Warum hatte ich wieder bei einem fremden Volk leben wollen? Jetzt würde ich es verlassen, um mein eigenes zu finden. Und meine Verpflichtung hierzubleiben, in diesem Dienst, mit seinen blutgetränkten Geheimnissen? Nein, auch die U.B. sollte mich nicht halten. Und so bestieg ich wieder einmal einen Zug, um über die Grenze zu schlüpfen. Ich hatte keinen Ausweis, aber ich war angezogen wie die Mädchen in der russischen Armee, saß mit ein paar von ihnen zusammen, setzte mir lachend die Kappe auf den Kopf, und als der Kontrolloffizier ins Coupé kam, sah er sich nur kurz um, und so kam ich unbelästigt nach Prag. Hier gab es nur eines, was ich wissen wollte, bevor ich weiterzog: Ich war überzeugt, daß Nina, wenn sie überlebt hatte, mit Karlus zusammen war. Ich fand sie ohne Schwierigkeit. Es gab ein Zentralbüro für solche Nachfragen, denn viele Menschen suchten ihre Anverwandten. Ich nannte Karlus' Namen, bekam eine Adresse, ging dorthin, läutete und lag im nächsten Moment in Ninas Armen. Karlus war auch da, nahm meinen Kopf zwischen die Hände, küßte meine Stirn, meine Wangen. Dann erzählten wir einander.

Clava, ja, sie war nach Berlin gegangen, um ihre Schwester zu besuchen, und sie war bei einem Luftangriff getötet worden. Slavek – ich wartete, daß sie von ihm sprechen würden – wußte nicht recht, was ich fühlte. Nina sagte nur: »Er war deiner niemals würdig, Katja. Das letzte, was wir von ihm gehört hatten, war, daß er zusammen mit einem Mädchen nach Frankreich gegangen ist.«

Als ich damals in Linz arretiert worden war, hatte die Gestapo Nina wieder verhört, hatte ihr gesagt, ich hätte zugegeben, Jüdin zu sein. Aber Nina hatte sich an das erinnert, was ich ihr gesagt hatte – zu leugnen, immer wieder zu leugnen. So hatte sie geleugnet, war zu ihrer Arbeit zurückgeschickt worden und hatte in Bindermischel den Krieg überlebt.

Als Karlus am nächsten Tag zur Arbeit gegangen war, sprachen Nina und ich lange miteinander. Sie war glücklich. Sie hatte ihren Mann, ihr Heim. Sie erwartete ein Kind. Warum wollte ich nicht bleiben? Die Tschechen waren anders als die Polen. Sie hatte kaum noch das Gefühl, daß sie mit dem Judentum etwas zu tun hatte. »Aber was wird aus euren Kindern?« fragte ich. »Nichts, wir sind nicht religiös.«

Und immer wieder redete sie auf mich ein: »Bleib doch, heirate, kriege Kinder!«

Sie kenne einen sehr, sehr netten Tschechen. Mittlerweile hielt ich es für unbedeutend, ob ein Mann, in den ich mich verliebte, Jude war oder nicht. Deshalb konnte ich auch Nina gut verstehen. Und trotzdem gab es da einen Unterschied, denn Nina war wie Staschek in der Überzeugung aufgewachsen, daß die Juden als Volk verschwinden würden. Nicht daß ich mir zum Ziel gesetzt hätte, das jüdische Volk am Leben zu erhalten, nein, ich verspürte keinerlei Patriotismus, Nationalismus oder wie auch immer sie es mit ihren ewigen Schlagworten nannten. In mir lebte nur der sehnsüchtige Wunsch nach einer Gemeinschaft, in der es keine Fragen und Probleme gab, die aus gleichgesinnten Menschen bestand, und in der jeder die Gefühle des anderen kannte, weil er aufgrund all dessen, was unser Volk von Anbeginn erlebt und durchlitten hatte, mit jedem anderen verbunden war. Dort würde ich Ruhe und Geborgenheit finden. Ja, ich spürte es, ich wollte jetzt nur mit einem bewußten Juden zusammenleben, nicht mit einem verlorenen Juden wie Staschek. Und ich wollte auch selbst keine verlorene Jüdin wie Nina werden. All das hatte sich erledigt. Die ganze Frage – erledigt. Jeder Mensch hatte das Recht so zu leben, wie er es für richtig hielt. Wenn nicht, dann war all das Entsetzen, waren alle Kämpfe, war auch der Sieg umsonst gewesen.

Und so sagte ich Nina, daß ich sie und Karlus liebe und mein Leben lang lieben würde. Aber ich müsse ihr Land verlassen und meinen eigenen Weg gehen.

Jetzt begann eine Zeit des Durcheinanders. Ich wurde eine Displaced Person. Meist hielt ich mich in der Nähe von München auf. Fast jede Woche lebte ich anderswo, denn ich wollte in kein Lager gehen. Lieber verhungern, als noch einmal in einer Baracke leben. Aus Polen hatte ich eine Uhr, einen Ring und einen Füllfederhalter mitgebracht. Als diese verkauft waren, verschaffte ich mir Arbeit. Ich suchte alle DP-Zentralen auf. Überall, wo man nach Überlebenden forschte, schrieb ich mich ein, in jedem Büro versuchte ich, die Adresse meines Bruders in Palästina zu erfahren. Aber es kam keine Antwort. Ich setzte mich mit der Untergrundbewegung für jüdische Einwanderung in Palästina in Verbindung, doch die Warteliste war unendlich lang, ich würde sicher ein Jahr Geduld haben müssen.

In München waren mitunter Tanzereien für DPs, und eines Abends sah ich Alla. Ich schrie auf. Die Musik stoppte. Menschen starrten auf uns, als wir einander in die Arme fielen. Alla, die am selben Tag geboren war wie ich! Alla Blumenfeld, von deren Haus aus ich meine Wanderung begonnen hatte. Wir redeten bis tief in die Nacht. Meine Mutter hatte ihre Mutter überredet, die Mädchen wegzuschicken. Alla und Frieda waren nach Wien gekommen und hatten als Ukrainerinnen Stellungen gefunden. Aber Frieda hatte es nicht ausgehalten, nichts von zu Hause zu hören.

»Immer wieder sagte sie, sie müsse zurückgehen, und eines Tages war sie verschwunden«, erzählte Alla.

Bald nachdem ich Alla getroffen hatte, kam Nachricht von meinem Bruder. Ich kam abends nach Hause, es war kalt, ich zog das Leintuch vom Bett, um mich darin einzuhüllen. Ein Stück Papier flog zu Boden. Es war eine Nachricht von einem Bekannten, auch einem DP, er hatte einen Brief meines Bruders für mich. Am nächsten Morgen stürzte ich zur Straßenbahn. Mein Gesicht mußte vor Glück geleuchtet haben, denn ein Deutscher fragte: »Mein Fräulein, was macht Sie denn schon so früh am Morgen so vergnügt?«

Ich kam zu dem DP. Im nächsten Augenblick hielt ich Nahums Nachricht in den Händen. Er hatte Esther getroffen. Sie war schon in Palästina. Sie hatte den Todesmarsch überlebt und war in Bergen-Belsen befreit worden. Jetzt hatte er gehört, daß ich in München sei, ich solle sofort telegrafieren. Es ging ihm gut, er war verheiratet, hatte eine kleine Tochter, hatte es fertiggebracht, Jura zu studieren, und bereitete sich nun in Jerusalem für die praktische Arbeit vor. Jetzt mußte ich sehen, so schnell wie möglich wegzukommen. Ich eilte von einem Lager zum anderen, um zu erfahren, wo eine illegale Gruppe zusammengestellt würde. Eines Tages sagte man mir, von einem Lager nahe bei München ging eine ab.

Ich packte meine Sachen und ging dorthin. Als die Nacht kam, mischte ich mich unter die Menge, obwohl ich nicht auf der Liste stand, und schlüpfte in den letzten Lastwagen. Die Plane wurde niedergelassen. Im Dunkeln fuhren wir los. Ich mußte lachen; ich war in doppelter Weise Untergrund, ein illegaler Teil der illegalen Einwanderung.

Wir kamen zu einer Kontrollstelle. Alle anderen hatten von der Untergrundorganisation falsche Ausweise erhalten. Ich besaß keinen. Jetzt kamen wir ins französisch besetzte Gebiet. Man ließ mich beiseitetreten. Aber dann zog einer der Führer unserer Gruppe meinen Ärmel hoch und zeigte auf die eintätowierten Zahlen: »Genügt das nicht als Ausweis?« fragte er.

Der französische Offizier ließ mich wortlos wieder einsteigen. Die Reise ging weiter. Wir kamen in ein anderes DP-Lager, wo die Hagana uns unter die regulären Bewohner schmuggelte. Dort blieben wir eine Woche. Dann war die Bahn frei. Wir fuhren weiter und kamen zuletzt an einen Ort in den See-Alpen, in ein verlassenes Hotel. Von dort aus ging es in einem Nachtmarsch über die Berge hinüber nach Italien. Auf der italienischen Seite warteten schon wieder Hagana-Wagen auf uns und brachten uns in ein Lager bei Mailand.

Und als wir dort ankamen, lernte ich Ari kennen. Wenn immer eine neue Gruppe im Lager eintraf, kamen die Junggesellen und besahen sich die frisch angekommenen Mädchen. Ari erzählte mir später, er habe mich sofort für sich ausgesucht. Und es war, als hätten wir vereinbart gehabt, uns hier zu treffen. Er war genauso, wie ich mir immer eingebildet hatte, daß es sein müsse, wenn der Richtige käme. Wir waren einander sofort nicht fremd, dabei entdeckten wir immer Neues in uns. Er hatte ein ausdrucksvolles Gesicht, war zart mit mir, konnte mich aber auch führen und wurde von den anderen Männern respektiert. Er stammte aus Tarnopol. Als die Deutschen kamen, waren er und sein Vater geflohen, um sich einer Partisanenbrigade anzuschließen, aber sein Vater war unterwegs getötet worden. Dann hatte Ari den ganzen Krieg über bei den Partisanen gekämpft, bis die Russen kamen. Darauf war er in die Sowjetarmee eingetreten, war verwundet worden, im Hospital gewesen, wieder zur Front zurückgekehrt und hatte bis zum Schluß gekämpft.

Und nun warteten wir auf das illegale Schiff, das uns hinüberbringen sollte. Beinah ein Jahr lang zogen wir von einem Lager ins andere – nach Ostia, nach Castel Gandolfo, Tradate, Metaponto. Das Essen war wenig und eintönig, oft gab es kein Licht im Lager, keine Aborte, trotz allem war es wie eine Hochzeitsreise. Wir lernten Hebräisch, wir spazierten durch die Felder, Ari arbeitete zusammen mit den Männern, und abends saßen wir unter Freunden und sprachen von dem erwarteten Schiff. Endlich war es soweit. Wieder kamen die Lastwagen ohne Lichter. Wieder die Fahrt zu einer unbewachten Küste, wieder die kleinen Boote, die uns zu einem Frachtdampfer brachten, der weit draußen auf uns wartete. Wir kletterten hinauf, wurden sofort ins Innere getrieben, wo eine Überraschung unser harrte. Wir sahen Holzpritschen, genau wie in Auschwitz, nur waren es hier nicht drei, sondern vier Etagen übereinander. Wir lachten, nur die Überlebenden eines Konzentrationslagers konnten es fertigbringen, auf diese Art fünfhundert Menschen in dieses winzige Schiff zu packen!

Eine ganze Woche lagen wir hier herum. Das Schiff rollte in der schweren See, die Seekrankheit quälte uns entsetzlich. Dann setzte die Maschine aus, wir mußten zurück an Land. Noch ein Monat des Wartens, dann wurden wir wieder eingeschifft, diesmal auf einem schwedischen Dampfer, der etwas sauberer war. Ari und ich lagen auf den Holzpritschen, als ich plötzlich in dem Durcheinander von Stimmen einen bekannten groben Ton hörte. Ich sprang auf.

»Eva, was ist los?« fragte Ari.

»Unsere Barackenälteste«, sagte ich, »Elsa aus Birkenau.«

»Warte doch, Eva!« Ari quetschte sich heraus. Aber ich hatte sie erkannt, wenn auch das Licht nur ganz schwach war. Sie saß mit ein paar Männern zusammen, erzählte lachend eine Geschichte. Ich näherte mich, beugte mich über sie.

»Elsa?« fragte ich. »Kennst du mich?«

Sie sah mich an und antwortete ruhig: »Nein.«

»Sieh mich einmal gut an.«

Alle schwiegen.

»Nein, ich kenne dich nicht«, sagte sie wieder.

»Erinnerst du dich nicht an Block 9 in Auschwitz-Birkenau?«

»Nein.«

»Erinnerst du dich an die gnädige Frau?«

Sie sah mir in die Augen: »Nein.«

»Aber ich erinnere mich an dich«, sagte ich und schrie laut: »Da, da ist eine von den Aufseherinnen in Auschwitz!«

Mich packte die gleiche bebende Wut wie damals in Kattowitz. »Du schuldest mir noch etwas«, sagte ich leise und trat an sie heran.

»Du ...« Ari und die anderen Männer packten mich und rissen mich zurück. Ein junger Palästinenser, der Hagana-Mann, der das Boot begleitete, kam, um mich zu beruhigen. »Wenn du ernsthafte Anschuldigungen gegen sie hast, dann mußt du sie vorbringen, wenn wir nach Hause kommen«, sagte er. »Aber jetzt mußt du dich zusammennehmen, sonst gefährdest du uns alle.« Dann nahm er mich beiseite und sagte: »Sie ist ja auch eine Jüdin, egal, was sie aus ihr gemacht haben; wir werden bestimmt etwas Besseres aus ihr machen.«

Ich fühlte, es war genug, wir hatten einander getroffen, und man wußte, wer sie war.

Wir segelten zwei Wochen, dann wurde das Schiff von einem britischen Kreuzer entdeckt. Unsere Männer waren kampfbereit, sie hatten Stöcke, Eisenteile, leere Flaschen. Wie andere, so würde auch unser Schiff kämpfen, damit die Welt erführe, was sich hier ereignete.

Und so warteten wir auf den Kampf. Wir hatten kein Gefühl der Bitterkeit, wir hatten unseren eigenen Weg gewählt, denn dort, wo unser Ziel war, herrschte auch kein Friede. In Palästina fielen Bomben, herrschte Terror, wurden Menschen gehängt, und trotz allem fühlten wir uns stark, weil die Entscheidung in unseren Händen lag. Britische Soldaten sprangen an Deck, Verwünschungen wurden laut, es kam zu Schlägereien, Blut floß, und dann war der Nebel der Tränengasbomben über uns allen. Ein paar Stunden später waren wir in Zypern, wieder in einem Lager hinter Stacheldraht. Aber wir waren nicht entmutigt.

Dort in dem zyprischen Lager richtete ich unser erstes Heim ein. Es gelang Ari und mir, eine winzige Hütte für uns allein zu bekommen. Nach wenigen Tagen hatte mein Bruder schon Nachricht von uns und schickte allerlei schöne Sachen. Kochgeräte, Lebensmittel; Freunde kamen zu uns, wir saßen bei Tee und Kartoffelpfannkuchen, und jeden Monat, langsam, langsam, kletterten unsere Namen auf der Einwanderungsliste höher. Ich erwartete mein erstes Kind. Ami wurde Ende 1947 im Spital in Zypern geboren. Als ich meine Augen öffnete und die Schwester sah, die ihn zu mir brachte, da starrte ich sie an. Es war Lisa, das Mädchen, das in Bindermischel in der Küche gearbeitet hatte. Es hatte damals geheißen, sie sähe jüdisch aus, und aus Angst hatte ich sie immer gemieden.

So hatte auch sie überlebt.

Wenige Monate später waren wir an der Reihe. Im April 1948 bestiegen wir das britische Kriegsschiff Dolores, unsere

Einreisegenehmigung in der Hand. Für die Nacht gab man uns sogar eine Kabine.

Am nächsten Morgen landeten wir. Mein Bruder war da, ein Mann mit einer Familie. Ari trat sofort in die Armee ein. Wir waren gerade richtig gekommen, um die Verkündung des neuen Staates mitzuerleben und den Krieg gegen die Araber. Jetzt folgten zwei schwere Jahre. Ich wußte, daß mein Bruder sehr kämpfen mußte, um sich als Rechtsanwalt durchzusetzen, und so wollte ich keine Hilfe von ihm annehmen. Ich machte Heimarbeit und nähte zu Hause. Aber mein Bruder ließ nicht locker und gab uns ein Darlehen. Jetzt konnte ich Hebräisch lernen, um später als Juristin tätig zu sein. Ich arbeitete zu Hause, schrieb ganze Zeitungen ab, um die Sprache zu lernen, und nach einem Jahr war ich soweit, mich ans Examen zu wagen. Jedermann war mir behilflich, und dann durfte ich im Justizministerium arbeiten, beinah wie ein Rechtsanwalt, so wie ich geträumt hatte.

Und dann wurde Ari aus der Armee entlassen. Er fand eine Stelle in einer Genossenschaft. Bisher hatten wir in einer provisorischen Unterkunft gelebt, jetzt endlich konnten wir uns ein eigenes Heim leisten. In einer Vorstadt von Tel Aviv, in Ramat-Gan, wurden neue Miethäuser gebaut. Wir fanden eine Wohnung in einer kleinen Straße, nur ein paar Schritte vom Autobus entfernt, drei Zimmer im dritten Stock. Wir borgten uns Geld, das wir erst in Jahren würden abzahlen können, um Möbel zu kaufen. Und dann wurde unser zweiter Junge Zwi geboren.

Sie sprühen vor Leben, unsere beiden Jungen, sind richtige Räuber. Zwei unserer Stühle haben sie schon völlig demoliert. Und der kleine Zwi ist so unternehmend, daß man ihn nicht in einer Krippe halten kann. »Kosaken!« hätte meine Mutter gesagt.

Manchmal treffe ich in Tel Aviv Überlebende aus Hrebenko: Esther, Rita, Alla; und manchmal traf ich meine Kameradin aus Auschwitz, Lola, denn auch sie ist nach Israel gekommen, und manchmal besuchen wir uns alle gegenseitig am Sabbat.

Aber am liebsten sehe ich zu, wie eine meiner Freundinnen in einen Laden geht oder auf der Straße bummelt. Dann denke ich: Sie sieht doch wirklich aus wie eine Durchschnittshausfrau mit einem Durchschnittsleben. Keiner würde glauben, was sie erlitten hat. Und dann sage ich mir: »Auch du, Eva, siehst so aus«, und bin zufrieden.

Wenn meine Arbeit beendet ist, gehe ich einkaufen, und wenn ich heimkomme, springen meine Buben die Treppe hinunter und rufen: »Mama«, das heißt, sie rufen hebräisch: »Ima, Ima.« Manchmal kommt Ari früher nach Hause als ich, dann ruft er, wenn ich die Tür öffne, meinen Namen: »Eva?« Und ich antworte: »Jaja, Eva!«

Andrzej Szczypiorski

# Die Kraft des Einfachen

Vor langen Jahren hat Arthur Koestler eine, wie es damals schien, präzise Analyse des stalinistischen Systems vorgenommen. In seinem berühmten Roman *Sonnenfinsternis* wies er nach, die Brechung der Charaktere in den sowjetischen Isolierungsorten hätte mittels dialektischer Dispute unter Menschen verschiedener Ideen stattgefunden. Die intellektuelle Schwindelei, aber auch die Kraft der intellektuellen Argumentation hätten bewirkt, daß die Feinde der stalinistischen Weltkonzeption der Überzeugungskraft ihrer ideologischen Gegner erlagen.

Viele Jahre mußten vergehen, bis schließlich Solschenizyn bewies, daß die Brechung der Menschen in der UdSSR ganz anders erfolgte, und zwar auf sehr einfache und banale Weise. Man schlug, folterte und mißhandelte die Menschen erbarmungslos. Von irgendwelchen intellektuellen Argumenten war überhaupt nicht die Rede.

Das nationalsozialistische System hatte in den Augen der Welt nie jene Privilegien, deren sich der Stalinismus jahrzehntelang erfreute. Der Nationalsozialismus wurde, fast von den Anfängen seiner politischen Existenz an, unter vernünftigen Menschen als eine besondere Art bedrohlichen Verbrechertums behandelt. Doch selbst nach den Erfahrungen des Krieges und der Okkupation Europas durch den Terror- und Gewaltapparat des Dritten Reiches hielten sich hier und dort Meinungen, z. B. die deutsche Gesellschaft sei nicht hinreichend bewußt und vom Staat nicht genügend informiert gewesen und deshalb verschiedenen Illusionen erlegen, auch Ressentiments, die nicht aus bösem Willen resultierten, sondern aus Unwissenheit und Mangel an politischer Einsicht. Die Verantwortung für die Verbrechen des Völkermordes falle zwar auf das Dritte Reich, aber vom moralischen und psychologischen Standpunkt aus gesehen trage nur ein unbedeutender Teil des Nation Schuld an dem, was während der Kriegsjahre in Europa geschah.

Meyer Levins Roman, ein bescheidenes, einfaches Werk voller Demut gegenüber dem menschlichen Drama, eine auf traditionelle, fast simple Weise erzählte Geschichte, zeigt uns noch nach Jahrzehnten Bereiche erstaunlicher Entsetzlichkeiten.

Meyer Levin erzählt scheinbar banale Dinge, die sich allerdings die Philosophen der Welt nicht hätten träumen lassen. Denn was noch achtzig Jahre zuvor die Grenzen menschlicher Vorstellungskraft überschritt, was gewissermaßen außerhalb der Erfahrung der zivilisierten Menschheit lag, wurde in den Jahren des Krieges mit dem Dritten Reich Millionen von Europäern zuteil, wurde ihr täglich Brot, ihre furchtbare Normalität.

Doch der Autor erzählt uns nicht von Ereignissen, dic das Blut in den Adern gerinnen lassen. Ganz im Gegenteil. Es ist die Geschichte von gewöhnlichen Leuten, von – möchte ich sagen – stabilisierten Schicksalen. Diese Geschichte einer jungen Jüdin spielt keineswegs in der Hölle, sondern fern von der Bühne kriegerischer Grausamkeiten, in einem stillen, ruhigen, sogar ganz netten provinziellen Winkel, wo zwar auf Schritt und Tritt der Tod lauert, bereit, die Heldin der Geschichte zu fassen, wo die Heldin zwar auf Schritt und Tritt umzingelt, erniedrigt, mißhandelt und schließlich ermordet werden kann; im Grunde aber gibt nicht einmal sie selbst sich im Alltag, im Rhythmus der primitiven kleinbürgerlichen Existenz darüber Rechenschaft, oder vielmehr, sie steht nicht immer unter dem Druck dieses Grauens.

Eva versucht, relativ normal zu leben. Doch sie allein weiß, es ist kein Spiel um das Leben, sondern um das Überleben, dieses schreckliche, mörderische Spiel um das Überstehen, um den Sprung von der Schippe der Nazis. Dieses Bewußtsein begleitet die Heldin des Buches unaufhörlich, aber der Autor beweist uns sehr schön, nämlich ohne Pathos, schlicht, vernünftig, mit großer und überzeugender Lebenskenntnis, daß sogar an der Schwelle der Hölle die Jugend dem Menschen erlaubt, sich über das zu freuen, was Gott ihm zu erleben gibt.

Ich glaube, nicht Eva ist die Hauptheldin dieses Buches, obwohl sich die Aufmerksamkeit des Autors auf sie konzentriert, obwohl gerade sie – und zu Recht – mit jener großen Wärme der Menschlichkeit bedacht wird, ohne die von Literatur überhaupt nicht die Rede sein kann.

Ich glaube, die Hauptrolle in diesem Buch spielt Evas Umgebung, diese ruhige nationalsozialistische Provinz des Dritten Reiches, diese gewöhnlichen Leute, die vom Autor rund um das jüdische Mädchen versammelt werden, vor allem aber ihre lieben, guten, herzlichen Arbeitgeber und Betreuer.

Denn diese Betreuer illustrieren mit ihrem Verhältnis zur Welt beweiskräftig die These: Die am stärksten zerstörerische Kraft in der Geschichte, das am stärksten antimenschliche Element unter der Sonne sind die enge, kleinbürgerliche, provinzielle Dummheit, die sich aus dieser Dummheit ergebende Gewissensblindheit, das schematische Reagieren auf die Welt, die Kälte des Herzens, die geistige Wirrnis, die den Menschen erfaßt, wenn er das Gebot der Nächstenliebe vergißt.

In höchstem Grade ergreifend und schrecklich ist die

moralische Trägheit, diese *moral insanity* der deutschen Provinz in Kriegszeiten. Meyer Levins Buch klagt niemanden direkt an. Darauf beruht seine Stärke und sein Wert. Dieses Buch berichtet einfach von Dingen, die geschehen sind oder hätten geschehen können. In klarer Sprache, in fast reportagehafter Konvention, ohne billigen literarischen Versuchungen zu erliegen, seine Kraft aus der Schlichtheit des Erzählens schöpfend, legt der Autor ganz einfach Zeugnis ab. Die nationalsozialistische Zeit war nicht nur eine Zeit der großen Verbrechen und der Millionen von Leichen, des Hasses und des Verbrechens. Sie war auch eine Zeit der alltäglichen, beinahe unmerklichen und dennoch überall vorhandenen Verachtung, der moralischen Kälte, aber auch der unbegreiflichen Dummheit.

Dieses Buch bestätigt noch einmal die alte Wahrheit: Die Dummheit ist eine moralische Kategorie, sehr oft ein Vorhof des Verbrechens und immer der Eingang zur Ausrottung des Gewissens.

Ein sehr schönes, sehr warmherziges, sehr vernünftiges Buch, das nicht nur Deutsche lesen sollten.

*Aus dem Polnischen übersetzt*
*von Klaus Staemmler*
*Originaltitel: Siła prostoty*

Mile Braach
*Rückblende*
Erinnerungen einer Neunzigjährigen
Band 11346

Lebendig erzählte Geschichte vom Kaiserreich bis zur Währungsreform, das sind die Erinnerungen von Mile Braach – ein Beispiel dafür, welche Folgen die große Politik für das Leben des einzelnen haben kann. 1898 in Frankfurt geboren – die Mutter entstammte der Buchhändlerfamilie Koenitzer, der Vater war der jüdische Lederwarenfabrikant Otto Hirschfeld –, weiß sie viel über das Frankfurt zu Beginn des 20. Jahrhunderts zu erzählen, als noch Pferdewagen das Straßenbild bestimmten und ein Schulausflug nach Neu-Isenburg etwas Besonderes war. Der Ausbruch des Ersten Weltkrieges bringt nicht nur Schwierigkeiten für die väterliche Firma, auch Miles Pläne für die Zukunft werden zunichte gemacht. Die Heirat mit Johannes Heinrich Braach, einem hochbegabten Musiker, der inzwischen als Journalist, dann als Intendant arbeitet, führt sie ins besetzte Rheinland. Weitere Stationen sind Wertheim am Main und Hildburghausen, ehe die Braachs 1933 nach Frankfurt zurückkehren, wo Mile und ihre weitverzweigte Familie unter der ständigen Bedrohung des nationalsozialistischen Terrors leben müssen. Einige Familienangehörige emigrieren, auch die Tochter Bergit läßt man nach England ausreisen, andere werden von den Nazis ermordet, und ihr Vater entgeht kurz vor dem Einmarsch der Amerikaner durch einen glücklichen Zufall der Verhaftung durch die Gestapo. Nach 1945 baut sich Mile Braach ein völlig neues Leben auf und gründet zusammen mit ihrem Vater einen Lederhandel, ehe sie sich im hohen Alter wieder publizistischen Arbeiten widmen konnte, eine Tätigkeit, die ihr 1936 von der Reichsschriftkammer verboten wurde.

Fischer Taschenbuch Verlag

fi 535 / 3

Naftali Dov Fuss

*Als ein anderer leben*

Erinnerungen an die Nazizeit in Polen

Aus dem Hebräischen von Avital Amrani

Band 11594

Baruch Leschem, Jerusalemer Schriftsteller und Journalist, schreibt in seinem Vorwort: »Die Geschichte von Naftali Fuss, der Kampf eines während der deutschen Besatzung unter falscher Identität lebenden Juden, gehört in die Gruppe unglaublicher Begebenheiten, von denen bisher kaum die Rede war: kein sich Verstecken in staubigen Höhlen, bis sich der Sturm gelegt haben würde, sondern aktiver Kampf für das eigene Überleben und die Rettung anderer aus der Gewalt der Nazis.« Als die Deutschen 1939 in Polen einmarschieren, lebt Naftali Fuss mit seinen Eltern in Rzeszow, das nach dem Hitler-Stalin-Pakt zum deutschen Interessengebiet gehörte. Die Familie beschließt schließlich, nach Lemberg in das sowjetisch besetzte Gebiet zu flüchten, in der Hoffnung, dort vor den Deutschen sicher zu sein. Naftali Fuss besorgt falsche Papiere und gibt sich als national gesinnter katholischer Pole aus. In der Folge muß die Familie immer wieder ihre Unterkunft wechseln und sich vor polnischen Denunzianten und den Deutschen in Sicherheit bringen. Naftali Fuss, der in diesen fünf Jahren fast alle seine Angehörigen verliert, gelingt es, durch Mut und Einfallsreichtum dem Naziterror zu entgehen und zahlreichen anderen Juden unter größten Gefahren für das eigene Leben zu helfen, sich in Sicherheit zu bringen.